U0462554

教育强国建设的哲学透视与路径研究：以河南省为例

韩桂玲　卢冬君　陈向炜　著

广东高等教育出版社
Guangdong Higher Education Press

·广州·

图书在版编目（CIP）数据

教育强国建设的哲学透视与路径研究：以河南省为例 / 韩桂玲，卢冬君，陈向炜著 . -- 广州：广东高等教育出版社，2025.7. -- （教师教育专业化发展丛书）.
ISBN 978-7-5361-7949-3

Ⅰ . G521

中国国家版本馆 CIP 数据核字第 20259EV156 号

JIAOYU QIANGGUO JIANSHE DE ZHEXUE TOUSHI YU LUJING YANJIU：
YI HENAN SHENG WEI LI

出 版 发 行	广东高等教育出版社
	地址：广州市天河区林和西横路
	邮编：510500　　营销电话：（020）87553335
	网址：http://www.gdgjs.com.cn
印　　刷	广州小明数码印刷有限公司
开　　本	787 mm × 1092 mm　1 / 16
印　　张	14
字　　数	351 千字
版　　次	2025 年 8 月第 1 版
印　　次	2025 年 8 月第 1 次印刷
定　　价	49.00 元

前　言

当代世界经济发展过程表明，资本增殖成为社会多个领域、部门得以存在的理由。人们一方面享受着生产力高速发展而催生的极大物质财富，另一方面也深切领略了资本发展给当代社会——特别是当代教育发展带来的人性异化矛盾。本书主要探索在教育强国建设中如何认识并驾驭资本——特别是富有成效的增值人力资本，即改善基础教育中的人力资本——中小学教师，焕发其工作活力，使人力资本有效增值，彻底改变重知识传授、轻能力培养的传统教育模式，修正轻视身体的教育目标，构建"德、智、体、美、劳"一体化的创新型人才培养模式。

中原强，则中国强；教育强，则国家强。河南省位于我国中东部、黄河中下游，是全国人口大省、农业大省。河南省基础教育质量关乎全省人力资源的可持续发展和乡村振兴，高质量的基础教育是实现教育强省、教育强国的重要保障。中小学教师是基础教育的核心人力资本，其工作态度与教育成效密切相关。教师工作态度是一个动态的、系统的过程，因此针对中小学教师发展的研究从未中断。通过实际调研了解和分析中小学教师工作投入、工作满意度和组织公民行为等重要工作态度，对政府决策和教育管理具有重要意义。

通过多年实践探索，河南省在基础教育教师队伍建设上已取得一定成绩。本书从哲学视角分析如何推动教育强国建设，并着重探讨河南省基础教育领域教师教育的实践路径（包括河南省新时代基础教育强师计划、河南省地方师范院校卓越教师培养、河南省高等师范院校"双导师制"和河南省豫东片区教师教育联动发展共同体建设等一系列教育政策的实施），从而助力基础教育人力资本建设，为深化当代教育改革献计献策。

　　本书写作分工如下：第一、二、三章由韩桂玲负责，第四、五、六、七章由卢冬君负责，第八章由陈向炜负责。

韩桂玲

2025.5

目 录

引　言

　　本书的主旨是运用马克思提出的资本逻辑来解析今天的教育生活之危机，从而使人们明白在教育强国建设中应如何认识并驾驭资本——特别是如何使人力资本增值，焕发人们自由创造的生命活力，这是促使当代教育转型的深层主线。

　　作为一个兼具生产性与社会性的生产关系范畴，资本虽然具有增强人全面性和完整性的功能，但其增值的内在本性易使人成为失去自身价值而服从于资本意志的理性工具人。特别是大多数从事人力资本研究的学者，其往往局限于从理性角度审视人的创造活动，认为劳动者的人力资本存量主要由知识、技能和工作经验等要素构成，只有增加知识、增强技能、增长经验，才能提高个人获得货币收入和生产非货币产品的能力。这些学者没有认识到，随着科学技术的巨大进步，当表面的、具体的和直接的现实被科学实验和经验观察的方法"一览无余"的时候，那些隐藏很深的科学真理的挖掘和技术的发明，就再也不能仅仅依靠理性与经验，而是要经常借助直觉、灵感、顿悟等非逻辑思维，而这些富有灵性的非逻辑思维恰恰来自活的身体。因此，要想使人力资本有效增值，关键在于彻底改变重知识传授、轻能力培养的传统教育模式，修正轻视身体的错位教育目标，构建"德、智、体、美、劳"一体化的创新型人才培养模式。

　　根据传统经济增长理论，经济增长取决于资本和劳动投入，且国民收入的增长与生产要素投入的增长同步进行。但经济学家的研究结果表明：二战后欧美主要国家国民收入的增长远远大于所投入的土地、物质资本和劳动力等生产要素增长之和，国民收入增长率也高于劳动力与资本增长率。这就是备受人们关注的"战后经济增长之谜"。于是，自20世纪40年代后期起，现代西方经济增长理论从不同角度寻求经济增长之谜的谜底。围绕经济增长的动力问题，学者各侧重于某一个或几个因素展开了一场令人"眼花缭乱"的争执。最为著名的是 20 世纪 50 年代中期美国经济学家罗伯特·索洛（Robert M. Solow）与爱德华·丹尼森（Edward F. Denison）等人沿用古典经济增长理论的基本思想即土地、资本和劳动力是经济增长的内生因素，应用生产函数分析方法计算出了各生产要素对经济增长的贡献率，即著名的索洛经济增长模型。该模型的最大贡献是测算出了第二次世界大战后即 1948—1969 年美国经济增长率为 4%，其中资本贡献了 0.79%，而劳动力和知识进步分别贡献了 1.30%、1.19%。丹尼森还把劳动力分解为劳动力数量和劳动力质量，单独计算出了劳动力质量提高对经济增长的贡献（即教育贡献了 0.41%）。这一计算结果充分显示了人力资本因素对经济增长所起的巨大作用。但令人遗憾的是，由于受构成论世界观的影响，索洛和丹尼森把技术进步视为外生的，无法对劳动力增长率和技术进步率做出合理解释，把技术进步带来的经济增长率简单化为"增长剩余"（Residual）。在美国著名经济学家西奥多·舒尔茨（Theodore W. Schultz）看来，所谓"增长剩余"不过是当时的经济学家因自己的无知而起了一个好听的名字。"如果这种差额得不到说明，那么，作为通用衡量标准而应用于投入产出的那种公认的生产理论便会成为一个玩具，而不成其为一个有助于研究经济增长的工具。"（舒尔茨，1990）经济为什么会增长？怎样才能实现经济持续且稳定增长？如果不厘清这些问题，那么要想摆脱传统经济增长的路径依赖，打破经济转型中增速骤降的"历史魔咒"，无异于无的放矢。

一、经济发展动因的构成论解析：从物质资本到人力资本

现代经济增长理论发端于 20 世纪 40 年代英国经济学家罗伊·哈罗德（Roy F. Harrod）和美国经济学家埃弗塞·多马（Evsey D. Domar）建立的哈罗德－多马模型。该模型认为经济增长的快慢取决于储蓄率的高低，经济增长率（G）等于储蓄倾向（s）除以增量资本－产出（k）比。这一模型简明扼要地告诉人们：增加储蓄且进行富有成效的投资，你的经济将会增长。该模型正确预测了短期内（几年间）和没有剧烈经济冲击情况下大多数国家的经济增长率，揭示了资本积累对经济增长的核心作用，说明了资本匮乏是阻碍经济增长的关键因素。正是由于这一原因，该模型在许多发展中国家做经济计划时广泛发挥作用。譬如，20 世纪 60 年代前一些社会主义国家依靠政府命令和计划增加资本积累的战略成功实现了经济快速增长；因 1991—1995 年投资率高达 37%，韩国国内生产总值取得了 7.5% 的年高速增长率。但由

于哈罗德－多马模型建立在"储蓄全部转化为投资"和"资本－产出比不变"这两个假定前提上，一旦一个经济体发生变化，这一模型就会失灵。因此，许多经济学家把该模型称为"刀刃上的均衡"。

20世纪50年代中期索洛推翻了哈罗德－多马模型的两个假定前提，且允许资本和劳动力相互替代，提出了索洛经济增长模型。该模型第一次提出"劳动增加型技术进步"思想，并把技术进步因素作为经济增长因素中最有意义、贡献最大的一个因素单列出来。在索洛看来，"除产出增长率和人均产出提高之外，技术进步速度本身的提高，也会增加按单位资本平均计算的有效就业"（索洛，1989）。于是，索洛将产出增长中由投入要素变化所引起的部分与技术进步所引起的部分区分开来，对经济增长因素进行了分解，后人称之为"索洛余值法"。索洛本人及后来继续研究其模型的丹尼森和戴尔·乔根森（Dale W. Jorgenson）等经济学家就是运用这一方法来分析美国等西方发达国家经济增长的源泉。索洛根据美国1909年至1949年的统计资料计算出技术进步对经济增长的贡献率为87.5%，远远超过了资本投入量增加的贡献率。20世纪60年代丹尼森对索洛经济增长模型中的诸多生产要素进行改进，由此测算出第二次世界大战后9个西方国家经济增长的具体原因。以索洛、丹尼森为代表的新古典经济增长理论强调技术进步的核心作用，提出劳动力质量的提高对经济增长有重要作用，从而提高了人们对教育的重视程度。但遗憾的是，他们把技术进步看作外生的，无法合理解释劳动力增长率和技术进步率。另外，索洛经济增长模型假定商品和要素是完全流动的，资本和技术将从富国流向劳动率较低而投资回报率较高的穷国，故世界各国的经济增长率和技术进步率最终将趋同。然而，在现实世界中，这一趋同没有出现，且除个别几个国家和地区外，发达国家与发展中国家的经济差距在近几十年反而拉大了。因此，以索洛、丹尼森为代表的新古典经济增长理论对经济增长的解释力是有限的。

为正确解析战后经济增长之谜，20世纪后半叶由美国著名经济学家西奥多·舒尔茨、罗伯特·卢卡斯（Robert E. Lucas）及保罗·罗默（Paul M. Romer）等发展的新经济增长理论放弃了资本报酬递减的关键假定，把技术进步等变量内生化，利用人力资本来说明技术进步与经济增长的关系。舒尔茨被称为人力资本理论之父，1960年其明确提出人力资本的概念，指出许多令人迷惑不解的经济增长主要是因为人力资本存量的增加。舒尔茨（1990）认为："离开大量的人力资本投资，要取得现代农业的成果和达到现代工业的富足程度是完全不可能的。"1988年卢卡斯构建了真正将人力资本因素内生化的"人力资本溢出"经济增长模型。该模型认为专业化人力资本的增长才是经济增长的真正源泉。知识积累、技术创新与专业化人力资本不仅能使自身的收益递增，而且可以使其他投入要素递增，从而使经济增长动态化。卢卡斯认为，除非有平行增长的人力资本提供支持，否则实物资本的积累必将面临回报的大幅下降；除非与实物资本恰当地结合，否则通过教育获得的技能和知识对生产率增长的贡献将十分有限（速水佑次郎、神门善久，2009）。1990年罗默克服了卢卡斯模型缺乏微观基础的不足，将技术进步视为总生产函数的一个变量，主张技术进步是资本投资增加的结果，解决了存在于工业化过程中的技术外溢问题。罗默认为，作为一种公共物品，知识具有使用的非排他性和产权的排他性。知识使用的非排他性意味着知识不仅可以被其他科研人员用于生产另一种新知识，而且能够迅速外溢至经济中的其他企业，提高未来所有科研人员的生产率，此即罗默的边看边学"知识溢出"模型。正是该溢出效应使得人力资本投资具有收益递增的特性，很好地解释了各国经济增长存在差异的根本原因，即各国人力资本存量和科技水平存在差异，这也是目前世界经济增长没有出现趋同现象、发达国家与发展中国家经济差距拉大的重要原因。罗默的"知识溢出"模型是对新古典经济增长理论的一个重大突破，同时在实践上提高了各国对人力资本投资和科学技术研究的重视程度，尤其是发展中国家或地区为走出"低收入陷阱"，实现经济赶超，纷纷加大了对教育和科研的投入。根据我国经济社会发展对创新型人才的需要，《国家中长期教育改革和发展规划纲要（2010—2020年）》也明确规定：保证教育财政拨款增长明显高于财政经常性收入增长……按增值税、营业税、消费税的3%足额征收教育费附加，专项用于教育事业；提高国家财政性教育经费支出占国内生产总值比例，2012年达到4%。

新经济增长理论虽然将技术内生化，较有说服力地解释了战后经济增长之谜，但也存在明显缺陷。托达罗和史密斯（2009）认为，"它仍依赖于传统新古典主义的假设，而这个假设对于发展中国家来说是不合适的……发展中国家的经济增长常常因基础设施缺乏、制度结构欠佳和资本与商品市场不完善所导致的无效率问题而受阻。由于内生增长理论忽略了这些重大影响因素，所以它在对经济发展研究上的应用很有限，特别是在进行国别之间的比较时"。此外，新经济增长理论过于关注长期增长率的决定因素，忽视了短期和中期经济增长的影响因素。正如我国著名经济学家吴易风（2000）所言："由于新增长理论家仍然按照西方经济学的基本原理，采用动态一般均衡方法构建他们的模型，因此这种进步是有限的。"

综上所述，无论是外生的新古典经济增长理论还是内生的新经济增长理论，都未能拨开经济发展中纷繁复杂的迷雾，合理解释战后经济增长之谜。

当代西方经济增长理论解释力不佳的根本原因在于自牛顿以来在西方占主导地位的构成论世界观。

17世纪牛顿经典力学的巨大成功向人们展示了一幅构成论的世界图景："世界由同时并存于绝对空间中的既成实物所构成，这些实物是一个个独立的'自我存在物'，以'不可入性'为基础的外部相互作用产生了它们的相互运动。"（鲁品越，2011）这样的世界图景以其明确性使人相信：事物的发展变化是具有不变本性的既成事物之间的"外部相互作用"所致，复杂事物的发展变化是简单事物及其相互作用所致。这种观点虽然有正确之处，道出了物质世界中一个个独立的"自我存在物"的表层联系，但存在一个"原生性"的根本缺陷，即仅仅把世界理解为"客体的集合"，而不追溯这些客体及其性质从何而来。这种重"构成材料"而轻"生成方式"的构成论世界观反映到西方经济增长理论家那里，就是用数学模型呈现劳动力、资本、技术等因素与产量增长率之间的关系，用统计资料对各种要素的生产率及其作用进行较精确的计算，继而用统计得出的数据来检验经济增长理论的判断。至于是什么原因将劳动力、资本与技术等因素的潜在生产力转化为现实的对经济增长的贡献率这一问题，则无人问津。因此，当代西方经济增长理论存在一个明显的缺陷：片面夸大某一因素的形而上学性。哈罗德－多马模型推崇资本积累，索洛经济增长模型重视技术进步，新经济增长模型强调人力资本。这一缺陷导致物质资本与人力资本的分离，不仅使西方经济增长出现"双过剩"的经济危机，即以金融产品过剩为主的虚拟资本危机与以物质产品过剩为辅的实体资本危机，而且造成了人的发展危机。譬如，眼下盛行的现代西方人力资本理论仅把人力资本投资看作一种生产性投资活动，认为人力资本投资的目的就是提高人的素质，从而提高劳动生产率以增加个人收入和社会经济存量；在经济增长过程中，人被视为生产的工具和手段，是为实现经济增长服务的。现代西方人力资本理论忽视了一切经济发展的最高目的都是实现人的全面发展，这也是马克思在《1844年经济学哲学手稿》中早就指出的人的劳动与人自身相异化的问题。恰如经济学家阿瑟·刘易斯（Arthur W. Lewis）在《经济增长理论》（1983）一书中所指出的："应当注意的是，我们的主题是增长，而不是分配。有可能产出也许增长了，而人民群众却反而比以前更为贫困，我们必须考虑产出的增长与产出的分配之间的关系，但我们主要关心的是分析增长，而不是分配。"也就是说，对于在经济增长的同时可能出现的贫富分化问题，当代西方经济增长理论则漠不关心。因为这些理论不谈社会总产品在价值形态上的实现问题，只研究经济增长，把资本主义的扩大再生产归结为物与物的联系，这虽反映了资本主义扩大再生产过程中的一些表面联系，但掩盖了资本主义生产关系的再生产。因此，当代西方经济增长理论只是解析经济增长的浅表性理论，其背后存在着关于社会经济增长现象深层本质与根源的伟大理论，这就是马克思以剩余劳动为生成元的资本动力论。

二、马克思关于社会经济发展的经典理论

笔者认为，面对纷繁复杂的社会现实，仅靠经济学家的数学模型，恐怕无法得出决定经济增长的关键因素。因为抽象的数学求解描述永远不可能复制人们生存于其中的经济世界的现实环境和决策动机。要探寻经济增长的原动力，必须像马克思那样，在历史与逻辑相统一的基础上深入人类生产劳动发展的历史进程，如此才能既提高经济增长理论对现实的解释能力，又促进人的全面发展。

在马克思看来，相对稳定的剩余劳动（农业）使人与动物区别开来，有了剩余劳动，才有了人类历史。特别是剩余劳动转化为资本后，世界经济犹如穿上了灰姑娘的水晶魔鞋，自动向前狂奔。"资产阶级在它的不到一百年的阶级统治中所创造的生产力，比过去一切世代创造的全部生产力还要多，还要大。"对此，人们不禁要问："英伦三岛"为何能在近代社会扩张为庞大的"日不落帝国"？美国为何能由"日不落帝国"的殖民地成长为当今世界的头号经济强国？这不能不说是历史奇迹。

那么，创造上述历史奇迹的根本原因是什么呢？有人说是由于"机器的采用，化学在工业和农业中的应用，轮船的行驶，铁路的通行，电报的使用"。诚然，现代科学技术是近代经济发展的直接原因，但不是根本原因。因为科学技术是知识形态的潜在生产力，其无法使一个国家自动实现现代化。更何况科学技术本身要想迅速转化为现实生产力，也需要一个强大的推动因素。有人会说，这个强大的推动因素就是人性——人们追求自身利益的欲望。这一朴素的事实不可否认。然而，一切社会都存在这种利益驱动的力量，其并非近代西方社会所特有。

那么，近代西方社会经济迅速发展的根本原因究竟是什么？马克思通过对资本主义社会结构的剖析发现：促成近代欧美经济奇迹的力量不是别的，而是资本。马克思伟大的经济哲学巨著《资本论》揭示的正是在资本力量驱动下近代欧美经济的腾飞史。在马克思看来，"资本一旦合并了形成财富的两个原始要素——劳动力和土地，它便获得了一种扩张的能力，这种能力使资本能把它的积累的要素扩展到超乎似乎是由它本身的大小所确定的范围，

即超出由体现资本存在的、已经生产的生产资料的价值和数量所确定的范围"。正是资本的这种强大扩张能力将那些尚未开发的资源及被闲置的资源吸收到资本运行体系之中，使资本的"雪球"越滚越大，促使世界经济无休止地向前狂奔，以至于到了不可遏制的地步。正如多马（1983）所言："增长模型……至少可以追溯到马克思。在各经济学派中，我认为马克思主义者最接近于发展一种经济增长的重要理论。"

那么，资本扩张的魔力从何而来呢? 马克思在分析货币如何转化为资本时发现，作为货币的货币与作为资本的货币所负载的目的发生了根本变化：前者的目的是"达到这一过程以外的最终目的，即消费或满足一定的需要为限"；而后者的目的是价值增值，是"谋取利润的无休止的运动"（马克思，2004）。也就是说，人们获取货币的欲望可以分为两种形态——消费形态与资本扩张形态。这决定着人们处置剩余劳动的方式。当人们把消费欲望施于剩余劳动，把几乎全部剩余劳动都投入消费之中，或者为后代储存起来，那么社会生产系统将处于持续的简单再生产状态。譬如封建统治者把百姓的剩余劳动产品用于维护官僚机构运行，其余的供自己及家人使用，或者储存起来，留给子孙。这种处置剩余劳动的方式是封建社会经济发展缓慢的根本原因。而当人们把剩余劳动投入现实的物质生产过程，用于无休止的价值增值，货币占有者就变成了资本家。"作为价值增值的狂热追求者，他（资本家）肆无忌惮地迫使人类去为生产而生产，从而去发展社会生产力，去创造生产的物质条件"（马克思，2004）。于是，劳动的一切力量都显现为资本的力量，整个社会经济就像着了魔一样，进入无止境的扩大再生产的扩张过程。因为，只有不断扩张，资本才能生存，资本扩张不力的企业会被激烈的市场竞争所淘汰。于是，"竞争使资本主义生产方式的内在规律作为外在的强制规律支配着每一个资本家"（马克思，2004），迫使资本家将新增的剩余价值尽可能多地转化为资本，以实现再次增值。这种扩张本性铸就了时代精神的基本气质：永不满足，"把冲突看成存在的基础，生命是阻碍的克服；没有了阻碍，生命也就失去了意义。把前途看成无尽的创造过程，不断地变"（费孝通，1985）。由此可见，资本作为通过市场投入社会再生产过程中的剩余劳动价值并非罪恶，而是社会经济发展的强大动力。在马克思看来，新增资本不仅在空间上为自己开辟了广阔的世界市场，实现了资本全球化，而且在质上寻找到了新的出路——科技创新，从而获得了无限生机。

为什么说科技创新能够使以增值为天性的资本获得无限生机呢? 一是因为其催生的新产业与创制的新产品开辟了全新的商品市场。譬如，电脑的发明不仅促使信息科学技术和高科技产业及其市场崛起，而且使知识逐步成为经济增长的最重要因素。知识密集型产品对国民经济的贡献远远大于劳动密集型产品。于是相对过剩的资本迅速被卷入新的流通渠道，重新获得了巨大的、不可遏制的扩张动力，社会经济层次也越来越高。二是因为科技创新解放了被困于落后产业中的生产要素（特别是劳动力）。社会经济发展经验证明，每一次重大的科学技术革命都会促使人类的劳动方式发生革命性的变化，劳动方式的变革必然导致落后产业瓦解和大量人员失业。大量失业人员经过重新培训与转型，被吸纳到科技创新的产业中，获得新的价值，这既实现了经济的量的扩张，又加速了经济的质的飞跃。正是这种经济的量的扩张与质的飞跃不断提升着人口素质。也就是说，资本的本性必然在客观上驱使人的素质全面提高。然而，遗憾的是，这种劳动结晶——资本被只追求自身货币增值的社会力量所支配，且在整个社会生活中占据支配地位，其会反过来支配人，奴役人，成为一种外在于人的异化力量。"它把人的尊严变成了交换价值，用一种没有良心的贸易自由代替了无数特许的和自力挣得的自由。"（马克思、恩格斯，1995）劳动不再是"自由地发挥自己的体力与智力"的生命活动，对工人来说其是"使自己的肉体受折磨、精神遭摧残"（马克思、恩格斯，2009）的谋生手段。在物质消费与教育消费方面，甚至不是人在消费商品，而是商品在消费人，特别是在发达的工业社会，"资本力量时时刻刻地把人塑造为只追求资本增值的'单面人'——服从于技术理性的'单面人'"（鲁品越，2006）。教育不再是使人成"人"的教育，而是使人成"材"、成"器"的教育。考试分数与就业成为教育至高无上的追求，成为衡量教育品质的标准。"填鸭式"和"满堂灌"的教学方式不仅扼制了学生的创造力，而且戕害了学生的身心；周而复始的工作方式和较大的工作强度使部分教师忘记了自己生活的意义；物欲与权欲的无限膨胀使原本成人之长、去人之短的教育变成了追求功名利禄的工具。因此，马克思在《资本论》中不仅详细论证了物质资本扩张的过程，而且批评了物质资本对人的异化。

第一章　资本与人的发展方式研究

当代世界经济发展过程表明，资本已成为现代社会中"支配一切的经济权力"，社会生活围绕着资本展开。对此，马克思指出："只有当生产资料和生活资料的所有者在市场上找到出卖自己劳动力的自由工人的时候，资本才产生；而单是这一历史条件就包含着一部世界史。因此，资本一出现，就标志着社会生产过程的一个新时代。"随着这一历史过程的形成，作为一种"普照的光"，资本已成为支配现代社会的普遍力量，资本增殖成为社会多个领域、部门得以存在的理由，其他社会要素都被要求按照资本运作的需要理性地重新加以整合定位。因此，资本成为最有效的经济发展方式，其通过交换而不是强制的方式，把一切人力、物力和财力组合到社会化大生产中；其通过竞争瓦解着一切传统的生产方式和生活方式，激励教育、科学为直接的生产过程服务，并把市场交换推向社会生活的各个领域。资本扩张过程是资本带给人类社会的最根本变革，不仅使自由平等观念与科学理性精神得以形成，而且促使人的存在方式和价值实现方式实现了历史变革，其充满矛盾并缓解矛盾的过程是当代的深层主线。

第一节　马克思对资本及其本质属性的界定

资本理论是经济学的核心内容之一，从 17 世纪中叶古典经济学兴起至今，经济学家就从不同角度解读资本及其本质。但总体看来，西方经济学家的资本理论均集中于经济运行机制和技术经济关系分析，认为资本是表现一种技术经济关系的物，即生产资料或蓄积劳动。譬如，在保罗·萨缪尔森（Paul A. Samuelson）看来，资本就是财富，是一个经济体为生产其他物品而生产出来的耐用物品。"现代先进的工业技术是以使用大量的资本为基础的：精致的机器设备，大规模的工厂，成品与半成品，仓库与存货。'资本主义'得到这一名称，是因为这种资本，或生产性的财富，主要是某些人（资本家）的私有财产。"（萨缪尔森、诺德豪斯，1999）著名的奥地利经济学派把资本视为物，认为资本是生产资料的一部分，因而资本在产品价值中应有相应份额。"当土地、资本和劳动一起工作的时候，我们能够在综合的产物中区分出土地的份额、资本的份额和劳动的份额。"（维塞尔，1982）《牛津英语词典》对资本这一范畴的界定如下：一是可再生产的生产物，资本商品指用来生产其他商品的商品，比如机床；二是可以获得收入的金融资产；三是通过所有权而获得收入的社会阶层。同样，《企鹅经济学词典：英文》也认为资本在狭义上指可以自己生产或生成收入的资产，通常指以下四种：生产力——包括机器、科技、厂房，生产原料，土地，劳动力。该书认为资本在广义上指可以带来收入的金融资产。由此可见，西方经济学家对资本理论的表述虽略有不同，但核心是一致的。与此不同的是，马克思（2004）认为"资本不是物，而是一定的、社会的、属于一定的历史社会形态的生产关系，后者体现在一个物上，并赋予这个物以独特的社会性质。资本不是物质和生产出来的生产资料的总和"。也就是说，资本作为一种生产关系是顺应历史发展起来的，其作为一定生产力基础上的生产积累方式而存在，只要整个世界社会生产力的发展还没有超越资本存在的必然性，资本就必然要向更大的地理范围扩大，直至全世界。资本的本质属性如下。

首先，资本是一种以生产资料为基础的社会关系。马克思通过对货币和资本的不同运动形式进行分析和比较，指出资本是能够带来剩余价值的价值，其所表现的是资本家剥削工人创造的剩余价值的关系，如果离开了这样的社会关系，就不会有资本。在马克思看来，货币是资本的最初表现形式，但货币不等于资本，只有劳动力成为商品，货币才具备转化为资本的条件。马克思曾经引述过一件令人感慨的事情：英国有一个叫皮尔的人，把共值5万英镑的生活资料和生产资料从英国带到新荷兰（即澳大利亚）的斯旺河去。皮尔先生非常有远见，他还带去了成年男工、女工和童工，共3 000名。可是，一到达目的地，皮尔先生竟连一个替他铺床或到河边打水的仆人也没有了。马克思（2004）说："不幸的皮尔先生，他什么都预见到了，就是忘了把英国的生产关系输出到斯旺河去！"这件事情充分说明：生产资料只有在一定的社会关系下才成为资本，离开了一定的社会关系，生产资料就不再是资本了。因此，马克思说："黑人就是黑人。只有在一定的关系下，他才成为奴隶。纺纱机是纺棉花的机器。只有在一定的关系下，它才成为资本。脱离了这种关系，它也就不是资本了，就象黄金本身并不是货币，沙糖并不是沙糖的价格一样。"可见，货币作为资本存在于所适应的特殊的生产关系，即货币所有者作为雇佣者与被雇佣者的关系。这就是资本的本质。

其次，资本是一种获取剩余价值的权力。如上所述，资本的本质就在于其与雇佣劳动之间支配与被支配之间的关系。在劳动和生产过程中通过支配雇佣劳动，获得一定量的剩余价值，这是资本生存的根本目的。因此，马克思认为，资本"按其本质来说，它是对无酬劳动的支配权"，"是资产阶级社会支配一切的经济权力"。如果社会不承认资本的这种权力，那么获取剩余价值的目的就不会那么强烈，甚至根本不会获取剩余价值。而不获取剩余价值，资本就不再具有存在的历史理由了，因为资本存在的历史理由正是通过获得剩余价值而在客观上推动社会生产力的发展。在当代，不管生产力发达与否，对剩余价值具有索取权和控制权的资本在生产力发展过程中是不可或缺的，这一点是不以人们的道德批判和价值选择为转移的。但应注意的是，作为能够带来剩余价值的价值，资本是否体现剥削关系，关键在于剩余价值由谁创造又由谁占有。剩余价值由谁占有是由资本归谁所有决定的。剩余价值虽然是在生产中由劳动者创造的，但其既可以为资本家所有，也可以为劳动者个人所有，还可以为劳动者共同所有即公有。当资本为劳动者个人所有，劳动者运用自己所有的资本创造和占有剩余价值，就不存在剥削关系；当资本为公有或共有，劳动者共同占有剩余价值，也不体现剥削关系；只有在资本为资本家私人所有、剩余价值也由资本家私人占有的情况下，资本才体现剥削关系。因此，从理论和现实来看，作为自身增殖的价值，资本不是资本主义社会所独有，而是由分工、交换、商品、价值和货币的内在逻辑发展出来的一种获取剩余价值的权力。

最后，资本是促进社会生产力发展的内在机制。马克思（1974）不仅指出资本是一种获取剩余价值的权力，而且从资本是一种运动的角度论证了"资本的合乎目的的活动只能是发财致富，也就是使自身增大或增殖"。在马克思看来，相对稳定的剩余劳动（农业）使人与动物区别开来，有了剩余劳动，才有了人类历史。作为超过一定需要量的劳动，剩余劳动必须始终存在，其是生产力发展的必要条件。正如恩格斯（2009）所言："劳动产品超出维持劳动的费用而形成剩余，以及社会生产基金和后备基金靠这种剩余而形成和积累，过去和现在都是一切社会的、政治的和智力的发展的基础。"但不同社会条件下，对剩余劳动的处置方式是不同的。当人们把剩余劳动都投入消费中，或者为后代储存起来，那么社会生产系统将处于持续的简单再生产状态；而当人们把剩余劳动投入现实的物质生产过程，谋求无休止的价值增值，货币占有者便成为资本家。资本家迫使人类为生产而生产，从而发展社会生产力，创造生产的物质条件。于是，劳动的力量显现为资本的力量，社会经济进入无止境的扩大再生产的经济扩张过程。资本有"一种不断要超越自己的量的界限的欲望：是无止境的过程"（马克思、恩格斯，1974）。资本所支配的生产过程就是扩大再"生产"的过程，正是通过获得剩余价值，其在客观上成了实现社会积累、促进生产力发展的必要手段。

由此不难看出，资本既是一个生产关系的范畴，又是一个生产性、社会性和当代性的范畴。在研究资本理论时，不能仅仅把资本看作一个具有严格制度或意识形态意义的社会范畴，而应当重视资本范畴在市场经济领域的作用。马克思虽然是以批判的、革命的态度看待资本的，但他对资本进步和文明作用的认识达到了资产阶级学者达不到的高度，对资本的伟大作用做了充分的肯定。社会主义条件下资本积累的主体是联合起来的劳动者，这就决定了资本积累的实质是将劳动成果的一部分不断转化为创造社会财富的手段，其结果是社会主义物质基础和社会主义生产关系日益增加和扩大，全体劳动者逐步走向共同富裕。社会主义的资本积累虽然同样会引起资本有机构成的不断增加，并在一定阶段内提高劳动者就业困难程度，但随着社会主义物质基础的日益雄厚和社会保障制度的日益完善，总的趋势是劳动者工作时间日益减少，这为人的全面发展创造了必要的物质条件。

第二节　物质资本主导下人的存在形态

人不是一成不变的既定存在，而是随着社会实践的发展变化而不断发展变化的对象化实践存在物。"他们是什么样的，这同他们的生产是一致的——既和他们生产什么一致，又和他们怎样生产一致。"（马克思、恩格斯，2009）随着社会实践的发展，人的生存方式也会不断改变。

在马克思看来，资本运动必然要求市场的扩大，而市场的扩大又导致物质财富的快速增加。高度商品化和机械化的大工业生产已成为社会生产的主要内容和基本方式，即"大工业建立了由美洲的发现所准备好的世界市场。世界市场使商业、航海业和陆路交通得到了巨大的发展。这种发展又反过来促进了工业的扩展，同时，随着工业、商业、航海业和铁路的扩展，资产阶级也在同一程度上发展起来，增加自己的资本，把中世纪遗留下来的一切阶级排挤到后面去"（马克思、恩格斯，2009）。由此资本在促进人类文明方面的作用得以彰显——"它创造了这样一个社会阶段，与这个社会阶段相比，以前的一切社会阶段都只表现为人类的地方性发展和对自然的崇拜"（马克思、恩格斯，1974）。也就是说，资本的运动最终促使世界市场形成，使生产和消费全球化。于是，工业生产依靠科技的力量确立起人在自然界中的独立性和自主性地位，而以货币为纽带的物化社会关系也打破了以血缘和权力为纽带的人身依附关系对人存在和发展的束缚和限制。一方面，人类通过科学技术控制自然界，从而能够决定自己的命运；另一方面，人类已经摆脱了自然血缘关系对人的束缚，成为独立的个体。正是在这一意义上，马克思（1974）说："在现代世界，生产表现为人的目的，而财富表现为生产的目的。事实上，如果抛掉狭隘的资产阶级形式，那么，财富岂不正是在普遍交换中造成的个人的需要、才能、享用、生产力等等的普遍性吗？财富岂不正是人对自然力——既是通常所说的'自然'力，又是人本身的自然力——统治的充分发展吗？财富岂不正是人的创造天赋的绝对发挥吗？"但这种独立是以人对物的依赖为前提的，把人置于物的依赖之下。

在马克思看来，在市场经济条件下，劳动对资本和机器的依赖致使人的生产劳动成了物化、异己的活动。人在劳动中不是肯定自己，而是否定自己，人的价值为物的价值所吞噬，资本最终使人成为一种失去生存意义的工具性存在。马克思（2004）指出："在生产过程中，资本发展成为对劳动，即对发挥作用的劳动力或工人本身的指挥权。人格化的资本即资本家，监督工人有规则地并以应有的强度工作。""资本发展成为一种强制关系，迫使工人阶级超出自身生活需要的狭隘范围而从事更多地劳动。""它使人和人之间除了赤裸裸的利害关系，除了冷酷无情的'现金交易'，就再也没有任何别的联系了。它把宗教虔诚、骑士热忱、小市民伤感这些情感的神圣发作，淹没在利己主义打算的冰水之中。它把人的尊严变成了交换价值，用一种没有良心的贸易自由代替了无数特许的和自力挣得的自由。"也就是说，资本将整个经济体系乃至整个社会体系建构为服从资本增值意志的机器，这个机器的无限膨胀使人成为失去自身价值而服从资本意志的工具，使人成为只追求资本增值的"工具人"。正是资本增值的支配造成了社会价值观的严重扭曲：对个人来说是金钱至上，对社会经济发展来说是 GDP 增长至上。随着科技进步，作为资本力量的物质形态，不断扩张的机器世界使人日益沦为听命于机器的附属物，绝对服从技术理性。尤其是在手工业的生产过程中，由于分工，"每一个工人都只适合于从事一种局部职能，他的劳动力就转化为终身从事这种局部职能的器官"。因此，"工场手工业工人按其自然的性质没有能力做一件独立的工作，他只能作为资本家工场的附属物展开生产活动"（马克思，2004）。对此，马克思（1974）曾有生动的描述："在现代制度下，如果弯腰驼背，四肢畸形，某些肌肉的片面发展和加强等，使你更有生产能力（更有劳动能力），那么你的弯腰驼背，你的四肢畸形，你的片面的肌肉运动，就是一种生产力。如果你精神空虚比你充沛的精神活动更富有生产能力，那么你的精神空虚就是一种生产力，等等，等等。如果一种职业的单调使你更有能力从事这项职业，那么单调就是一种生产力。"

因此，在物质资本盛行的时代，人们虽然依靠科技的力量打破了外部自然力的长期统治，赢得了自己在自然界中独立的实践主体地位，但受制于外在资本和机械化生产体系，成为依附于资本、附属于机器的客体劳动力。正如雅斯贝尔斯（2024）所言，技术和机器"迫使一切事物、一切人都为它服务。它消灭任何它不能容纳的东西。人看来就要被它消化掉，成为达到某一目的的纯粹的手段，成为没有目的和意义的东西"。同样，技术化时代的现代教育也无法避免技术理性的浸染。在近现代工业化进程中，教育成了机械的训练和外在的规范，成了大批复制人的生产加工线，人成了技能的动物。"人们似乎心甘情愿地让人把自己和孩子作为东西，作为工具，作为机器去塑造、去加工、去利用。对物质的疯狂追求和拜金主义使得人们失去了个性，也正在失去人性，成为被同样本能主宰的两足动物。"（张汝伦，1999）因此，把资本主义神化为一种永恒而又完美的生产方式是错误的，其只是一种在历史上产生也必然在历史上消亡的生产方式。因为从人类生活目的和生活质量上讲，资本主义生产方式伤害了构成其基础的最主要生产力——劳动者，并使其变成服从于机器的工具。就这点而言，马克思（2004）认为，资本主义生产"对人，对活劳动的浪费，却大大超过任何别的生产方式，它不仅浪费血和肉，而且也浪费神经和大脑"。

第三节　资本与人的发展方式之革命

如上所述，资本的本质就是不断追求最大限度的剩余价值即资本增值，为了最大限度增值，"资产阶级除非对生产工具、从而对生产关系，从而对全部社会关系不断地进行革命，否则就不能生存下去"（马克思、恩格斯，2009）。正是资本的内在本性刺激了人的发展方式的革命。

在马克思看来，货币除了具有价值尺度、交易与储存等经济功能外，还具有社会建构功能，即"通过货币把社会成员以及相关资源联系起来，以组成一定的社会结构"（鲁品越，2006）。马克思（2004）在比较货币流通公式（W—G—W）与资本流通公式（G—W—G）之不同时发现："为买而卖的过程的重复或更新，与这一过程本身一样，以达到这一过程以外的最终目的，即消费或满足一定的需要为限。相反，在为卖而买的过程中，开端和终结是一样的，都是货币，都是交换价值，单是由于这一点，这种运动就已经是没有止境的了。"也就是说，在具有不同目的的社会力量支配下，货币具有不同的社会建造功能。如果将货币兑现为生活世界可享用的感性价值，那么社会资源就是直线式的非循环过程，社会物质生产系统基本处于简单再生产水平。货币资本化之后，这种情况便发生了革命性变化：人们不是为了消费而是为了价值增值来购买资源。为了实现最大限度的价值增值，资本在生产意义上发展了科学技术，培养出了在科学技术、知识文化、社会结合与社会交往方面高度文明的人。实践证明，在现代社会，生产力的普遍发展与世界各国的普遍交流往来及以其为基础的人文精神的弘扬，都离不开资本的作用。资本既是人类现代社会市场经济实践的文明成果，又是人类证明自己"类本质"的平台。

正是基于此，马克思（2009）明确提出："资本就违背自己的意志，成了为社会可以自由支配的时间创造条件的工具，使整个社会的劳动时间缩减到不断下降的最低限度，从而为全体社会成员本身的发展腾出时间。"只有在资本所带来的高度发达的生产力发展过程中，才能"为整个社会和社会的每个成员创造大量可以自由支配的时间（即为个人生产力的充分发展，因而也为社会生产力的充分发展创造广阔余地）"。也就是说，资本具有增强人全面性和完整性的功能。因为要创造越来越多的剩余价值，就必须不断打破现有的消费限度，不仅要增加对人们现有需要的满足的量，扩大满足其现有需要的人的范围，而且要在人们需要的现有种类之外增加新的种类。因此，资本主义所实现的大众消费的意义不仅是人之需要的简单满足，同时也是普遍意义上人社会历史性之需要体系的形成。这种普遍的人之需要和能力的满足与创造，是资本对人性的巨大促进。更为重要的是，人的自由全面发展要以一定的可支配的自由时间为保证，而创造可支配的自由时间则离不开资本所带来的劳动生产率的提高。早在19世纪50年代马克思（1980）就指出："正像单个人的情况一样，社会发展、社会享用和社会活动的全面性，都取决于时间的节约。一切节约归根到底都是时间的节约和生产效率的提高。生产效率的提高是资本增值的必然逻辑结果，是显而易见的。"因此，马克思认为："时间实际上是人的积极存在，它不仅是人的生命的尺度，而且是人的发展的空间。"自由支配时间的扩大等于创造了一个新的发展舞台，舞台越大，发展的可能性也就越大。因为人们只有在自由时间里才可以摆脱片面的、单一的劳动的束缚，去自由发展自己的兴趣和爱好，全面提高自身素质和社会活动能力。

由此可见，资本独立于人之外，控制着社会，进而控制着人。"现代性由理性、启蒙发展到政治上的民主、自由；再由政治上的民主、自由发展到经济上的自由平等；经济上的自由平等又在社会生活的各个方面提出新的公平、合理、正义以及全面发展的要求。"（丰子义，2005）马克思在《资本论》中对人的发展历史做了考察，指出在不同社会形态和历史条件下，人的发展呈现出不同的水平。他根据个人的社会关系程度，将人的发展分为三个历史阶段："人的依赖关系"阶段、"以物的依赖性为基础的人的独立性"阶段与"建立在个人全面发展和他们共同的社会生产能力成为他们的社会财富这一基础上的自由个性"阶段。在第一个阶段，无论是个人还是社会，都不可能有自由而充分的发展。因为，在此阶段人们的实践活动是在狭窄的范围和孤立的地点内进行的，具有强烈的地域性，人与人的关系或是以自然血缘纽带为基础，或是以统治和服从为基础，人类为了生存与自然界斗争，根本谈不上自身的全面发展。在资本主义社会，商品生产和交换的发展打破了人的依赖关系，确立了人的独立性，形成了有更多社会物质交换、丰富的社会关系和社会需求的社会体系。然而，资本主义私有制决定人的全面发展是不可能实现的。因为，在"以物的依赖性为基础的人的独立性"阶段，钱成了人追求的对象，资本家和工人都被资本所奴役。只有共产主义社会才能实现人自由而全面的发展。随着生产力的高度发展与私有制的废除，人们不再屈从于旧的社会分工和狭隘的职业种类，每个社会成员都成为将脑力劳动和体力劳动相结合的人，既可以从事体力工作，又可以从事脑力工作，既是社会财富的创造者，又是社会财富的享用者。正如马克思在《共产党宣言》中所言："代替那存在着阶级对立的资产阶级社会的，将是这样一个联合体，在那里，每个人的自由发展是一切人的自由发展的条件。"也就是说，在这种全面发展的方式下，个人成为孤立的"独立"的个人，而个人越是"独立"，就越能打破现实关系和观念关系的狭隘性，扩大社会交往范围，丰富社会关系，从而使人与人之间的相互关系和联系更具有普遍性和全面性。因此，资本所创造的高度文明的人是自由的人的历史前提。就像马克思（1974）在《资本论》中所言："以物的依赖关系为基础的人的独立性，是第二大形态，在这种形态下形成普遍的社会物质变换，全面的关系，多方面的需求以及全面的能力的体系。建立在个人全面发展和他们共同的社会生产能力成为他们的社会财富这一基础上的自由个性，是第三个阶段。第二个阶段为第三个阶段创造条件。"

第四节　当代人发展的理想形态

人的自由全面发展既是马克思一生追求的理想目标，又是其全部学说最高价值的体现。对此，马克思做过多方面的论述。在《1844年经济学哲学手稿》一书中，马克思第一次论述了人的全面性，提出了在最高意义上的共产主义下，"人以一种全面的方式，就是说，作为一个完整的人，占有自己的全面的本质"（马克思、恩格斯，2009）。之后，他进一步将全面性表述为"把不同社会职能当作互相交替的活动方式的全面发展的个人"（马克思，2004）。"真正的财富就是所有个人的发达的生产力"，是"个人的需要、才能、享用、生产力等等的普遍性"；"人不是在某一种规定性上再生产自己，而是生产出他的全面性"（马克思、恩格斯，1974）。未来社会将提倡"个人的独创和自由"，给每一个人提供全面发展和表现自己全部能力的机会。共产主义"以每个人的全面而自由的发展为基本原则"，"在保证社会劳动生产力极高度发展的同时又保证人类最全面的发展"（马克思、恩格斯，1974）。

从马克思对"人的自由全面发展"的表述可以看出，"人的自由全面发展"是人类历史发展的最高阶段。在这个阶段，人们已经完全把控了自己的生存条件，构成人之个性的各种因素包括体力、智力、才能、兴趣、品质等都得到自由而全面的发展，"人终于成为自己的社会结合的主人，从而也就成为自然界的主人，成为自身的主人——自由的人"（马克思、恩格斯，1995）。旧式社会分工使人能力片面发展，人及其活动碎片化、贫乏化，而"人的自由全面发展"强调人发展的广泛性的客观状态：一是个人的潜力得到充分发挥；二是身体器官的各种功能均衡发展，个人的肉体和心理都得以完善；三是个人需要得以满足，"用那种把不同社会职能当作互相交替的活动方式的全面发展的个人，来代替只是承担一种社会局部职能的局部个人"（马克思，2004）。正是在这一意义上，马克思（1995）说："在共产主义社会里，任何人都没有特殊的活动范围，而是都可以在任何部门内发展，社会调节着整个生产，因而使我有可能随自己的兴趣今天干这事，明天干那事，上午打猎，下午捕鱼，傍晚从事畜牧，晚饭后从事批判，这样就不会使我老是一个猎人、渔夫或批判者。"

那么怎样才能实现人的自由全面发展呢？马克思（2004）认为，必须通过一定的教育和训练。教育是传承文化、培养和造就全面发展的人的一种重要手段，教育"不仅是提高社会生产的一种方法，而且是造就全面发展的人的唯一方法"。恩格斯（1974）也指出："教育可使年轻人很快就能够熟悉整个生产系统，它可使他们根据社会的需要或他们的爱好，轮流从一个生产部门转到另一个生产部门。因此，教育就会使他们摆脱现在这种分工为每个人造成的片面性。"在马克思看来，作为教育对象的人原本就是一个整体的人，教育的使命就是要使人的"完整性"获得发展，使每一个人在丰富的多样性中提升生命质量。因此，无论在什么情况下，若教育背离了面向全体社会成员的全面发展这一宗旨，不仅将失去存在的必要性，而且人通过教育所获得的只能是畸形的发展。

在此，要特别指出的是，虽然马克思的全面发展思想中包含人的需要、能力、社会关系及个性的全面发展，但主要强调的是人的能力——尤其是生产能力的全面发展。因为根据马克思的唯物史观，人首先是作为一个具有劳动能力的人存在的，所以人的全面发展首要的就是劳动能力的全面发展。"为了在对自身生活有用的形式上占有自然物质，人就使他身上的自然力——臂和腿、头和手运动起来。当他通过这种运动作用于他身外的自然并改变自然时，也就同时改变他自身的自然。他使自身的自然中蕴藏着的潜力发挥出来，并且使这种力的活动受他自己的控制。"（马克思，2004）这就要求人们对教育中人之全面发展的认识和理解必须以发掘人的潜能为着眼点。开发人之潜能的教育在一定意义上也就是使人全面发展的教育。因为其不是从外在对受教育者进行所谓某方面素质的培养，而是力求使他们内在的一切发展可能性得以实现。从这一立场出发理解教育对人潜能的开发，就不仅仅是去发现受教育者某种学习能力的问题，而是要求教育者以一种动态的、发展的、欣赏的态度对待每一个受教育者，关注到与人之发展相关的各个方面，如好奇心、冒险精神等。因为"人性不是一架机器，不能按照一个模型铸造出来，又开动它毫厘不爽地去做替它规定好了的工作；它毋宁像一棵树，需要生长并且从各方面发展起来，需要按照那使它成为活东西的内在力量的趋向生长和发展"（密尔，1959）。"如果孩子们的好奇心没有得到唤醒，而是受到严重压抑的话，就会逐渐丧失掉。如果孩子们天生的问题意识没有得到保护，而是不断受到阻碍的话，最终也将失去。对于探究新的东西来说，理智的灵活性、冒险精神、自信等是非常必要和宝贵的品质，如若长期不用或滥用的话，也会失去它们原本的作用。"（谢弗勒，2006）因此，人的全面发展具体体现为潜能的发展。这就意味着，即使在相同的社会条件下，每个人的发展程度与方式也是不同的。由于兴趣、爱好不同，个人各方面能力的发展必然呈现出多样性的特点。

有些教师把学生的个性视为问题和包袱而加以限制、否定，想方设法把学生统一到"常态"模式中。较少有教师鼓励学生的个性发展，更不用说把学生的个性或差异当作宝贵的资源加以保护、利用并使其得到进一步发展了。在马克思（1974）看来，教育应使"人类全部力量的全面发展成为目的"，教育不只是手段。正确的态度应当是承认每一个学生个性存在的权利和价值，尊重学生具有的独特性，同时采取积极措施努力促进其个性发展。正如联合国教科文组织国际教育发展委员会所提出的：21 世纪不仅要求人人都有较强的自主能力和判断能力，而且还有一个十分迫切的需要，即要让像财富一样埋藏在每个人灵魂深处的所有才能都发挥出来。

　　总之，对于每一个体而言，全面发展表现为潜能的充分发挥，而个人潜能的发挥又必须依赖教育的开发和促进。因此，全面发展的教育实际上也就是最大限度开发人之潜能的教育。通过对人之潜能的开发，使人发展的可能转变为现实，从而彰显人的生命价值。

第二章　人力资本理论的哲学解读

长期以来，许多从事人力资本研究的学者习惯从理性角度审视人的创造活动，认为只有增加知识、增强技能、增长经验，才能提高个人获得货币收入和生产非货币产品的能力。因此，中华人民共和国成立 70 多年以来，国家在教育事业上投入巨大，形成了一支规模庞大的知识分子队伍。今天我国要想推动知识经济持续发展，不断提升人力资源的竞争力，应倡导理性论者所主张的"德、智、体三统一"的教育模式，更应在认识论和方法论上特别关注眼下普遍流行的身体认知论。

第一节　人力资本的物质基础：创造的身体

不言而喻，作为生命的物质载体，身体是人最基本的存在方式。然而直到现在，大多数学者仍认为，"全部理性现象，不论是有意识的或无意识的、视觉的或听觉的，不论是痛觉、触觉或思想，乃至我们全部心理生活，都是由在脑中进行的过程产生的"（塞尔，2006）。因此，现在的人力资本理论大多关注脑能的开发与运用策略。在一些学者眼中，对于复杂的创造活动而言，身体是一个不可信赖的因素，甚至是障碍。事实上，无论人类发展、进化到什么程度，身体才是人存在的物质基础。人首先通过身体与自然、社会发生关系，也首先通过身体认识世界与自我，人每一具体的行为都必须由身体来实施。

纵观历史，并不是"得天独厚"的理性创造了人类的文明史，而是人们通过自身的实践活动不断地生产和再生产着肉体生活世界的结构，而生活世界的结构通过社会化肉体的方式在实践中得以存在。人以身体的形式而存在，人存在于身体之中，人一切存在的意义都是身体的意义。无论一个人认为身外世界有多大，总是要通过身体去体验，通过身体把世界"变形"，使世界更容易理解。创造力并不为大脑所特有，大脑察觉不到色彩，品尝不了东西，听不见任何声音，大脑所收到的只是神经冲动。身体才是换能器，即将某种能量转换成另一种能量的装置。这才是身体的天才之处。事实上，研究过程中的理性部分如果得不到身体感觉的补偿就会毫无作用，因为正是身体给抽象的概念和逻辑形式的字词提供更为丰富的反馈、内涵和意义，也正是身体使人们能够进入或感受一种难以想象、难以表达的复杂的场景或境地。身体所知道和感受的东西无比丰富多彩，其常常使得语言显得那样贫乏、枯燥、干瘪、无能为力。人们正是通过身体与现实产生联系。因此，马克思虽然反对把人看成纯粹的"自然人"，反对把人的自然属性当成人的唯一属性，反对单纯利用生物学规律和自然法则来解释人的行为和社会现象，但从来没有否认人的自然本质。马克思（2009）指出："全部人类历史的第一个前提无疑是有生命的个人的存在。因此，第一个需要确认的事实就是这些个人的肉体组织以及由此产生的个人对其他自然的关系……任何历史记载都应当从这些自然基础以及它们在历史进程中由于人们的活动而发生的变更出发。"也就是说，人作为改造世界之实践活动的主体，首先作为有生命的个人存在，人身上必然具有自然因素、自然力、自然需要等方面的自然规定性。人"具有自然力、生命力，是能动的自然存在物，这些力量作为天赋和才能、作为欲望存在于人身"。人的自然因素、自然力是人进行实践活动的物质基础，因为劳动过程就是"人自身作为一种自然力与自然物相对立"的过程（马克思，2004）。每一次实践活动既是人自然因素、自然力的发挥和自然需要的满足，也丰富了人的自然因素，发展了人的自然力，推动了新的需要的产生。

　　然而，人类有关创造力的研究一直遵循一种客观化、量化和因素分析的路线。譬如，心理测量法把创造力看成一种可以用恰当的测量工具加以量化的心理特征，且主要通过发散性思维测验来寻求量化创造性过程。实验法把创造力看成一个认知加工的过程，主要通过对"暗示""指导语""环境"和其他指导性变量或任务变量的直接控制，教导人们如何进行创造性思考，包括头脑风暴、多产性思维及智力提升等。传记法对创造性人物的个案历史进行分析，通过考察创造性人物的生活事件，把创造力看成一个生活故事。生物学法考察的是人们进行创造性思维时的大脑活动，认为创造性活动是建立在人脑生理活动基础之上的特殊思维活动，是人脑活动最佳功能状态的表现。情境法对创造力的研究主要关注与创造力相关的社会、文化或进化情境，把创造力看成基于情境的活动。总之，无论是通过认知途径还是通过人格途径，以上对创造力进行研究的方法都是从理性角度切入的。这种以理性主义为基础的创造观之共性在于：认为在科学发现和科学发明的过程中，主要依赖的是心灵（大脑）的思考、理性的推算，而不是将心灵和肉体、理性和感性、逻辑和非逻辑整合为一的身体。因此，传统理性主义的创造力研究虽然为理解创造力做出了巨大贡献，但在基础研究方面十分令人担忧，特别是从身体角度切入的创造力研究更是少得可怜（可以说仅关注了大脑活动）。

这种以理性主义为基础的创造观之所以无视甚至贬低和压抑身体，主要是因为自勒内·笛卡儿（René Descartes）以来，人们就依据两分法把世界划分为两种对立的实体——心灵的和非心灵的即物质的和非物质的实体。这样一来，人的身体也就被划分为两个部分：意识（灵魂）和身体（肉体）。意识（灵魂）一直是人之为人的决定性因素，而身体（肉体）作为无思想的东西，只指涉一种不具备理解力的存在。当然，这种抑身扬心的身体观早在古希腊时期就已经出现。比如柏拉图（Plato）就认为，灵魂不仅独立于肉体之外，而且在等级上高于肉体。由于肉体缺乏反思和开放自身的途径，人的感知、记忆和欲望都要以精神官能为中介来进行。柏拉图在《斐多篇》中指出，灵魂和肉体的分离就是人的死亡。在灵魂离开肉体独立存在，且摆脱了感觉、情感等干扰时，人就能达到对真理的认识。此处，柏拉图显然通过他的思辨天赋设立了人类思想史上最大的一个骗局：人的身体可以和心灵相分离。与此同时，柏拉图也表明了对身体的敌意，"因为带着肉体去探索任何事物，灵魂显然是要上当的"。柏拉图（2000）断定："我们要接近知识，只有一个办法，我们除非万不得已，得尽量不和肉体交往，不沾染肉体的情欲，保持自身的纯洁。"自此以后，西方主流哲学不可避免地走上二元对立之路。事实也证明柏拉图这种抑身扬心的身体观对后世影响极为深远，尼采和海德格尔都从各自的角度和立场看出了整个西方哲学背后浓重的柏拉图色彩。美国精神分析学家诺尔曼·布朗（1994）曾以略为粗俗的语言揭示了这一事实："把人的身体想象为排泄物，要求人进行升华，把整个宇宙想象为'低级物质'的混合体，把天地当作一个巨大的宇宙升华的蒸馏器，这一切都可以追溯到柏拉图。"

事实上，也正是从柏拉图开始，身体便陷入了哲学的漫漫长夜。特别是随后兴起的基督教神学，为了宣扬上帝、推崇灵魂的纯洁美好，其伦理观十分明显地表现出了贬低肉体的柏拉图倾向。中世纪时期的教会作为上帝在人间进行统治的代言人和天启真理的源泉确立了自己的权威地位，其要求个人必须服从宗教神学和经院哲学。对于教会教授的真理，信仰即可，无须解释。信仰居于理性与感性之上而不容置疑。至于个体的感官享受与身体欲望则被斥为邪恶与荒淫之物。但是，长期的压制与贬低并不会使个体正当的感性诉求在沉默中无声消失，身体正当的感性诉求和生命力的强烈彰显也不会长期蛰伏于宗教权威之下，被长期压抑的身体如暗流涌动般静待着彰显的时机。

当西方进入文艺复兴时期之后，中世纪的经院哲学便开始衰落，教会权威也被消解。从宗教权威束缚下解放出来的个人作为理性主体确立了自身地位。具有理性思考能力的个人对自然表现出了极大的兴趣，不再借助于神秘的上帝与天启真理，而是运用自己的理性思维解释宇宙、自然、生死及人自身的种种现象。自然科学由此兴起，并呈现出细致化的趋向。此后所形成的包括物理学、化学、生物学、解剖学、心理学等在内的整套现代自然科学体系之基础在文艺复兴时期即已奠定。然而，整个自然科学体系的研究依然被置于主体的人即具有理性思维能力的人的视野之下，从而将被研究者置于与主体相对立的客体对象的位置上。此时，即使是与人体有着密切关联的解剖学和生理学研究，也都在主客二分的思维方式下将作为研究对象的人等同于物体。在这种情况下，作为一台精密的仪器，与其说人的身体是一件由不同器官通过复杂而精致的连接与组合形成的巧夺天工的作品，还不如将其定义为肉体。但总的来说，这一传统是在自文艺复兴以来的社会现代化进程中，人们为反抗宗教神学而勇敢运用自己的理性思维树立起来的另一种理性主义的权威传统。

然而，高扬"理性"大旗，颠覆了神，人的身体就真的能"水清石自见"吗？理性的眼光帮助人们找到的是怎样的一种身体？这种身体是人们要寻找的目标吗？答案是否定的，自古希腊发端的身心区分传统事实上到了近代哲学中才真正导致一种对身体的遗忘。古希腊哲人尽管贬抑身体，但身体总还存在着，因为古希腊哲人正是意识到了身体的本性，意识到了身体对灵魂之纯净性的干扰，才要求把注意力从身体转移开去。而在近代哲学中，对身体的遗忘却完全出于对身体之特性的误解，身体并不与意识或灵魂有关，而是与物体有关。身体由此不再被看作身体，而被看作物体，成了物中之一物。这种误解始于近代哲学奠基人笛卡儿。笛卡儿认为构成世界的是两种实体，即物质实体和心灵实体，物质实体具有广延而不能进行思维活动，心灵实体虽然没有广延但可以进行思维活动。笛卡儿果断地把身体划分为物质实体。在笛卡儿眼里，心灵和物质性身体是两种完全不同的实体：心灵是纯粹意识，代表着精神和活力；而物质性身体是纯粹生理的东西，是机械的、无生机的东西。"心灵是通过靠近大脑中心部位的一个小结构即松果腺与身体相互关联的。在松果腺的微粒的运动中发生的微小变化会通过神经系统传遍全身，进而引起肌肉收缩，最终导致身体的运动。"（海尔，2006）人主要属于思维、心灵、精神的范畴，身体及其周遭环境只有从属意义。众所周知，笛卡儿以自己的身体做试验，进行了一种近乎癫狂的怀疑，最后找到了他无法再怀疑的东西，那就是他的怀疑本身，是他的意识、他的灵魂。笛卡儿那个"我思故我在"经典命题抛弃的就是人的身体。笛卡儿的结论是——"我们对心灵或思想的事物比对身体知道的更清楚。因为他可以怀疑自己的身体，他就不能认为一切肉体的东西属于他的本质。"（斯宾诺莎，1980）在此，身体和灵魂彻底被分离开了，身体和物体之间的区别也完全消失了，身体完完全全地作为诸物体中的一个物体而出现在各种科学研究中，这就是身体的被遗忘状态。就连提出"实体就是主体"的黑格尔，也没有真正赋予身体应有的地位。在其精神现象学中，人被抽象为意识和精神，身体被看作心灵的外在化、特殊化和个体化，是对心灵的无限否定。精神现象学没有给身体留下多余的地盘，身体仍然处于被灵魂所宰割的卑贱位置。但是，充满活力的肉身不会长期屈服于理性的权威之下，因为人们通过身体而看、听、思考，只有实现了身体的功能，人们才能挺身走向世界。"身体是我们拥有一个世界的一般方式。"（梅洛-庞蒂，2001）于是，19世纪后期，生命哲学兴起，哲学家开始讨论"change"（变化）与"becoming"（生成）的问题。哲学家把克服身体与意识的对立看作最重要的目标，纷纷将理论关注点集中在具体的、活生生的生命及充满创造性的生命过程上。他们对传统的身体和心灵概念进行了改造，把人看作肉身化的主体，机械的身体获得了灵机。因此，对身体的认识不仅关系到社会的建构，而且关系到个体的创造性能否充分发挥。中国传统文化中的身体意识一定程度上限制了社会发展及国人创造力的发挥。封建社会的"三纲"从根本上划定了身体的所有权。首先，所有人的身体都是皇帝的所有物，皇帝对臣民的身体有着绝对支配权。与此相关的是父亲对儿子、丈夫对妻子身体的绝对支配权。这种对身体的绝对支配权又是通过对生理身体的贬抑实现的。"存天理，灭人欲"的实质就是消灭身体的"属己性"。欲望总是属于私人与个体的，欲望的张扬也必然导致个人的膨胀。礼教需要个人完全"献身"，只有将人欲压抑到极限，"献身"才有可能。"饿死事小，失节事大"集中体现了礼教的思维逻辑：对生理身体的绝对贬抑。这一思维逻辑主导了中国传统社会的身体意识。因此，中国人要实现身体观的转变，应以科学之光去消解传统文化附加于生理身体的种种迷信，更应解构传统"三纲"对人肉体的奴役，只有这样，才能不断培养世界一流科学家和科技领军人才，使全社会创新智慧竞相迸发，各方面创新人才大量涌现。

大多数人认为创造力来自大脑，但生理学领域的最新发现表明，创造力并不单单来自大脑，而是搭乘感觉的车队在全身各处旅行，忙碌地揣摩着触觉、视觉、听觉、嗅觉和味觉的复合奇观——身体感觉。事实上，人们生活在身体感觉的掌控之下，如果不首先借助身体感觉这张雷达网来探测，根本无法了解世界，更谈不上创造人类美好的未来。然而，在传统观念中，人们不是试图找到一种能够真正发挥身体感觉创造潜能的途径，而是试图超越感觉的"低级"层次而上升到一个"普遍"的精神反思的高度。因为在传统观念中，人们在科学发明和发现过程中主要依赖的是心灵（大脑）的思考、理性的推算，而不是将心灵和肉体、理性和感性、逻辑和非逻辑整合为一的身体。因此，从笛卡儿的唯理论一直到黑格尔的辩证思维和绝对精神都否定人类对感官的信仰，总是企图用概念、总体性、秩序、纪律等理性因素使活生生的身体激情熄灭，将肉身置于创造力之外，导致人肉体的创造力因受到理性的压抑而几乎丧尽生机。在法国著名后现代主义者吉尔·德勒兹（Gilles Deleuze）看来，"我们整天喋喋不休地谈论意识和精神，但我们居然不知道身体能作什么，它具备何种力量以及为何要积蓄这些力量"（1983）。

生理学告诉人们，人有功能各异的感官，且每一种感官都具有一种相应的感觉。眼睛给予人们观察色彩斑斓的世界的视觉功能，耳朵给予人们聆听客观声音的听觉功能，鼻子给予人们嗅到各种气味的嗅觉功能，舌头给予人们品尝百味的味觉功能。但是，这种明确的感官功能区分可能只是科学主义的"一厢情愿"。事实上，"身体始终作为感知器官在共同发挥着作用，并且它自身又是由各个相互协调的感知器官所组成的一个完整的系统。身体自身的特征在于它是感知的身体"（胡塞尔，2005）。这表明每一种正常的感觉都是身体整体的感受。因为刺激一种感官的东西也刺激着另一种感官，每个人都体验着感官的某种交融，感觉是身体整体的生成运动过程。德勒兹认为，画家之灵性就在于发现流动的身体感觉，并将其在"意象"中加以呈现。严格划分感觉之间的界限不仅会导致对身体感觉交合的一种人为分离，而且忽视了艺术创造中更原始的肉体整体活动，从而大大削弱了人的创造潜能。事实上，传统绘画艺术过度强调"视觉"功能就导致了对其他感觉功能的忽视与排斥。譬如，手的作用被简单规定为操作，手的活动被贬低为从属于视觉和理性的一种简化了的形式和价值。而科学研究发现，手是一个复杂的有机体，其不仅具有操作的功能，更是一个情感的三角洲，许多来源不同的感觉流到了一起，涌入创造活动的洪流之中。因此，德勒兹（2007）说：

"将触觉给了手，给了它一种速度、一种力量与生命，眼睛甚至连跟都难以跟上。""仅仅说眼睛进行评判、手进行操作是不够的……在手的价值上，必须区分许多不同的方面：数码的、触觉的、纯粹意义上的手的，以及触觉般的视觉的。"也就是说，处在相互关联中的任何身体"感官"都具有"不确定性"和"多值性"。感官的不确定性指其功能和界定随着所处层次的改变而发生相应变化。感官的多值性指感官与其他感官之间存在开放的、可变的联系，因此这一感官具有多元功能。在代表作《弗兰西斯·培根：感觉的逻辑》的最后一章《眼与手》中，德勒兹论述了手的多种价值，而这些各异的功能正是来自不同绘画"意象"和"空间"中"手"与其他的感官（尤其是"眼"）的复杂多变的联系。"培根一直在说，感觉，是从一个范畴到另一个范畴、从一个层次到另一个层次、从一个领域到另一个领域的东西。"（德勒兹，2007）而"感觉"一旦停止这种"关联和转化"就会退化为"感官"，就会成为丧失内在活生生联系的分立感觉的"领域"和"层次"。不同感觉之间那种本应是开放的、异质性的关联也被统一归属于心理官能（记忆、想象、联想）所建立起的外在机械联系，这也是传统感觉理论最大的缺陷。

在德勒兹看来，"感觉"的运动包含两个方面：一是"外在的力"穿越身体的不同层次而形成一种"震动"（vibration），震动形成一种"简单的感觉"；二是在各种力量的作用下，"感觉"穿越不同领域和层次形成"共振"。实际上，说存在一种"简单的感觉"是不充分的，因为"感觉"就是"力"穿越不同层次而形成的，不同"感觉"之间本身就是有内在关联的。"即使是在一个唯一的身体或一种简单的感觉的情况下，这一感觉肯定会穿越的各个层面就已经构成了感觉的交合。"（德勒兹，2007）因此，德勒兹说真正的艺术创作不是"识别"（recognition），而是"相遇"（encounter）："识别"是指在"感觉"的经验中发现其内在与理性的先在逻辑形式和认识结构的一致性，就是能够把当下的"感觉材料"同化到已有的认识模式之中；而"相遇"是指一种始于感官的直接且令人猝不及防的震惊，作用于人们思想的更像是一种"外在的冲力"、一种不能被同化到任何认识模式和以往记忆中的问题。对德勒兹（2006）而言，伟大的艺术创作是一场开天辟地的创造性活动，其"源于一场充满与几近暴力的相遇，在此，逻辑噤口，理性止步"。也就是说，身体感觉的相遇构成了人们认识的新起点，而不是人们现有认识结构中的一个环节。在此状态下，"一个器官将被这一相遇而限定，但只是一个临时的器官，它的持续时间受到波的强度和力量的作用的制约，而且会转移，以到别处停留"（德勒兹，2007）。经历感觉的肉体也将不再是肉体，肉体只是感觉得以通过的介质，肉体消失于感觉的整体之中。作为身体感觉相遇的珍品，艺术把永恒的感觉交付给了未来的眼睛。出色的艺术作品就在于其所表现出来的感觉与人们的生命存在一同延续至今。

由此可见，德勒兹通过对培根画作的解读向人们揭示：各种感觉之间的联系和综合的身体感觉总是喷发着一股永恒的生机和创造力。人类的创造活动并非仅仅来自精神的凝思，更来自发生在身体感觉层次上的具体而活生生的体验与行动。丰富的身体感觉给具有创造力的人带来了活力，不少作家、画家、发明家正是依靠身体感觉的力量才有了举世瞩目的伟大创举。本杰明·富兰克林（Benjamin Franklin）写作时喜欢把自己泡在浴缸里，因为泡在浴缸中时，水减轻了人的体重，人会感觉身体很轻。他说："当水温与体温一致时，我的思绪就会张开翅膀自由飞翔。"（阿克曼，2007）德国诗人弗里德里希·席勒（Friedric Schiller）写作时喜欢闻烂苹果的味道，法国作家维克多·雨果（Victor Hugo）觉得自己身上一丝不挂时写出来的东西最佳。作家和艺术家明白生活真谛的唯一办法就是去体验各种形式的身体感觉，其在灿烂的身体感觉世界中如鱼得水，想方设法表达出排山倒海般扑来的独特的身体感觉体验。约翰·杜威（John Dewey）对此早有说法："感觉失去其为知识门户的地位，而得其为行为刺激的正当地位……它是行为的引线，是生活适应环境的一种指导因素。它在性质上是触发的，不是辨识的。经验论者和理性论者关于感觉的知识价值的争论全部归于无用。关于感觉的讨论是属于直接的刺激和反应的标题底下，不是属于知识的标题底下的。"（1958）任何一个有创造性的人都知道，当人们让想象力自由发挥时，脑子里很可能产生许多毫无价值的东西，其与那些真正具有创造性的东西并存。此刻，怎样才能做出最佳选择呢？身体感觉可以提供最好的指导。正是身体感觉赋予科学家洞察力和创造力。这种洞察力和创造力不是静坐着计算等式时出现的，而是在洗澡、在林中或海边散步这种放松的时刻闪现的。"马撒葡萄园、大蒂顿国家公园或大瑟尔之所以能激励人们的创造性，就在于它们提供了非常新颖的、综合的感官体验……于是，人们的注意力就会脱离它正常的思路，被诱使采取新颖的、有魅力的思维方式。"（奇凯岑特米哈伊，2001）因此，独特的身体感觉给具有持久创造力的人以活力。英国著名诗人阿尔佛雷德·豪斯曼这样描述诗歌："要我给诗歌下个定义，那就像让小猎犬给耗子下定义一样难，不过我认为我们都根据物体给我们留下的征候来辨别物体……如果我不得不……说出它所属的那类东西，我得将它称作分泌物。"（阿克曼，2007）

应当说明的是：身体感觉和理性并不相悖，理性知识和理性活动仍是科学研究的主要方法，但并不是全部。或者说，人的创造过程是通过逻辑的和非逻辑的两种思维方式来完成的。确定、稳定、规范和严密的逻辑思维直接作用于思维活动及其获取结论的程序，而灵活、流动、变通、开放的非逻辑思维是一种批判性和创造性的思维活动，其新颖的结论具有极强的叛逆性和极大的创新价值。在创造活动中，通常是先有逻辑思维，然后逐渐培养和形成了身体感觉思维。没有逻辑推导程序和有关知识为基础，身体感觉就成为空洞、虚妄的东西，不会产生真正有价值的成果；而没有逻辑活动向身体感觉活动的上升，逻辑思维则是死板僵化的、低效率的。因为心灵并不是通过分解、削弱、排斥身体的作用才得以维持自身的独立性和精神性的力量，相反，精神正是通过不断增强身体感觉来参与人们的创造过程。因此，不能把创造过程的这两种思维方式割裂开来。"感觉，这一整个认识论的关键，需要被认识论重新解释为一种意识的事实。"（阿多尔诺，1993）而正是在这一点上，可以说德勒兹对身体感觉的礼赞并不仅仅是一种哲学思辨，他意在借此恢复和发展身体感觉的丰富性，以达到理性与感性的统一。这在至高无上的理性宰制人生的年代无疑具有纠偏作用。

因此，就人力资本如何增值而言，除了要关注教育、在职培训、法规体制等诸多因素外，更要看到身体教育的重要性。因为正是身体焕发着思想冲动，进行着思想活动，增强着思想能力。显然，立足于身体本体论，对国人进行身体教育，是眼下人力资本增值的一项重大任务。

第二节　人力资本增值的有效路径：解放身体

不言而喻，发明创造既要由人的身体贡献体力和智力，最终也要落实到人身体的发展与自由。在当今中国，可以说存在着两种截然相反的对身体的态度，即感官享乐主义与禁欲主义。感官享乐主义是消费社会盛行的一种文化现象，其使身体成为消费的主体，人们完全沉浸在物质享受与心理感受中，与身体相关的方面——从能满足口腹之欲的饮食到情欲、养生——都得到极大发展。在某种程度上，这种享乐主义的身体态度使许多人沉溺于感官刺激，甚至陷入欲望横流的失控状态，从而沦落为"沉重的肉身"，造成对生命的严重危害。就此而言，必须对身体文化进行理性引导，以避免身体的过度张扬，唯有如此，人们才能在追求身体健康和证明自我的同时，坦然面对各种各样的身体文化，真正引领当下方兴未艾的身体文化走向审美与创造境界。禁欲主义的身体态度在中国可谓"源远流长"。"中国的反身体、敌视感性、感官，视肉体为仇寇的道德主义观念一直延续了几千年，中国人在长达几千年的过程中一直受着这些可耻的道德主义的愚弄和欺骗……几千年的结果使人们获得了一种种族上的身体的颓败形式。"（葛红兵、宋耕，2005）从儒家的"舍生取义""杀身成仁"到宋明理学的"存天理、灭人欲"，无不反映出中国文化对身体的轻视与压制。有人曾尖刻地宣判：中国文化是一种没有身体的文化。可以说，直至今日，这种抑制身体自主发展的情势在一定范围内依然存在。在知识和权力的谋划下，身体作为手段与工具被无限度地使用与损耗着。为了功名利禄，身体在超负荷地运转着。由于各种各样的理由，身体承受着一些本不该承受的东西。看看小学生稚嫩肩膀上硕大的书包，再看看中年人的"过劳死"，就会明白重压下的身体正遭受着如此之多的痛苦折磨、如此之多早逝的悲痛。可以说，在中国的身体发展史上，从古至今一直都有一套强大的压抑身体的机制。在人力资本开发领域也不例外。

一直以来，许多从事人力资本研究的学者往往局限于从理性角度审视人的创造活动。在这些学者看来，人的理性精神具有无条件的先在性，人必须运用理性精神这一资源衡量一切，创造一切，而理性又是专属于人脑的机能。《现代汉语词典》（第7版）对"思维"一词的解释为——"在表象、概念的基础上进行分析、综合、判断、推理等认识活动的过程。思维是人类特有的一种精神活动，是从社会实践中产生的。"传统心理学认为，在人脑中存在着一种信息加工层次，在这一层次上，思维运用诸如比较、分类、查表等方式来处理信息。这种假设得到逻辑实证主义的支持。在1952年的美国物理学会大会上，鲁道夫·卡尔纳普（Rudolf Carnap）应邀发表了关于概率和归纳理论的演说。他提出：归纳与逻辑的结论一样，由客观必然性决定，而且人的主观性不起作用，因而归纳可以由计算机来执行。这一观点与传统哲学是一致的。在哲学传统中，理性主义和经验主义都认为：超然的沉思是把握实在的最好路径。许多哲学家提出了不同方法来实现超然和客观性。例如，柏拉图提出了理论辩证法（其把心灵从日常的阴影世界中带出来），笛卡儿的哲学准备是把自己关在温室里以远离关系和激情，胡塞尔提出了先验还原即悬搁一切。总之，这些哲学家都认为：在描述事物与人之前，必须从日常实践中抽身出来，进行超然的沉思，才能发现事物真实的样子。

诚然，这种以大脑为基质的理性思维活动为自然科学脱离神学的纠缠做出了巨大贡献，使科学免去了证明事实与宗教价值是一致的这一任务，因为将身心和物质精神割裂为二，一个为神学所研究，一个为科学所研究。身体和其他物体一样遵循物理与化学规律，因而也和自然一样成了科学（如医学、生理学）研究的事实领域。将灵魂（思维）从身体中逐出为现代医学、解剖学扫清了障碍，身体成了现代经济（如医疗业、保险业）牟利的对象。换句话说，这种以大脑为基质的思维活动重视的是高层次的认知活动，解决的是也只能是科学领域内的问题。然而，人们的日常活动并不像理性思维研究者所认为的那样依赖规则来进行，也无须始终有表征活动目标的意向内容伴随。人的活动就是对情境或世界的开放反应。人们在日常生活中与他人或事物打交道时，行动方式越是熟练、巧妙，就越不用遵循行动规则和对人或事物的清晰表征。实际上，"认知系统并不仅仅是一个封闭的大脑，由于神经系统、身体和环境是不断变化和相互作用的，真正的认知系统是包含三者的一个统一系统"（Gelder，1992）。这个"统一系统"就是整合了自然、精神和世界的整体性的身体。可以说，思维是活生生的身体在与世界永无止境的互动与创生过程中发展起来的一种能力。"所有的深思熟虑，所有有意识的意图，都在曾通过自然能量相互作用而有机的活动的事物中生长出来。"（杜威，2010）换句话说，思维不是超越于自然与身体之外的心灵（大脑）的神秘能力，而是身体的求知欲望触及问题、解决问题的一个探索过程，一种身体的创造激情和想象，焕发新的向往、开拓新的问题域的创造能力。为了应对复杂的世界，作为整体的身体所拥有的智慧比单个器官（大脑）要多得多。因此，21世纪人类的教育目标应是重新给予生命机体以重要地位；反对把科学知识绝对化；主张受教育者的体魄和身心发展至上，兴趣和审美至上，发明创造能力至上。应推动现行的应试教育进行改革，以培养身心健全、德智体美劳全面发展的创造性人才，使我国人力资本实现有效增值。

如何解放身体、实现人力资本的有效增值呢？笔者认为，除了关注知识的增长、技能的增强、经验的积累外，关键在于修正轻视身体的教育目标，解放被人们过分奴役与透支的身体。数千年来，人们——尤其是知识阶层普遍对身体持有轻蔑和否定的态度，这是过去许多知识分子寿命不长与原创力不强的一个关键因素。其原因在于过去的教育理念及由此形成的轻视身体和体力劳动的人生观。这种观念在孔子那里表现为倡导"学而优则仕"（读书做官论），在孟子那里则表现为主张"劳心者治人，劳力者治于人"。在封建社会，儒家文化主张"万般皆下品，唯有读书高"的行为观念，人生的最高目标就是考取功名、光宗耀祖，不惜"头悬梁，锥刺股"，牺牲自己的身体而心役于物。然而，人正是凭借身体才能创造物质文明和精神文明，正是人的身体传导着认识和改造整个物质世界的力量，正是人的身体在体验和感受人世间的美丑善恶、痛苦和欢愉，发挥着价值中介功能。许多人因过于看重物质财富、权力地位、荣誉名声等身外之物，过早成为追名逐利和残酷竞争的牺牲品。在这些人身上，教育不是充实自我、提升自我，而是削弱自我、扭曲自我乃至剥夺自我。这就像中世纪的神学，既否定了人的身体价值，也剥夺了人的主体精神，使人完全沦为教育的奴隶。这消解了人性中最美的品质：自由意志和创造的激情。因此，既要确认身体是一切人求生存、谋幸福的资本，又要把身体标准放在一切知识和真理标准之首，把身体教育作为教育的核心目标。一个人如果没有健康的身体、强健的体质，就很难保持一往无前的勇气、旺盛的生机活力和独立自由的精神创造力。正是基于上述理念，杜威的教育理论主张把教育作为培养人生存与发展能力的主要手段，要特别注重那"发动性的、有精力的和有生气的性行"，"特别是身体上的动作，应当分外注意"（杜威，2004）。

因此，要实现人力资本的有效增值，必须关注教育生活中的身体。没有一个个鲜活的身体，就没有教育生活；没有教育生活，也就不会实现人力资本的有效增值。这样，教育留给自身的只能是失败而非成功，也难以促进社会发展。我国著名教育家陶行知主张对学生实行六大"解放"：解放他的头脑，使他能想；解放他的手，使他能干；解放他的眼睛，使他能看；解放他的嘴，使他能说；解放他的时间，不能把他的功课表填满；解放他的空间，把他从鸟笼中解放出来。

第三章　人力资本与教育转型

人力资本理论认为，不同国家或地区经济增长率的差异主要并不是由物质资本的多寡引起的。一个国家或地区的自然资源再丰富，如果没有高素质的人去开发，只能是一种潜在的优势而无法成为现实的优势。因此，在教育过程中不仅要使学生掌握将来求职谋生的知识和技能，成为适应社会发展的"理性工具人"，更应该焕发学生自由创造的生命活力，使其成为推动科技创新的"人力资本"。

第一节　人力资本及其人学本质

随着知识经济时代的来临，大力开发人类自身的智能资源，走以人力资本为依托的经济可持续发展之路，已成为当代世界经济发展的大趋势。西方人力资本理论已充分证明了人力资本是西方发达国家和新兴工业化国家经济增长的内生性因素，人力资本投资和人力资本积累是经济持续增长的重要基础。但到目前为止，国内外经济学家对人力资本内涵的诠释存在较大差异，以下是较有代表性的三种观点。

第一类经济学家主要从人力资本内容出发来界定其内涵。人力资本理论之父舒尔茨（1975）提出："劳动者成为资本拥有者，不是由于公司股票的所有权扩散到民间，而是因为劳动者挖掘了具有经济价值的知识和技能——学习能力、完成有意义工作的能力、进行各种文娱活动的能力、创造能力和应付非均衡的能力。这种知识和技能在很大程度上是投资的结果。"在舒尔茨看来，知识、能力、健康等人力资本的提高对经济增长的贡献远比物质、劳动力数量增加的贡献大得多。人力资本就是体现在劳动者身上，以劳动者的数量和质量或其知识技能、工作能力表现出来的资本。据此，第一类经济学家把人力资本定义为劳动者知识、技能、体力和健康状况的总和。第二类经济学家主要从人力资本形成的角度来诠释人力资本。其依据加里·贝克尔（1987）的观点，即"对于人力的投资是多方面的，其中主要是教育支出、保健支出、劳动力国内流动的支出或用于移民入境的支出等形式的人力资本"，认为人力资本指人们在教育、职业培训、健康、移民等方面的投资。第三类经济学家从人力与资本的特点来解释人力资本。其主要依据是《新帕尔格雷夫经济学大辞典》。这本著名的经济学大辞典这样解释：作为现在和未来产出与收入的源泉，资本是一个具有价值的存量，人力资本是体现在人身上的技能和生产知识的存量。据此，一些学者将人力资本界定为依附于人身上、具有可投资性和增值性的价值存量。

第一种观点虽然强调人力资本的内容，但忽略了人力资本的资本特性，从而将人力资本与脑力劳动等同。第二种观点虽然强调人力资本的投资性，但忽略了人力资本的人力特征，很容易抹杀劳动与资本的本质区别。第三种观点虽然比较全面，但忽视了人力资本所特有的与物质资本完全不同的异质性和边际收益递增性特征。因此，要想更全面而准确地理解人力资本的内涵，就必须把握人力资本的根本特征与人学本质。

作为资本一般，人力资本除具有投资性、收益性与稀缺性特征之外，还具有与物质资本不同的根本特征，具体表现如下。

首先，人力资本的所有权具有不可买卖性和不可继承性。人力资本的载体是鲜活的个人，即活生生的个人是人力资本的"天然"所有者。一是因为人力资本是凝结在劳动者身上的知识、技能、经验和熟练程度等，不可能脱离人体而存在。人力资本载体之外的其他人力资本投资者要想成为真正意义上的人力资本所有者，能够不受限制地自由使用人力资本并获得收益，就必须以拥有人力资本载体即人身为前提。二是因为无论人力资本载体中的人力资本是由谁投资形成的，人力资本载体本身都要付出时间和精力，并放弃机会成本。这是其与物质资本最本质的区别，同时也决定了人力资本所有权的不可买卖性和不可继承性。

其次，人力资本功能的发挥需要激励。这是因为活生生的人是人力资本的天然载体，而人的行为受意识的支配。人可以因激励而更加努力工作，也可能因苦恼而工作怠慢，这就决定了人力资本的使用要受到人力资本载体即活生生的个人的影响。据统计，人在一般情况下只发挥了自己20%左右的人力资本，而在充分激励条件下可发挥80%—90%。在激励不足的情况下，人力资本载体就会把人力资本"关闭"起来，致使人力资本不能被很好地利用，甚至使其价值一落千丈。

再次，人力资本具有边际收益递增的属性。这是因为人力资本可以提高物质资本与其他人的生产能力，更重要的是可以提高人力资本所有者的创新能力。人的创新精神是诸如教育、生活经历、工作经历、健康体魄等各种因素积累起来的结果。通常情况下，人的创新能力随人力资本存量的增加而增强，期望一项创新活动从人力资本存量为零的人身上产生，无异于白日做梦。人力资本边际收益递增的属性保证了对人力资本投资的刺激，从而使经济保持稳定而又快速的增长。正是在这一意义上，卢卡斯得出了人力资本是经济增长源泉的结论。

最后，人力资本收益可实现双赢。人力资本不仅给人力资本所有者带来经济收益，而且给社会带来正的外部收益。比如，良好的教育不仅使受教育者本人因人力资本增加而提高未来获得收入的能力，而且在社会上弘扬了诚实等美德，减少了犯罪，提高了各种政策运行的效率。特别值得一提的是，人力资本是推动科技创新的主体。

可见，可以把人力资本定义如下：为了增加和提高个人未来收益和生产能力，通过后天正规学校教育和在职教育支出、保健支出等人力投资而获得的凝结在人身上的知识、技能、才干、创造力、健康、寿命等资本。从这一定义可以看出，无论是知识、技能、才干和创造力，还是健康、寿命等，都是以人本身作为最终载体，且各构成要素都对产出发挥作用。这一界定不但阐明了人力资本的根本特征，而且揭示了人力资本的人学本质，即从现实应用的形态看，人力资本就是人所有的推动生产资料的各种具体能力，其为自然性、社会现实性和精神性三重属性的统一体，具体如下。

首先，人是具有生命的复杂有机体，人力资本是一种存在于人身上的"活"资源，与人的自然生理特征相联系。马克思（2009）指出："全部人类历史的第一个前提无疑是有生命的个人的存在。因此，第一个需要确认的事实就是这些个人的肉体组织以及由此产生的个人对其他自然的关系。"当然，人的自然属性是经过社会生活改造过的自然属性，不能把人的自然属性等同于动物性，否则其就不能构成人性的一个方面。承认人的肉体存在和生命存在，承认人力资本具有自然属性，就必须承认人具有获得生理需要满足的合理性。人应当通过自身活动解决衣、食、住等方面物质生活资料的问题，人的劳动也要注意安全和健康问题。只有当一定的活动能够满足人的生理需要，人才可能具有基本的行为动机。

其次，人力资本具有社会现实性。从一般意义上说，人力资本是处于一定社会范围之中的，其形成要依赖社会，其分配要通过社会，其使用要处于社会经济分工体系之中。正如马克思（2009）在《德意志意识形态》中所言："我们开始要谈的前提……是一些只有在臆想中才能撇开的现实前提。这是一些现实的个人，是他们的活动和他们的物质生活条件，包括他们已有的和由他们自己的活动创造出来的物质生活条件。""他们是什么样的，这同他们的生产是一致的——既和他们生产什么一致，又和他们怎样生产一致。因而，个人是什么样的，这取决于他们进行生产的物质条件。"也就是说，人在一定的物质生活条件下开展实践活动，不仅同自然界发生具体的现实的关系，而且要同他人以一定方式结合起来形成与自然的关系，个人必然是处在一定社会关系中的人。"一切生产都是个人在一定社会形式中并借这种社会形式而进行的对自然的占有。"（马克思、恩格斯，1974）人们通过分工合作进行集体活动，学习他人和前人的经验。在不同的生产关系中，人所处的地位不同，所起的作用也不同。人们在一定条件下形成各种复杂的社会关系，如政治关系、伦理关系、亲缘关系等。因此，从本质上讲，人力资本是一种现实的社会资本。

最后，人不仅具有生物性和社会现实性，而且"是有意识的类存在物"（马克思、恩格斯，1974），具有能动性。也就是说，人具有精神和意识。应特别注意的是，精神不仅包括"理性"因素，也包括人的情感、意志、直觉、欲望等非理性因素及气质、性格、灵感等要素。人的精神属性表明，人与动物不同，人有一个包括知、情、意、气质、性格等在内的特殊的心理结构，有一个与外部客观世界不同的内部主观世界。这种主观世界不是低水平的动物意识，而是对自身和外部世界具有清晰看法的、能对自身行动做出抉择的、调节自身与外部关系的社会意识。其使人在社会生产中居于主体地位，能够让社会经济活动按照人类的意愿发展。在调动人积极性的问题上，不仅要运用正确的理论去说服人，而且要借助情感的力量去感染人，运用意志努力去定向和坚持。由此可见，要发挥人力资本的作用，必须做到既要发挥人力资本的智力作用，也要发挥人力资本的非理性因素，同时注意人气质、性格、灵感、直觉等要素功能的发挥。

如此看来，人力资本开发与管理所要解决的核心问题是充分利用人的创造性，要善于发现人才，培养人才，运用人才。那么，要"改变一般的人的本性，使他获得一定劳动部门的技能和技巧，成为发达的和专门的劳动力，就要有一定的教育或训练"（马克思，2004）。教育"不仅是提高社会生产的一种方法，而且是造就全面发展的人的唯一方法"（马克思，2004）。因此，西方发达国家的政府和企业在人才培养、引进和教育、培训的普及方面不惜花费重金，可以说是"要人给人，要钱给钱"。但令人遗憾的是，近现代教育致力于塑造一种知识人，造成了教育实践中"目中无人"、视人为"物"的异化现象。人不再是富有个性的有机体，而成了被决定、被分析的单面人，成为整个自然、社会生产机器上的零件、附件，以及因果链条中一个被动的环节。因此，既要重视并加大对教育的投资，又要避免教育异化现象。

第二节　教育生活之危机

如前所述，随着工业文明崛起而兴起的现代教育以空前的发展速度使更多人拥有了越来越多、越来越强的求职谋生知识和技能，大大提高了人类的素养和文明程度，人从来没有像今天这样强大。但是，不难发现，现代教育在提升人的同时也面临着一些新的问题，付出了发展的代价：教育逐渐放弃了对生命的追求，着力于把人培养成征服自然的理性工具；教育逐渐演变为一种制度化、程序化的过程，功利主义和理性主义特征日益强化；学生在得到教育的同时，逐渐沦为教育支配下的工具人和机器人，失去了学习的快乐、创造的自由和内在生命的活力。正如佩西（C. Pesey）指出："在知识不断增加、我们令人难以置信地懂得这么多的时候，我们对自身已经变化的状况，却又令人难以置信地知之甚少。"（扈中平，2004）

美国学者威廉·派纳（William F. Pinar）在《健全、疯狂和学校》一书中曾详细列举了西方国家学生在现代学校教育下遭受的精神扭曲问题：

1. 幻想生活过度膨胀或萎缩；
2. 模仿他人而使自我分裂或使自我迷失；
3. 依赖他人，且自主性的发展受到禁锢；
4. 受他人批评，且自我爱怜感（self-love）消失；
5. 附属性需要（affiliative needs）方面受挫；
6. 自我疏离，且疏离的自我影响了个性化过程的进行；
7. 自我导向的人格沦为他人导向的人格；
8. 自我迷失，且将外在自我内化于己；
9. 将压迫者内化于己——虚假自我体系的扩展；
10. 学校群体的非个性化使真实的个性遭到异化；
11. 得不到肯定而使人格萎缩；
12. 审美知觉能力萎缩。（张华，2000）

针对这些问题，联合国教科文组织国际教育规划研究所首任所长菲利普·H. 库姆斯（Philip H. Coombs）于 1967 年首次提出"世界教育危机"的概念。他在《世界教育危机：系统分析》中指出：现在教育面临有史以来的第一次"世界性危机"，其核心内容可以用三个互相联系的词来加以概括，即"变迁、适应、不平衡"（库姆斯，1990）。80 年代中后期，我国教育界也开始关注这一问题。大多数学者认为，当今许多国家的教育存在危机。这表现在：长期以来教育工作中较多强调操作层面的问题；关注的是如何又快又好地将知识传授给学生，让学生掌握定理、法则、公式，鼓励其去发现客观世界的规律，而对学生智慧的形成、生命的呵护与主体性的发挥等很少注意。特别是在应试教育背景下，教育倾向于向学生灌输认知性内容，培养认知性能力，于是人生的意义、对崇高理念和道德的追求、对世界终极问题和人类命运的深切关怀皆无暇或不屑顾及，教育使人失去了生存的惬意，人的开放性、创造性被扼杀。这显然与当今时代发展的要求相背离。那么，这种危机的根源是什么？

事实上，现代教育生活之危机是现实教育问题的表现，要弄清现代教育生活之危机的根源，必须深刻认识现代教育的根本问题。有人认为现代教育最为重要的是制度问题，即理性主义强制性教育制度是造成现代教育生活之危机的根源性因素。还有些学者从文化角度去认识现代教育的根本问题，认为每种教育制度都源于其得以存在的文化环境，现代教育生活之危机的根源就是理性主义文化。然而，笔者认为制度与文化只是现代教育生活之危机的浅层原因。一方面，就制度本身而言，其背后还有价值、文化及道德等更深层次的问题，况且其不是解决现代教育生活之危机的"神话"。因为"无论制度设计多么细致，多么全面详尽，它都不可能穷尽大千世界中的一切现象，都不可能覆盖社会发展和人的发展过程中的各种可能性，加之人的情感、思维、动机在根本上是不可能精确量化和描绘的，这些因素甚至是非制度的。在这种情况下，如果要以有限的制度设计来解决无限的发展问题，必然是力不从心"（辛鸣，2005）。因此，笔者认为把现代教育生活之危机的根源归结到制度上失之偏颇。另一方面，现代教育生活之危机的背后的确隐藏着文化的冲突和斗争，但由于文化是一个无所不包的宽泛概念，用文化解释现代教育的困境显然比较笼统，况且文化的背后是什么呢？这又是一个需要解答的问题。事实上，作为人自我意识的产物，文化的核心是人之形象。因此，要追寻现代教育生活之危机的根源，关键在于寻找支撑现代教育的"人"的观念，即现代教育生活之危机实质上是人自我认识的危机。正如教育家福禄培尔所言："只有对人和人的本性有了彻底而充足的认识，从而得出教育人所必需的一切知识，才能使教育开花结果。"（张焕庭，1979）

最早探寻现代教育生活危机之根源的是法国伟大的哲学家让-雅克·卢梭（Jean-Jacques Rousseau）。在卢梭看来，现代性重新定义了人，却使人的存在失去了根基。他认为，现代性虽然最大化地解放了人的自由，但割裂了自然与自由之间的密切联系，使人失去了自然（卢梭所指的自然代表着人的终极目的，是一种善）。因此他运用爱弥儿这一典型的"自然人"形象去对抗当时具有理性状态的人，并认为没有比理性教育出来的孩子更傻的了。德国哲学家威廉·狄尔泰（Wilhelm Dilthey）在《什么是教学》中也直指理性主义教育对人的影响："在洛克、休谟、康德所构造起来的认知主体中，根本没有流着真正的血。"（邹进，1992）雅斯贝尔斯虽然没有像卢梭与狄尔泰一样对当时的教育提出猛烈批判，但是他也表达了对现代教育的忧虑。雅斯贝尔斯（2020）认为："每年出版不计其数的文章书籍，教学方法和技巧亦不断花样换新。每一个教师为教育花出的心血是前所未有的，但因缺乏一个整体，却给人一种无力之感。"他认为教育应是"人对人的主体间的灵肉交流活动，包括知识内容的传授、生命内涵的领悟、意志行为的规范，并通过文化传递功能，将文化遗产教给年轻一代，使他们自由地生成，并启迪其自身自由天性……而非理智和认识的堆集"。可以看出，教育哲学家对现代教育的批判建立在对人的看法之上。人类的自我认识不仅涉及人的生活、价值与意义，涉及人的现实和未来，而且是教育发生及进行的基础。正如我国著名教育家叶澜（2004）教授所言："教育学中对'人'认识的偏差，说到底这是工业社会和分析理性主义、科学主义的产物。"

自培根提出"知识就是力量"以来，大多数教育哲学家认为，教育就在于塑造人的理性，"人必须尽早习惯于将自己置于理性的规定之下"（康德，2005）。这些教育哲学家不仅把理性看作人认识的最高境界，而且将其看作教育的核心目标。在他们看来，理性是人与世界的共同本质，是人成其为人的内在规定，理性多一分，兽性就少一分。特别是到了20世纪，随着科学技术的迅猛发展和人征服自然能力的不断增强，理性逐渐蜕变为工具主义。工具主义理性观把原有的以形而上学理性为基础的思辨知识挤向边缘，赋予理性以实证的性质，逻辑性、数字化、精确化成为最主要的研究方法。在这种思维方式之下，人类理性被归结为数学的可计算性、逻辑上的形式化和机械上的可操作性。就这样，在工具理性的影响下，现代人成为只有"理性"而无"人性"的专家，成为技术的工具。在这种情势下，教育慢慢偏离了人文之道，降格为谋生的工具。

工具主义教育理论将教育过程（课堂生活）理解为一种技术，把课堂看成车间、作坊，试图用一种完美的技术来控制这一空间，以提高整个教育工作的效率。其通过对教师行为方式的技术设计来控制学生的活动，学生实质上受到双重控制：一是知识的控制，二是教师的控制。教师也受到教学法专家的控制。这样，"教学法专家、教师、学生"这一控制系统持续贯穿于整个教学过程之中，使教育变成了一台高效运转的机器，每一个人都是这台机器上的零部件。

也就是说，工具理性人首先把教育对象抽象化。教育面对的不再是活生生的个体，而是一种抽象的存在。教育有统一的教学大纲、统一的进度、统一的管理、统一的考试与评价。教育对象成了一个个抽象的符号。于是，在工具主义的驱使下，现代教育陷入极度功利化的境地，成为一台巨大的生产证书和资格的考试机器。学校教育生活不再充满理性的愉悦，而是成为无尽的智力负担和心智的折磨。教育和课程不是从精神上解放人，而是压迫人。

教育应该采用什么样的方法和途径培养人是建立在对"人"认识的基础上的。要使"人"的教育得以顺利开展，前提是对"人"有充分理解。不研究人的秘密而想洞察教育的秘密是根本不可能的。因此，教育对人的建构既要以人类的自我认识为依据，又要以人类的自我认识为目标。只有对人的秘密有所了解，人们才有可能去制定正确的教育目标，采取正确的教育原则，选择合适的教育手段。现代教育生活之危机实质上是现代人自我认识的危机，即把自己看成理性的动物，以致"理性人"观念成为后来对现代教育进行批判的一个立足点。那么如何才能走出这种困境，摆脱人自身生命的异化呢？

第三节　人力资本与教育转型

人的自我认识不仅是教育实践活动的前提和起点，也是教育理论建构的前提条件和理论基础。我国著名教育学者叶澜（2003）在《教育创新呼唤"具体个人"意识》一文中写道："就教育学而言，我以为学科发展的内在核心问题是对'人'的认识。教育学基本理论的突破，需要从对'人'的认识的反思开始。从宏观功能的角度看，任何时代的教育都是社会更新性再生产与人类发展的历史的具体统一，它集中反映在不同历史时期社会对人的发展的要求和人对自身价值的追求上。从具体实践的角度看，教育是直面人、通过人和为了人的一种独特的社会事业，人既是教育的直接对象，又是教育过程的重要构成，还是教育成效的终极体现。因此，无论是对教育的宏观策划，还是各类教育实践的进行，都不可能没有对'人'的认识的支撑。因此，在理论上，'人'的问题，既是教育学必须回答的前提性问题，又是教育学建构中不可或缺的核心问题。在一定意义上可以说，有怎样的'人'的观念，就会有怎样的教育学理论。"叶澜先生抓住"人"这条主要轴线，指出了人是教育理论之"根"，教育学理论必须扎根于"人"的土壤之中。纵观整个教育学发展史，重要流派的纷争和时代性的转换都以对"人"之认识的重大区别和变化为标志。正是有对人的不同理解才形成了不同的教育思想和主张，每一次教育理论的突破实质上就是"人"之重新发现的结果。正因如此，任何一个新历史时期的到来都必须有一个更新的"人的发现"，这是教育转变的"阿基米德点"。 现代社会就处于这样一个时期。

进入 20 世纪 50 年代以后，随着知识经济的来临，世界性信息的迅速聚集使得许多人"就像史前人那样，睁开眼看到了一个全新的世界"（托夫勒，1996）。在这个新世界里，传统的农业生产不是支撑社会存在的主要经济基础，标志着现代文明的工业经济也不是推动社会前进与发展的主要动力，以科技创新为标志的知识经济占据了社会的主导地位。经济学家一致认为，一个国家人力资本的数量和质量对于国家强盛和有效利用物质资源、实现经济增长，是极为重要的条件。最终决定一个国家经济和社会发展速度的不是物质资源的多寡，而是人才质量，各国经济的发展竞争实质上就是人才的竞争。人力资本之所以能对一个国家的发展速度起决定性作用，主要原因是，知识经济是直接以生产、分配和利用知识与信息为基础的经济，是人类继农业经济和工业经济之后的新经济发展形态。其最为基本的特征是知识创新和知识的迅速产业化，其最需要的是大批创新型人才。所谓创新型人才即具有自觉创新意识、缜密创新思维和自主创新能力的人才。知识创新只能发生在富有创造性思维的人的头脑中，富有创造性思维的杰出人才便是创新人才。创新人才的培养和使用是迎接知识经济挑战的关键。在知识经济时代，产品的知识含量增加，逐步形成知识产品。知识产品生产最重要的生产资料不是设备和工具，而是人的知识和能力——特别是人的创造能力。另外，商品的价值不再是劳动者体力的简单转化，而是劳动者知识的转化。知识商品的价值会随着新技术的产生、新工艺的出现而慢慢减少，其生命周期变得更短。这要求创新人才不仅要创新，而且要再创新，保持持续不断的创造力。唯有全面创新，包括技术创新、制度创新、产品创新、市场创新、管理创新等，才能维持经济的竞争力。知识经济时代需要创新型人才，知识经济时代的关键资源实质上是创新型的人力资本，即"没有对人的大量投资，就不能享受现代化农业的硕果，也不能拥有现代化工业的富裕，经济中最突出的特征就是人力资本的形成问题"（舒尔茨，1990）。此外，人力资本与物质资本的效用规律也存在很大差异。物质资本会随着不断使用而消耗，遵循"物以稀为贵"的市场取向；而人力资本使用次数越多，资本价值和创新功能就越大、越强。正常情况下，掌握的知识越多就越有价值，知识越是交叉与聚合就越能创造价值——特别是以知识资本为基础的人力资源永远不会枯竭，其效用可以不断创新和发展。因此，在以知识为资本的知识经济条件下，谁拥有不断发展的高素质人力资本，谁就会拥有未来。未来的国力竞争主要是人才实力的竞争，人的知识、智力和创新能力将在社会中发挥主导作用。

对我国而言，在众多人口稀释了广博资源的特殊国情下，如何迎接知识经济的挑战、如何变人口压力为经济增长的动力从而实现可持续发展，成为经济发展的重大难题。后发国家在经济方面成功追赶的历史表明，只有人力资本的发展，才有经济的发展和国家的发展。卢卡斯解释"亚洲增长奇迹"现象时曾指出：发展中国家必须通过人力资本积累来吸引国际资本，并在国际贸易中集中有限资源生产具有人力资本优势的产品，通过提高经济开放度引进先进设备和先进技术；在地区经济增长中，劳动力质量比数量更为重要，贫困地区应加大人力资本投资力度，不断提高本地人力资本水平。2006—2012年我国经济增长模式经历由依赖劳动力数量和质量向主要依靠劳动力质量的重大转变，这种模式转变产生了对创新型人力资本的巨大需求，我国经济建设也真正转移到依靠科技进步和提高劳动者素质的轨道上来。那么，如何才能提高劳动者素质、拥有高素质的创新型人力资本呢？

舒尔茨认为，人的能力和素质是通过人力投资获得的。从货币形态看，人力投资表现为增加人力素质的各项开支，主要有学校教育和在职教育支出、卫生保健支出、劳动力流动支出等等。其中，最关键的是教育投资。他还得出了1929—1957年美国教育与经济增长关系的定量分析结论：各级教育投资平均收益率为17.3%，教育投资增长的收益在劳动收入增长中所占比重为70%，教育投资增长的收益在国民收入增长中所占比重为33%。可见，教育是国民收入和劳动收入增长的重要因素，教育投资具有重大效益和意义。事实上，对于教育投资的必要性，经济学家早有认识。亚当·斯密（1974）在其著名的《国民财富的性质和原因的研究》中指出："学习一种才能，须受教育，须进学校，须做学徒，所费不少。这样费去的资本，好像已经实现并且固定在学习者身上。这些才能，对于他个人资本是财产的一部分，对于他所属的社会，也是财产的一部分。工人增进的熟练程度，可和便利劳动、节约劳动的机器和工具同样看作是社会上的固定资本。学习的时候，固然要花费一笔费用，但这种费用，可以得到偿还赚取利润。"在亚当·斯密看来，一般人所受教育愈多，就愈不受狂热和迷信的诱惑，就愈可以提高精神文明的程度，从而使人民更有礼节，更守秩序，更有利于"国泰民安"，为国家财富增长提供更好的环境。"无论哪一种文明社会，普通人民虽不能受到有身份有财产者那样好的教育，但教育中最重要的几部分如朗读、书写及算术，他们却是能够在早年习得的；就是说，在这个时期，就是预备从事最低贱职业的人，亦大部分有时间在从事职业之前，习得这几门功课。"（亚当·斯密，1974）也就是说，对劳动者个人而言，教育是其从事社会生产劳动最基本的前提条件；对国家而言，教育可以普遍提高国民素质，从而使整个社会秩序和生活环境得到改善。亚当·斯密还介绍了政府教育投入的必要性。他认为"政府只要以极少的费用，就几乎能够便利全体人民，鼓励全体人民，强制全体人民获得这最基本的教育"（亚当·斯密，1974）。19世纪末20世纪初，新古典经济学派的代表人物阿尔弗雷德·马歇尔（Alfred Marshall）在《经济学原理》中，首次正式将教育作为一种投资进行了表述："把公私资金用于教育之是否明智，不能单以它的直接结果来衡量。教育仅仅当作一种投资，使大多数人有比他们自己通常能利用的大得多的机会，也将是有利的。"（马歇尔，1964）不仅如此，马歇尔还认为，教育应作为国家的投资，这既可使大多数人的潜在才能得以发挥，又能培养出若干天才，从而取得巨大的经济价值。如果大多数人的潜在才能得到充分发展，则"他们对国家物质财富（且不说更高的目的）的增加，等于补偿发展这些才能所需要费用的许多倍"（马歇尔，1964）。

如果说古典经济学家最早提出并重视教育投资问题的话，那么马克思把对教育投资的认识提高到了一个新的高度。马克思（2004）在《资本论》一书中明确指出教育会生产劳动能力——"为改变一般人的本性，使他获得一定劳动部门的技能和技巧，成为发达的和专门的劳动力，就要有一定的教育和训练"。也就是说，教育活动不仅是一种生产性活动，而且是生产劳动力的前提条件。马克思还指出，在现代化大生产条件下，资本具有很大的流动性，社会内部分工变革很快，这就要求"承认劳动的变换，从而承认工人尽可能多方面的发展是社会生产的普遍规律"（马克思，2004）。劳动者如果不接受教育和训练，不开发智力资源，就根本无法适应"劳动的变换"和"全面流动性"。教育的作用就是把科学知识与人结合起来，从而把可能的生产力转化为现实的生产力。在科技革命时代，这种教育和训练更不可缺少，教育程度越高，劳动力质量就越高，劳动者的劳动生产力就越高。马克思意识到，为资本家创造剩余价值的教育活动就是劳动生产，"在学校中，教师对于学校老板，可以是纯粹的雇佣劳动者……老板用他的资本交换教师的劳动能力，通过这个过程使自己发财"（马克思、恩格斯，2009）。因此，必须把教育投资当作生产性投资，舍得在教育上花钱。不重视教育投资，后果不堪设想。我国对教育投资的认识经历了一个漫长而曲折的过程。可以说，直到党的十一届三中全会，我国才真正开始从战略高度认识教育投资的作用，其中最为深刻的是我国改革开放的总设计师——邓小平同志的论述。1980年邓小平同志曾指出："我们过去长期搞计划，有一个缺点，就是没有安排好各种比例关系，有一个重要的比例，就是经济发展与教育、科学、文化、卫生、体育的比例失调。教科文卫费用太少，不成比例。有些第三世界国家，在这方面比我们重视的多。印度在教育方面花的钱比我们多。像埃及这样的国家，人口只有四千万，按人口平均计算，教育方面花的钱比我们多几倍。总之，我们非要大力增加教科文卫的经费不可。"可见邓小平同志对教育及其投资是何等重视。

虽然重视并加大对教育的投资是人力资本开发的必要条件，但如果不革新教育观念与教学模式，仍然不能实现对创新型人力资本的追求。对创新型人才的追求意味着人们的学习类型必须由维持性学习（功能在于获取已有的知识和经验）向创新性学习（功能在于提高一个人的学习能力、获取信息和知识的能力、思考问题和解决问题的能力）转变。因此，面对知识经济的挑战，必须增强危机意识，注重培养人才的创新实践能力。而我国传统教育观念与教学模式注重传授知识，习惯于用成绩来评判学生，容易使学生走进"读死书""死读书"的胡同。面对知识经济对创新人才的迫切需求，应改变重知识传授、轻能力培养的传统教育观念，向创新教育模式转变。这是一种在知识经济时代适应社会发展要求的新教育模式，目的在于克服传统教育中无法主动、全面、充分培养学生创造能力的弊端，最大限度地培养和激发学生的创造力。俗话说"授人以鱼不如授人以渔"，在知识大爆炸时代，让学生具备创新能力，掌握捕捉新知识和新信息的能力，比让学生掌握现成的知识更为重要。

第四节　"德、智、体、美、劳"一体化素质教育模式

如前所述，在科学技术推动下，资本不断增值。资本成为最有效的经济发展方式，激励教育和科学为直接的生产过程服务，即"为改变一般人的本性，使他获得一定劳动部门的技能和技巧，成为发达的和专门的劳动力，就要有一定的教育和训练"（马克思，2004）。于是，以前出于个人爱好、属于个人事业的科学研究嬗变为一种职业，教育的责任不再是培养具有主体性

的自由人，而是塑造可供使用的活的工具。特别是20世纪以来甚嚣尘上的物质主义、权力主义与实用主义导致人们对人生意义的错误诠释，教育也日益远离人的固有本性，成为一种非我化的工具。就像杜威所言，"他的眼、耳和手都成为随时听从命令的工具，他的判断力能理解需要应对的周围环境的情况，执行力的训练也应该达到经济有效的程度"（弗拉纳根，2009）。人成了被分数主宰的考试机器，即"盖学生专以分数多寡、考试前列与否为荣辱，则不惜作伪以竞争之故"（杜威，2004）。教育越来越成为教育者和受教育者的沉重负担。这种非我化的工具主义教育严重影响了人的身体与生命，导致世界范围内许多学生出现了心理障碍和悲观情绪，厌学、弃学事件频发。显然，现代工具主义教育既抹杀了体育也牺牲了德育，更为严重的是熄灭了人性中最美好的品质——奔腾的创造激情。

那么究竟应该怎样恢复教育启迪智慧与激发创造力的功能呢？从教育哲学的角度说，应当倡导一种顺应生命自然规律与遵循人成长规律的"德、智、体、美、劳"一体化教育模式。这一教育模式既是对柏拉图"健康、美德和智慧"教育思想的发展，也是对亚里士多德"真、善、美"一体化教育理念的扬弃，更加合乎创新型人才培养的规律。

首先，这种模式把人的身体放在核心地位，主张受教育者的体魄至上。科技发展史业已证明：取得伟大科技成就的科学家、发明家大多是身体壮实、灵魂刚正、激情洋溢、情感丰富之人。因为生命的最高点就是身体所拥有的诸如感知、记忆、构思、想象、创造、发明等功能的生命力。"根据智者的观点，身体这一整体现象高于意识和精神，高于我们有意识的思维、情感和意志，就像代数高于乘法表。"（Deleuze，1983）换句话说，正是发生在身体整体感受层次上难以描述、表达的活生生的体验给具有创造力的人带来了活力，不少作家、画家、发明家就是依靠身体感觉的力量做出了伟大创举。没有壮实的身体，即便是高考状元，也不会拥有真正的能力和智慧。相反，体育明星虽然文化课分数不高，但其所拥有的智慧和能量是有目共睹的，即便是退役改行，其也大多在各个行业取得令人瞩目的成绩。究其原因，体育绝不是简单的"力气活"，相反，体育是一门集体质、力量、速度、技巧、智慧、毅力、兴趣等诸多因素于一体的复杂学问。搞体育的人在锻炼身体的同时也不断锻炼着自己的能力，增加着自己的智慧。我国的教育首先要关注国民特别是学生的身体健康状况，使学生能够获得充分的自由自在锻炼身体的机会。体育教育的目标应是使国民拥有健康的身体，这是建设创新型国家的重要力量。

其次，完美人格是"坚强的体魄、美善的心灵和智慧的头脑"的统一体，且体育教育为智育服务，因此教育必须在人发育和成长过程中强化启迪人智慧的智育。那么，人究竟怎样才能变得睿智呢？一是要从基础部分即身体教育开始，特别是整个儿童时期的智力培养应以游戏活动和某种实践形式为主，一切教育措施和教育内容都必须以有利于儿童身心健康为最高目的。早在古希腊时期，苏格拉底（Socrates）就指出："通过文字的形式表述定义，以这种方式进行教学存在一定的危险性，固定的模式可能会扼杀以直接经验为基础的教育创新。"（弗拉纳根，2009）成功的教育必须是一种唤醒人的悟性、激发人身体潜能的活动。二是要培养学生的辩证思维能力，使其能够学会用论证、推理、判断和反思等方法解决遇到的实际问题，从而依靠自己的智慧去认识世界，改造世界，发现规律和建立秩序。人们学习逻辑、哲学和各门自然科学与社会科学的目的不只是为了在社会实践中广泛应用，更重要的是知识能够帮助人们认识复杂世界的辩证关系，最终达到理性世界的顶峰。人们只有凭借这种理性智慧才能够变得思维清晰、深谋远虑、智力过人，最终达到开拓视野、拓宽境界、探索新领域、创立新理论之目的。另外，人只有具备了理性智慧，才会关心和呵护身体，才有可能依托健康强壮的身体创造美好人生。因此，智育的目的就是增加人的知识，提高人的主体性和各方面思想文化素质，培养人的远见卓识。只有这样，教育才能培养出身心全面发展的创造性人才。

再次，在体育与智育的基础上，教育还必须弘扬和培育人世间的正义和美德，对年轻一代进行品德教育。在柏拉图看来，人生来就贪得无厌，好嫉妒，爱争斗，一个国家如果缺少正义和美德，既不能除去邪恶、提升精神，也不能实现真正的繁荣昌盛。一是因为美德和公正无私能够激起人的希望、热情和自我牺牲的精神。正是这种无我无物、无私无欲、无名无利的自我牺牲精神使得科学家与其他创新人才通常具有思想和行为上的开拓性、冒险性与尝试性，而善于开拓、敢于冒险、勇于尝试则是培养人的创造力所不可缺少的。二是因为求善是推动科学发展和进步的一种主要动力。科学的使命和价值就在于满足人类社会的需要，没有这种使命和价值，人类就不需要科学。而追求善的过程就是发挥自己的作用、将自己的生命融入他人生命的过程。正是这种求善之人生理想的鼓舞常常使科学家形成一种强烈的社会责任感和为人类谋利益的美好愿望，而这种责任感和愿望就是许多伟大科学家献身科学、矢志不渝的动力。比如约里奥·居里在谈到科学家的社会职责时就明确指出："科学家的天职叫我们应当继续奋斗，彻底揭露自然界的奥秘，掌握这些奥秘以便能在将来造福人类。"因此，人生的最高价值不在于对物质财富的占有，而在于创造，在于使物质财富发挥改善人生与社会的作用。

教育应当使人们明白，如果自己的生命无法融入他人和社会的存在过程，那么自己的生命将成为毫无意义的孤立存在物，生命的价值将不可能具有实现的途径。

最后，由于追求美的快乐是人们产生创造激情的主要动因，教育应该引导人诗意般地栖息在大地上，强化美育，使人具有内在情感力量。实际上，科学家和音乐家、艺术家一样既可以享受认识对象本身所带来的美的愉悦，也可以享受创造本身所赋予的智力游戏的欢乐。对这种愉悦和欢乐的追求常常激发起他们高昂的情绪、奋发的精神和非凡的行为。如果没有对美的追求，诗人就会放弃把诗写得完美的努力而去写简单的商业广告诗；经济学家就会去银行工作，从而挣到比在大学至少多一倍的工资；物理学家就不会进行基础研究，而是转向工厂实验室，后者条件更好，结果也更好预料。但是"人类实践的目的不仅仅是为了维系生理学意义上的生命的生存与享受，也是为了通过实践的创造性活动，追求由自己的情感'自由设定'的目标的实现，而这种'自由设定'的目标并非来自于自己的生理必然性，而是来自于人类主体精神的自由的情感追求和想象力，它一旦通过具体的感性形态得到体现，便是我们所说的'美'"（鲁品越，2011）。事实上，科学家常常会从对真理和美的追求中获得发现与解决问题的愉悦。当一位探险家踏上从未探索过的奇妙陆地时，一位地质学家发现一种以前踏遍青山也未曾找到的矿物资源时，一位物理学家发现物质世界中又一条新规律时，他们常常会像一个得到心爱玩具的孩子那样欣喜若狂。这就说明科学美和艺术美一样会达到美的效果，而且在多数科学家心目中，科学美往往比艺术美更珍贵，更有价值和魅力，也正是这一点激发了他们进行科学活动和科学创造而不是艺术创造和艺术活动的激情。

第四章　河南省中小学教师工作现状与发展

第一节　河南省中小学教师工作现状分析

一、现阶段教育国情和政策导向

2018 年 1 月，中共中央、国务院印发了《关于全面深化新时代教师队伍建设改革的意见》（以下简称《意见》）。《意见》是中华人民共和国成立以来党中央出台的第一个专门面向教师队伍建设的里程碑式政策文件。以习近平同志为核心的党中央高瞻远瞩，审时度势，立足于新时代做出重大战略决策，将对教育和教师工作的重视提高到了前所未有的高度。《意见》的出台对于建设教育强国、夺取中国特色社会主义伟大胜利、实现中华民族伟大复兴的中国梦具有十分重要的意义。

我国是农业大国，农村教师在我国教师队伍中占据重要位置。自 2000年后国家出台了一系列惠及农村教育和农村教师的政策。随着新农村建设的不断推进和基础教育新课程改革的不断深入，提高农村教育质量、提高农村教师专业素养已是教育界和整个社会的共同追求。作为我国重要的农业大省，河南省义务教育阶段专任教师分布在全省的小学和初中，农村中小学也占有一定比例的专任教师。河南省基础教育质量的提升应着重关注农村中小学教师队伍建设，因为农村基础教育的发展关乎河南省乡村振兴，同样关乎国家振兴。本书以河南省中小学教师为研究对象，着重关注河南省农村中小学教师，通过河南省城乡中小学教师的比较分析及河南省中小学教师与全国城市中小学教师的比较研究，剖析河南省基础教育人力资源现状及影响因素，探究其内在逻辑，为促进河南省基础教育发展献计献策。

二、我国相关研究成果分析

随着国家对教师队伍建设越发重视，学术界对教师的研究也越来越丰富。从中国学术期刊全文数据库中搜索，截至 2024 年 12 月 31 日，主题词含"教师专业发展"的文章有 20 737 篇。其中，与"河南省教师"相关的有 616 篇，与"河南省教师专业发展"相关的有 66 篇，而与"河南省农村教师专业发展"相关的只有 10 篇。学界研究为农村教育的改革和发展提供了理论基础，具有重要的促进作用，但随着国内教师专业发展理论体系的日益完善，对农村基础教育教师的研究在数量和内容上还远远无法满足发展的需求。

近年来，中小学教师专业发展越来越受到重视，研究者从专业发展的意义、途径和影响因素等方面进行诠释，意在探寻出能促进中小学教师专业成长的有效路径。在研究对象上，由于河南省产业结构的特点，尤其应关注农村中小学教师的现状，分析农村中小学教师的发展困境和影响因素，以提高农村基础教育水平，助力乡村振兴。

（一）农村教师专业发展现状研究

通过分析近几年发表的关于农村教师专业发展的论文和研究报告发现：研究者对教师职业和教师专业发展的理解不尽相同，研究的侧重点和角度也有所差异。如果把"教师"理解为整个教师群体，研究将从外在视角关注教师群体的专业化和教师队伍的整体建设，会更侧重对教师群体社会地位、待遇、资源配置和政策等学校外在方面进行研究，基于国家和地方的宏观政策解决教师群体发展的问题；如果以学校内部为着眼点关注教师发展，在研究中就会更关注教师个体的工作态度和工作行为，比如教师的职业倦怠、工作投入、工作敬业度、工作满意度和教师组织公民行为等，也就是把教师作为研究主体，了解现状，在学校内部更侧重于教师本身和教学安排，通过学校领导者的管理进行改善。如果从内在视角关注教师个体的发展，把教师作为独立个体，重视对教师角色的研究，就会更关注教师教学活动的组织，在教师工作角色范围内展开讨论，从教师教学技能提升、校本教研开展、继续教育培训等方面进行研究，强调教师内在专业素养的提升。

通过分析近几年来我国农村教师研究的众多成果，发现很多研究都针对农村教师的发展现状展开讨论，详细论述了农村教师现状与发展之间的突出矛盾。农村教师负担较重，一方面体现在生活上，一方面体现在工作上。在生活方面，很多农村教师除了要在学校从事教学工作，还要在家耕种田地，这种特征是城镇教师所没有的。双重压力可能会使很多教师顾此失彼，无法对教学工作全情投入。在工作方面，因农村中小学教育资源相对匮乏，教师可能相对短缺，绝大多数研究指出农村教师一般承担两门以上课程的教学工作，甚至有些教师承担全科课程教学工作，但教师的待遇却没有相应提升，这降低了农村教师的工作积极性，可能使其得过且过，阻碍其专业发展。唐松林的《中国农村教师发展研究》一书以我国某些乡镇中小学教师作为调查样本，指出我国农村中小学教师在数量、质量、结构、生活待遇与生存环境等方面的问题，提出我国农村有独特的教师结构即民转公教师、代课教师等，这些教师的专业发展问题亟须解决。廖龙龙、陶丹在研究中选取全国9个省的农村教师进行随机抽样问卷调查，得出结论：我国农村中小学教师在结构、学历、教学理念、专业技能和教研能力上存在突出问题。王祖琴、陈光春对湖北省乡镇中小学教师培训情况进行调查分析，得出湖北省农村中小学存在教师结构不合理、优秀教师流失严重、教师补给不及时等现实问题，教师培训上存在培训形式化、缺少培训反馈机制等诸多问题。通过总结针对我国不同地区农村教师的调查发现：宏观政策、学校内部管理和教师自身因素等都是制约农村教师专业发展的因素，农村教师专业建设和发展任重而道远。

（二）农村教师专业发展策略与途径研究

校本教研是以教师为主体、立足本校、促进教师专业成长的一种有效教学研究活动，是当代我国中小学教师专业发展的重要策略和途径，对中小学教师培养具有重要意义。但当今中小学校本教研存在流于形式、教师主体意识不强、对校本教研缺乏准确认知，制度不完善，缺少引领型骨干教师等问题。通过原因分析，本书提出校本教研要务实求真、激发教师主体意识、完善制度、培养引领性骨干教师等具体措施，意在增强校本教研效能，实现学校和教师的可持续发展。

中小学教师是基础教育的中坚力量，直接关乎我国九年制义务教育的品质。中小学教师的培养是保证教学效果和教育可持续发展的重要因素，教育研究能力的培养是中小学教师培养的主要途径。2003年教育部颁布了《普通高中课程方案（实验）》，明确要"建立以校为本的教学研究制度，鼓励教师针对教学实践中的问题开展教学研究"。2010年我国初步构建了符合时代要求、具有中国特色的基础教育课程体系，新课程改革呼唤形成新型教研方式。

相比其他年级段的教师，校本教研对中小学教师培养更有重要意义。

首先，中小学教师的教育对象有其特殊性。中小学生的认知会发生从形象思维到抽象思维的巨大转变，新课程目标的内容要求和教学方式也随之发生改变，中小学教师须通过培养才能快速掌握教学规律和特点，而不是通过数年的自我摸索和不断试错来提高教学技能。其次，我国中小学教材一标多本，充分实现了教材的"多元化"，因此以新课程标准为纲，对中小学现有不同版本教材的解读和取其所长的学习要求中小学教师进行更深入的教学研究。比如北师大版教材螺旋式的内容编排要求教师通观全年级教学内容，熟练掌握新课标的内容和理念，才能在本年级教学中游刃有余，灵活施教，为更高年级学生的学习提供智力支持。最后，基于我国国情，教育资源相差较大，各中小学的教育水平和资源配置水平参差不齐，每个学校都应结合自身条件和特点确定具有自身特色的培养模式，才能更好满足本校教师成长和发展的需求。

有关我国农村地区教师继续教育培训的调查表明：我国农村教师最普遍的培训方式是组织教师到教育水平相对较高的学校观摩学习；其他方式有以当地高校为依托进行帮扶指导，聘请专家举办讲座，组织教研活动，通过网络资源学习，等等。很多研究者把校本教研模式作为农村教师专业成长的一种有效模式，这种模式立足本校，更贴合教师和学生实际，但须建立完善的教研机制才能发挥成效。农村学校资金有限，交通不便利，教师家庭负担较重，因此即使有出差观摩学习的机会，很多教师也会有所顾虑。校本教研是以教师为主体、立足本校、促进教师专业成长的一种有效教学研究活动，有助于中小学教师专业发展，因此在农村中小学广泛推行校本教研活动具有重要的现实意义。

以高校为依托的各种帮扶项目和网络资源学习等也是目前研究文献经常提及的促进农村教师专业成长的策略。比如河南省商丘师范学院和地方教育局共同开展的豫东片区教师教育联动发展共同体建设、"一对一"教育帮扶计划等项目，通过整合区域优质资源，助力当地基础教育发展。

（三）农村教师专业发展研究成果问题分析

针对农村教师专业发展的研究已经有所积累，微观、中观和宏观层面都有涉及，但对农村教师的剖析还不够深入。农村教师和城镇教师在专业发展上是存在差异的，但这些差异具体表现在哪些方面，以往研究并未深入探讨。每个省级行政区农村教师的现状有所不同，因此对农村教师专业成长的研究要有针对性。河南省地处中原地带，作为重要的农业大省，其经济相对落后，农村教师占比较高，在这样的背景下，河南省农村教师专业成长的路径和策略与发达地区有所不同。因此研究要从具体区域农村中小学教师现状展开研究，从教师个体特征、薪酬待遇、获取资源情况、学校环境、当地政策等方面充分展开调研，具体情况具体分析，得出有地方特色的农村教师专业成长路径和机制，否则研究就是空中楼阁，无法落地生效。

三、河南省农村学校特点分析

河南省的中心小学多位于乡镇地区。经济学把乡镇看作一个历史上形成的区域经济范畴，认为乡镇是以镇为点、以乡为面的一定区域中紧密联系的经济综合体，有别于城市。《现代汉语词典》（第 7 版）对乡镇的解释为——乡和镇，泛指较小的市镇。乡镇在行政区域划分上属于农村地区设置的基层行政区域单位。从城镇的角度分析，乡镇是指地处广袤深远农村腹地的镇，即农村里的镇，是以与其有直接社会经济交换关系的乡构成的一定区域内的政治、经济、文化及信息中心。费孝通先生也对乡镇有所诠释，称其为"小城镇"，认为乡镇是乡的中心。由于乡镇的独有特点，其虽兼具城镇和农村的双重特征，但仍归为农村地区。乡镇是农村的政治、经济和文化中心，对周边有重要影响。

（一）乡镇中心小学的形成历程

乡镇中心小学的形成与我国农村改革的发展紧密相连，经历了漫长而艰难的历史过程。1986 年《中华人民共和国义务教育法》正式颁布后，我国在很长一段时期内推行农村义务教育三级办学的管理体制，形成了村办小学、乡办初中、县办高中的办学格局，这对普及九年义务教育起到了巨大作用。20 世纪 80 年代计划生育政策在全国范围内广泛推行，我国农村人口出生率显著下降。随着经济的不均衡发展，河南省成为全国劳动力输出大省，农村人口大量外出务工。由于国家对农民工子女的优惠政策，河南省很多农村子女随父母去外地学习，村办学校招生人数越来越少，不足以支撑学校的正常运转。随着乡村振兴战略的实施，农民生活水平不断提高，对子女获取优质教育的需求越来越强烈，村办学校已经无法满足农民精神和文化生活的迫切需要，因此 20 世纪末，河南省一些地区开始陆续对规模小、条件差、生源少的村办学校进行合并管理。2001 年我国颁布《国务院关于基础教育改革与发展的决定》，农村地区开始有目标、有规划、有步骤地调整中小学布局，设立乡镇中心小学。乡镇中心小学能更好地优化整合教育资源，对教育资源进行合理配置，有助于提高教育教学质量，使农村基础教育走上正轨。自此，乡镇中心小学便承担起了农村地区基础教育的重任。

乡镇中心小学能否发挥优势，承担起农村教育的历史重任，教师的职业素养是关键要素，因此乡镇中心小学教师的专业发展是需要关注的问题。目前农村教师继续教育培训往往由县教师进修学校统一安排，每五年培训一次，获得的继续教育证书是评定职称的必要条件。通过调查发现，很多继续教育培训已成为一种形式和任务，培训内容多年不变，培训质量不高，收效甚微。部分农村教师把这种培训视为负担，不能不去，但又收获甚少。国家教育资金投入无法得到应有效果，而农村教师又迫切需要提高教学技能和专业素养，因此探究出一种立足学校、贴合教师实际、适合农村教师的专业发展模式就成为亟须解决的问题。本书将以河南省一乡镇中心小学为样本，在分析现状的基础上，探究农村教师专业发展的新路径。

（二）河南省中心小学的发展优势和发展潜力

随着经济发展和乡村振兴政策的全面实施，我国乡村日新月异。截至2022年12月，河南省义务教育阶段农村留守儿童在校生数量约为43.75万，占义务教育阶段在校生总数的9.71%。为适应农村家庭结构，近年来，河南省逐步取消各村级学校，集中教育资源，加强中心小学建设，以满足农村家庭对孩子教育的需要。教育设想固然美好，但如果没有充足资金和人力资源的支持，传统的村屯建校模式很难提高教学质量。河南省以合并后的中心小学为代表，立足农村，整合教育资源，招聘优秀教师，使很多中心小学在硬件水平和软实力上皆有显著提升。因此大力发展中心小学是今后我国农村基础教育改革的方向和趋势。但在农村中心小学办学过程中，教师队伍建设一直是亟须解决的问题。中心小学有从各村屯合并来的教师，有原本工作在中心小学校址的教师，还有一批通过教师招聘考试招聘来的大学生。这些教师教育背景不同，生活环境不同，学历水平不同，家庭情况不同，年龄和教龄也差异较大，因此对中心小学教师的管理就成为中心小学领导亟须解决的问题。在中心小学学校管理和教师发展方面，当前还面临许多问题，其中教师问题凸显，农村教师的专业化水平滞后于城镇化的要求。当城镇化对农村教育提出更高要求时，农村学校准备好了吗？农村教师是否有所发展？硬件设施是否成为学生发展、教师发展、学校发展的有效支撑？农村教师专业发展走向何处？基于对这些问题的探求，本章研究聚焦于河南省农村中心小学教师的工作现状与发展问题上。

本节以一所具有代表性的合并后的河南省乡镇中心小学作为个案，分析河南省农村教师专业发展的现状、问题和出路。笔者承担河南省"一对一"教育帮扶项目部分区域的管理工作，对河南省农村中心小学有更全面、深入了解的条件，为研究提供了帮助。通过分析被试样本现状，可以窥见整个河南省中心小学教师的基本情况，为教育政策和管理策略的提出提供理论基础。

四、乡镇中心小学教师工作概况

（一）工作时间与工作量

教师的工作量和工作负担可通过工作时间体现。乡镇中心小学教师的工作量和工作强度可以通过问卷调查和访谈的形式了解，通过对乡镇中心小学教师现状的分析，不仅可以了解其工作情况，而且可以进行差异比较。了解中心小学教师合校前后工作情况差异、农村小学教师和城镇小学教师工作情况差异等，由此提出相应管理措施，使管理更具有科学性。

乡镇中心小学教师在学校的工作任务主要包括三大类型：教学工作、学生管理工作和行政工作。教学工作包括上课、备课、批改作业、教研活动及其他与教学有关的内容，学生管理工作包括看管早晚自习、学生生活纪律管理和学生生活管理等，行政工作包括政治学习、接受学校或上级部门工作检查等。

本书重点调查对象是河南省某乡镇中心小学 42 名教师，其工作量以课时为单位进行统计（1 课时为 40 分钟），以调查教师在校时间分配情况。在调查中把教师在学校一周的时间划分为上课时间、批改作业时间、行政时间、备课时间和教研时间。行政时间指教师参与政治学习、接受学校管理安排和应对上级检查等时间，备课时间指独立备课时间，教研时间指集体备课、参加教研会议和教研活动（校本教研、公开课、观摩课等）时间。河南省某乡镇中心小学教师一周工作时间分配情况详见表 4-1。

表 4-1 河南省某乡镇中心小学教师一周工作时间（单位：课时）

时间	最小值	最大值	均值	标准差
上课时间	10	25	15.25	3.483
行政时间	1	12	6.77	4.289
备课时间	5	16	6.89	3.367
批改作业时间	5	15	6.67	4.497
教研时间	2	8	3.49	1.765

通过统计得出：该乡镇中心小学教师每周上课时间为 10 个课时到 25 个

课时不等，平均为 15.25 个课时；行政时间最多为一周 12 个课时，大多教师既承担教学工作又承担行政职务，平均每位教师一周行政时间为 6.77 个课时；备课和批改作业都平均占据了 6 个多课时，但学校的教研时间平均每周只有 3.49 个课时。在该乡镇中心小学教师一周工作时间安排中，行政时间、批改作业时间、备课时间相当，约比教研时间多一倍。从数据可以看出，行政事务占用了教师一定工作时间，比如政治学习、接受上级领导检查、传达上级教育部门政策精神等，耗费了教师一定精力；而对教师专业成长有积极影响的教研时间相对较少，由于乡镇中心小学教师结构配置的特点，教师更需要通过教研提高教学技能。长此以往，这样的工作安排不利于教师的专业成长。

本书对河南省某城镇小学教师工作时间进行调研，结果如表 4-2 所示。教师每周上课时间为 5 个课时到 16 个课时不等，平均为 12.43 个课时；行政时间最多的教师一周 10 个课时，大多教师也是既承担教学工作又承担行政职务，每周行政时间平均为 4.63 个课时；备课时间平均为 7.39 个课时；批改作业时间平均占据了 5.69 个课时；学校的教研时间平均每周只有 4.89 个课时。通过比较分析，乡镇中心小学教师上课时间普遍更长。调查发现，由于乡镇中心小学教师相对短缺，很大一部分教师要承担两门以上课程的教学任务，甚至有些教师要承担四门课程，这增加了教师的工作量，教学效果较难保障。城镇教师备课时间更长，批改作业时间相对较短。由于城镇教师一般只承担一门课程的教学任务，有更多时间深耕教学，其对每节课都能认真对待。城镇教师职称评定和农村教师在政策上有所不同，同行竞争的压力更大，且对精品课和优质课有定量要求，因此在备课上花费的时间相对较多。调查还发现，城镇教师和农村教师教研时间都相对较少，虽然城镇教师教研时间多于农村教师，但总体还是不够充分；城镇教师的行政工作时间也占据了一定比例。由此可见，城镇教师和农村教师在工作量上虽各具特点，但也有共性，教研活动的开展是教师教学管理中都应关注的部分。

表 4-2　河南省某城镇学校教师一周工作时间（单位：课时）

时间	最小值	最大值	均值	标准差
上课时间	5	16	12.43	3.684
行政时间	1	10	4.63	3.213
备课时间	6	18	7.39	4.427
批改作业时间	5	14	5.69	5.104
教研时间	3	14	4.89	3.342

　　本书还对乡镇中心小学班主任群体进行了调查。班主任是学校中全面负责一个班级学生思想、学习、健康和生活等工作的教师，是一个班级的组织者、领导者和教育者，也是一个班级全体任课教师教学、教育工作的协调者。因此从职位角度分析，班主任的工作量应该大于普通教师。乡镇中心小学班主任工作时间安排见表4-3。

表4-3　乡镇中心小学班主任一周工作时间（单位：课时）

时间	最小值	最大值	均值	标准差
上课时间	8	25	14.95	3.483
行政时间	6	12	9.98	2.489
备课时间	4	16	6.12	3.583
批改作业时间	5	15	6.34	4.385
教研时间	2	8	3.68	2.102

　　通过调查分析发现：乡镇中心小学班主任在校工作时间明显多于普通教师，主要体现在行政时间上。通过对班主任的访谈发现，早上七点半，班主任就要到教室监督学生进行晨读。晨读结束后，班主任要去班级上课。在所调查的学校中，班主任都是由教授主课的教师担任。班主任一般要教至少两个班的语文或数学课，一天少则两个课时，多则四个课时。中午班主任要负责学生的午饭和午休工作。下午一些班主任要给学生上音乐、体育、美术、道德与法治或科学等课，课余时间要批改学生作业。到了晚上要轮班值班（针对住校生），空余时间要备第二天的课，批改剩余的作业。在一周里，还要有固定的时间参加学校会议，包括布置工作任务和政治学习。每天充实而高强度的工作易使班主任身心疲惫。在访谈中，几乎所有班主任都有一定程度的工作倦怠。虽然班主任在薪酬上有一定补助，但微薄的奖金不足以消除班主任的工作压力。

　　河南省自2008年大力发展中心小学以来，乡镇中心小学的运行模式相比之前的村级学校有了较大改变。河南省乡镇中心小学在学生人数上有所增加，之前学校学生一般在一百人左右，但乡镇中心小学一届学生就有一百多人，整个学校能达到七八百人的规模，甚至有的学校超过千人。目前河南省乡镇中心小学的硬件条件有很大改善，教学楼、实验楼、餐厅、宿舍一应俱全，教学条件和生活条件也都大有改善，但教师资源缺乏一直是乡镇中心小学普遍面临的问题。即使有国家政策的扶持，乡镇中心小学仍然较难应对庞大的生源量，尤其是对住宿生的管理。乡镇中心小学的教师有三种来源：一种是原校址的教师，一种是由村校合并来的教师，还有一种是近几年通过教师招聘考试招聘来的年轻教师。很多招聘来的年轻教师家在城镇，每天学生放学后就会驾车回家，不愿意承担生活老师的职责，而本地教师家里也有老人和小孩需要照顾，因此晚上看管住宿生成为学校管理者较难安排的工作任务。很多学校采取轮岗制，每位教师每周都要安排一次，协助班主任进行管理。

（二）工作满意度与工作负荷

对河南省某乡镇中心小学进行调查，其中学校男教师 12 名，参与调查 10 名；女教师 36 名，参与调查 32 名。参与调查的教师中，本校教师 17 名（原校址教师），合并校教师 14 名（村校合并来的教师），招教教师 11 名（通过招聘考试招聘来的年轻教师）。男女教师比例与城镇小学基本一致。男教师年龄为 30 ～ 50 岁，无新招聘的年轻男教师，男教师全部来自当地，大多不仅承担教学任务，还承担一定的行政职务或后勤工作，任务较为繁重。在调查的 42 名中心小学教师中，35 名教师负责数学、语文或英语课程的教学，有些教师同时负责数学和英语或语文和英语的教学。乡镇中心小学普遍把英语当作副科，不太重视，因此很少有专门的英语教师。所调查的 3 名招聘来的年轻教师学的是英语专业，但在教学中仍然要教数学和语文，只把英语作为副科进行教学。很多年轻教师甚至要承担 4 门以上课程的教学工作，虽然音乐、体育、美术、道德与法治、科学等课程的教学要求相对宽松，但仍消耗了教师一定的时间和精力。除上述调查外，还对被试进行了工作满意度问卷调查。由于人数较少，选用了由 Spector 于 1985 年编制的工作满意度问卷。该问卷从报酬满意度、晋升满意度、管理满意度、利益满意度、奖励满意度、操作程序满意度、同事满意度、工作本身满意度和交际满意度 9 个维度进行测评。

通过调查发现：所调查样本的整体满意度均值为 4.219。问卷采用的是 6 点计分法，整体工作满意度处于中上水平。其中乡镇中心小学教师报酬满意度和奖励满意度较低，均值分别为 2.759 和 2.692；利益满意度和工作本身满意度处于中等水平，均值分别为 3.129 和 3.428。乡镇中心小学教师晋升满意度、管理满意度、操作程序满意度、同事满意度和交际满意度普遍较高，其中同事满意度和交际满意度均值都超过了 5 分。由此可以看出，乡镇中心小学教师对自己所在学校和教师职业是充满肯定和热爱的，但客观条件在一定程度上影响了其对某些方面的满意度。

研究同时对 5 名教师进行了访谈，在工作待遇、工作条件和学校管理等方面提出了相应问题。具体如下。

问题一：您适应目前的工作状态吗？请谈谈自己的看法。

A教师（本校教师）：刚合并时挺不适应的，因为学校规模大了，学生多了，很多同事也不熟悉。但现在已经慢慢习惯了，感觉学校比之前更好了。

B教师（村校合并来的教师）：现在还挺适应的，教学条件和教师待遇比之前好很多，但学生多了，事情也多了。每天很充实，如果待遇能再提高点儿会更好。

C教师（招聘来的教师）：挺适应的，整体感觉还不错。在中心小学工作感到很充实，但这里学生的家庭教育没有城市的好，因此教学上没有之前实习的城市学校容易，学生质量不太高，有点儿费劲。待遇和市里差不多，但干的工作也多，如果能再提高点儿待遇就更好了。学校条件不错，家离学校只有三十多公里，每天驾车回家也方便。

问题二：您在学校中最满意和最不满意的是什么？为什么？

A教师（本校教师）：我对学校的人际关系最满意，很多同事都是乡里乡亲，同事之间关系都很融洽。乡镇学校晋升一般只要求年限够，因此同事之间没有大的竞争，工作很愉快。最不满意的是待遇，我们的工作相比市里的老师还是辛苦很多，但待遇没有反映出差距，希望能有更高的补贴。

D教师（村校合并来的教师）：我对工作环境很满意，不管是学校的硬件设施还是同事之间的相处，都挺好的，尤其是工作条件比之前的学校好太多。最不满意的是工资待遇，这里学生比较多，晨读和自习时要看管，有时晚上还要值班，给的补助比较少。

E教师（招聘来的教师）：我对同事之间的和谐关系是最满意的，很多同事都很淳朴、善良，我很喜欢和他们一起工作。最不满意的是专业成长，这里很少开展高质量的教研活动，我现在的教学技能是上大学时学到和实习时获得的，感觉自己的专业技能得不到提升。我很担心，如果在这里工作时间长了，自己是不是越来越跟不上教育形势了？

访谈结果和问卷调查的结论是一致的，中心小学的教师对同事关系和人际关系都很满意，但在待遇和专业成长方面有所担忧。通过在乡镇中心小学一段时间的观察发现，教师大多生活节俭，工作比较辛苦，建议可以给予更高的补助，从而更好地提高教师工作的积极性。通过调研还发现，中心小学缺少高质量的教研活动，有时会组织教师互相听课，但缺乏听课后的反馈和后期跟踪评测，这就使得听课和教研活动达不到相应效果。由于没有专家型教师的引领，在评课时无法进行有质量的评价和指导，教师即使"互听互评"，教学技能也较难有实质性的改进。我国教学研究日新月异，在新课标、新理念、新教材方面都需要通过教研活动让教师不断成长，更适应当代教育背景，但中心小学教师缺乏一定的教研指导，教学理念相对落后，这阻碍了教师的专业成长。即使给教师和学生提供再好的教学和生活条件，如果人力资源无法提升，教学质量也较难得到提高。尤其是近几年招聘来的年轻教师，其有强烈的成长需求，对教育事业充满热情，但如果感受不到进步和成长，长此以往可能会丧失对教育信息的敏感性，从而选择离职或者得过且过，这对农村教育来说是很大的损失。

通过调查发现，乡镇中心小学教师在薪酬待遇上满意度较低。国家和河南省都相继颁布了一系列政策以保障教师待遇，但这一过程需要时间和不断尝试、检验。1998年国家"民转公"政策是乡镇学校教师工资待遇的转折点，将合格民办教师转为公办教师，基本上避免了学校内部同工不同酬的现象。2001年之前，教育经费实行县乡分级管理，但由于乡镇财政困难，无法保障教育支出，教师工资时常拖欠，得不到保障，这对农村教师的工作积极性造成影响。因此，2001年10月，《河南省人民政府办公厅关于实行农村中小学教师工资县（市）级统一管理的通知》颁布，农村中小学教师工资改由县（市）级统一管理，教师工资不再拖欠，按时足额发放，极大调动了教师的工作热情。

河南省还于2009年对义务教育学校进行重大工资制度改革，规范了教师薪酬管理，保障了中小学教师的利益：按国家规定执行事业单位岗位绩效工资制度，于2009年1月1日起实施。河南省人民政府批转《河南省义务教育学校绩效工资实施意见》，文件中指出，今后中小学教师绩效工资包括基础性和奖励性两部分，比例为7：3，义务教育学校的绩效工资总量暂按学校工作人员上年度12月基本工资额度和规范后的津贴补贴水平核定。绩效工资总量原则上将每年核定一次，并随基本工资和学校所在县级行政区域公务员规范后津贴补贴的调整相应调整（绩效工资原则上不低于当地公务员工资）。除国家规定的基本工资（含工资标准提高10%部分）、特殊岗位津贴补贴（不含班主任津贴）和按国家规定保留的改革性补贴，原地方性津贴补贴、国家规定的年终一次性奖金、学校现行发放的其他津贴补贴及河南省在规范公务员津贴补贴时对义务教育学校预增发的补贴清理归并。绩效工资包括基础性绩效工资和奖励性绩效工资，基础性绩效工资占绩效工资总量的70%，同时设岗位津贴和农村学校教师补贴项目，一般按月发放。奖励性绩效工资可设班主任津贴、超课时津贴、教育教学成果奖、优质服务奖等项目，主要体现工作量和实际贡献等因素，学校可以根据考核结果，给一线教师、骨干教师和做出突出成绩的其他工作人员多发放一些工资。

工资分配办法要经过教职工代表大会讨论。绩效工资制度实行后，教师绩效工资具体多少由谁决定？河南省要求，学校制定绩效工资分配办法要充分发扬民主精神，坚持公开、公平、公正原则，广泛征求教职工意见。分配办法由学校领导班子集体研究，经学校教职工代表大会讨论后报学校主管部门批准，并在本校公布，确保教职工的知情权、参与权和监督权，保障教职工的合法权益。河南省规定，校长和书记的绩效工资不是自己说了算，而是控制在政府人力资源和社会保障、财政部门核定的绩效工资总量内，由学校主管部门根据对校长和书记的考核结果统筹考虑确定。校长和书记的基础性绩效工资纳入本校绩效工资，按月发放，奖励性绩效工资由学校主管部门按照考核结果确定。

离退休教师有生活补贴，绩效工资不作为离退休费的计发基数。已经离退休的义务教育学校教师将得到生活补贴。其中，离休人员生活补贴标准将按河南省《关于解决离休人员待遇有关问题的通知》执行。退休人员生活补贴具体标准由县级以上政府人力资源和社会保障、财政部门研究制定。绩效工资不作为计发离退休费的基数。

实施绩效工资制度后，学校不得在核定的绩效工资总量外自行发放任何津贴、补贴或奖金，不得违反规定程序和办法进行分配。对违反政策规定的，将坚决予以纠正，没收违规资金并上缴国库，追究有关人员的责任。

学校绩效工资应以银行卡的形式发放，原则上不得发放现金。河南省实行工资财政统一发放的地方，基础性绩效工资按规定程序直接划入个人工资银行账户，奖励性绩效工资经学校主管部门审核后由同级财政部门划入个人工资银行账户。

国家和河南省政府自 2001 年 10 月后出台的一系列具体而全面的教师薪酬政策极大保障了教师的基本权益，不仅基于教师职位分析细化了薪酬体系，体现出教师工作的价值，而且更加公平、全面，保障了教师的权利，激发了教师的工作动力。

在所调研的乡镇中心小学，2024 年小学教师年工资均值为 53 376 元，人均月薪为 4 448 元；中小学高级教师 10 人，月工资约为 6 000 元；中小学一级教师 20 人，月工资约为 5 000 元；中小学三级和二级教师 28 人，月工资约为 3 500 元。虽然近年来农村教师工资有所提高，但与同省市级、县级小学相比，还有一定差距。在工资结构与标准上，虽然有国家颁布的教师工资标准，但学校在实际执行过程中存在不一致之处，特别是地方补贴部分，市、县级学校教师的奖金福利相比之下优于乡镇学校教师。

为更深入了解乡镇中心小学教师工作情况，本书使用与调查工作满意度同样的样本做了工作负荷调查。研究量表采用卡普兰等人于 1980 年编制的工作负荷量表，其使用 11 个题目描述员工的工作负荷情况，着重于员工在数量上对工作负荷的知觉（而不是心理紧张或压力），衡量员工对工作节奏和数量的知觉。该量表采用 5 点计分制。通过统计分析，42 名被试教师工作负荷均值为 3.857，处于中等偏上水平。对题目进行分析发现：在题目"你的工作常需要你全身心投入""你常有大量工作要做"中，被试普遍回答符合或非常符合；对于题目"你的工作负担有多大""你做全部工作所需的时间多长""你要做的任务、计划有多少"，被试普遍回答比较多或非常多。由此可以看出，在乡镇中心小学，教师的工作负担较重，工作量较大。为进一步了解教师工作负荷的来源，本书对教师的工作任务进行了细分，分别为学生成绩、学生管理、同事竞争、家长期望和职称晋升，教师可以进行多项选择。然后对教师选择的频次进行分析，对不同教龄的教师进行差异比较。

表 4-4　工作负荷影响因素多项选择题频数分析

压力源	编码	个数	百分比 / %
学生成绩	Q1	21	28.4
学生管理	Q2	26	35.1
同事竞争	Q3	6	8.1
家长期望	Q4	12	16.2
职称晋升	Q5	9	12.2

在工作负荷影响因素中，居于前三位的依次为学生管理、学生成绩和家长期望。本书在人口学变量上进行了分析，不同教龄的教师工作负荷也有所不同：1～5 年教龄的年轻教师工作负荷最大，主要集中于学生成绩、学生管理和职称晋升；6～15 年教龄的教师工作负荷为中等水平，主要集中于学生管理、学生成绩和家长期望；教龄在 15 年以上的教师工作负荷相对较小，主要集中于学生管理、学生成绩和家长期望。通过分析发现，各教龄段乡镇中心小学教师负荷最重的工作大体相同，都是学生管理和学生成绩。年轻教师更关注自身成长，因此职称晋升对其而言是一种压力。河南省农村中小学教师只要工作满一定年限，能完成基本工作任务，便可以得到职称晋升，故教龄长的教师并不将其视为负担。年轻教师近几年通过招聘考试同时大批入职，教龄相同，而职称晋升指标可能会有所限制，因此职称晋升就成为其主要压力源。

在乡镇中心小学，教师最大的工作负荷来源于学生工作。由于社会因素，河南省农村地区外出务工人口较多，乡镇中心小学留守儿童比例较大，对住宿生的管理是教师工作负荷的主要来源。本书所调查的乡镇中心小学学生近 800 人，住宿生 200 多人，教师只有 48 名。虽然符合国家规定的农村中小学 1∶23 的师生比，但因教师年龄和家庭等原因，真正能担负学生早读、就餐和住宿管理工作的教师较少，而学生日常生活、学习管理工作繁杂。城镇中小学不存在住校生，因此城镇教师这部分工作负荷相对较轻。通过调查分析，城镇教师在学生成绩、家长期望和职称晋升三方面的工作负荷更重。由于城乡差异，农村家庭对孩子学业成绩的要求相对城镇家庭较低，家长的期望更多体现在孩子的生活和安全上，城镇家长的期望则更多体现在学业成绩上。城镇教师职称评定压力和同行竞争压力较大。因此，目前河南省城镇中小学教师和农村中小学教师工作负荷都较重，但侧重点有所不同，教育管理部门应充分重视，因地制宜地提出相应措施，以提高教师的工作满意度。

（三）乡镇中小学教师自我效能感与工作应对方式研究

通过分析乡镇中心小学教师工作状态，可知农村教师普遍工作较为繁忙，因此应对农村教师的身心健康和应对方式给予关注。自我效能感和应对方式是影响教师工作行为的重要心理因素。自我效能感这一概念最早由阿尔伯特·班杜拉（Albert Bandura）提出，他把自我效能感看作个体的一种生存能力，是个体将自我认知、社会、情绪和行为等整合在一起以达到某种特殊目的且在不同情境中强弱不同的自我信念。随后 Ralf Schwarzer 等研究者进一步提出了一般自我效能感的概念，即当个体应对不同环境挑战、面对新事物时一种总体性的自信心。有关教师心理健康的研究表明，当个体面对任务挑战和困难时，对自我能否胜任的判断和信念对行为结果起关键作用，如果个体不能对自己的能力有正确认知，不能采用正确的应对方式，就可能出现不良的应激反应，进而影响身心健康。这一结论包含自我效能感和应对方式两个心理学概念，并指出两个变量存在关联。研究者将应对方式定义为个体面对有压力的情境和事件时所采取的认知和行为方式，分为积极应对和消极应对两种。其中积极应对指个体主动寻找支持和解决问题的方法，更多看到事物美好的一面，而消极应对则指个体在面对困难和压力时采取回避和发泄等不成熟的行为方式。国外学者指出，当个体面对大量来自躯体、社会和心理的应激事件时，采用何种应对行为将直接影响其心理健康；我国研究同样表明，一般自我效能感与应对方式显著相关，高自我效能感与积极应对方式有关，低自我效能感与消极应对方式有关。

目前国内对一般自我效能感和应对方式的研究多集中于青少年和企业员工，对教师的研究较少，尤其是农村中小学教师的研究几近空白。近年来，河南省商丘师范学院负责商丘地区中小学教师国家级培训计划，有大批农村中小学教师样本。其大多承担较为繁重的教学和学生管理工作，也面临来自家庭的压力，对这一群体的身心健康和应对方式进行研究刻不容缓。农村中小学教师如何既能以积极健康的心态应对自身面临的冲突情境，又能确保在完成工作任务的同时促进个人专业成长，这不仅关系到农村教师的身心健康，也关乎农村基础教育质量和乡村振兴，因此对农村中小学教师心理状况进行研究具有重要现实意义。我国对大学生心理健康状况研究较多，针对农村中小学教师这一特殊群体的研究多集中在对教育理论和实践的探讨上，心理微观研究还比较少。因此本书以一般自我效能感和应对方式作为农村中小学教师研究的心理学变量，通过探讨这一特殊群体两个变量之间的关系，进一步了解农村中小学教师的心理状况，为今后农村中小学教师的选拔、培养与管理提供心理依据。

1. 被试

被试为河南省某地市的农村中小学教师。共发放问卷 573 份，回收问卷 565 份，其中有效问卷 558 份，回收率约 98.6%，有效率约 97.4%。有效问卷中男性 168 人，女性 390 人；中小学三级教师 67 人，中小学二级教师 185 人，中小学一级教师 247 人，中小学高级教师 59 人。

2. 测评工具

（1）一般自我效能感量表。

一般自我效能感量表（General Self-Efficacy Scale，GSES）由德国著名临床和健康心理学家 Ralf Schwarzer 教授与其同事于 1981 年编制而成。此量表共 10 个项目，采用李克特 4 点量表计分方式，每个项目按 1～4 级评分。被试在每个项目上都要根据自己的真实情况回答"完全不正确""有点儿正确""多数正确"或"完全正确"，分别计分 1、2、3、4 分。

（2）应对方式量表。

应对方式量表主要由我国心理学家黄希庭、余华等人编制。该量表共 30 个项目，分 6 个分量表，即问题解决、求助、退避、发泄、幻想和忍耐。采用 5 级记分法：1 表示基本不采用，2 表示偶尔采用，3 表示有时采用，4 表示经常采用，5 表示基本都采用。

3. 程序

问卷以"问卷星"的形式进行发放，要求被试认真阅读指导语，然后按指导语的要求完成整个问卷。问卷填写均采用无记名方式，完成整个问卷约需 20 分钟。对收集的数据资料进行检查之后，采用 SPSS 统计软件进行整理和统计分析。

4. 结果

（1）农村中小学教师一般自我效能感。

①农村中小学教师一般自我效能感性别差异。

对不同性别农村中小学教师一般自我效能感的差异进行分析，结果见表4–5。

表4–5 一般自我效能感性别差异

性别	总数	平均数	标准差
男	168	2.534	0.511 6
女	390	2.382	0.502 7

对不同性别农村中小学教师的一般自我效能感进行 t 检验，结果表明：一般自我效能感在性别上不存在显著差异（$t=1.769$，$p=0.103>0.05$）。

②农村中小学教师一般自我效能感职称差异。

对不同职称农村中小学教师一般自我效能感进行差异分析，结果见表4–6。

表4–6 一般自我效能感职称差异

职称	总数	平均数	标准差
中小学三级	67	2.646	0.501 7
中小学二级	185	2.332	0.545 9
中小学一级	247	2.436	0.513 5
中小学高级	59	2.613	0.543 6

对不同职称农村中小学教师一般自我效能感进行单因素方差分析，结果表明：不同职称农村中小学教师一般自我效能感差异显著（$F=3.639$，$p=0.029<0.05$）。因此，有必要对不同职称教师的一般自我效能感进行事后多重比较，结果见表4–7。

表4–7 不同职称农村中小学教师一般自我效能感事后多重比较

职称	一般自我效能感（F）
中小学三级 * 中小学二级	8.123*
中小学三级 * 中小学一级	4.026*
中小学高级 * 中小学二级	6.168*
中小学高级 * 中小学一级	2.539*

注：*$P<0.05$。

对不同职称农村中小学教师一般自我效能感进行事后多重分析，结果表明：中小学三级、中小学高级职称教师一般自我效能感明显强于中小学二级和中小学一级教师。其他职称教师一般自我效能感差异不显著。

（2）农村中小学教师应对方式的特点。

对不同性别农村中小学教师应对方式总分差异进行 t 检验，结果见表4-8。

表4-8　应对方式总分性别差异

性别	总数	平均数	标准差
男	168	85.61	13.385
女	390	84.64	14.178

对农村中小学教师应对方式总分进行 t 检验，结果表明：男性和女性在应对方式总分上无显著性别差异（$t=0.421$，$p=0.774>0.05$）。

（3）农村中小学教师一般自我效能感与应对方式相关分析。

对农村中小学教师一般自我效能感与应对方式的关系进行分析，结果见表4-9。

表4-9　农村中小学教师一般自我效能感与应对方式总分及各因子相关

应对方式总分	问题解决	幻想	忍耐	退避	发泄	求助
0.26**	0.47**	0.21	0.18*	0.42**	0.28**	0.59**

注：* $P<0.05$，* * $P<0.01$；表4-10同。

对农村中小学教师一般自我效能感与应对方式进行相关分析，结果表明：农村中小学教师一般自我效能感与应对方式总分存在极其显著的相关性，且一般自我效能感与应对方式量表中忍耐这种应对方式之间显著正相关，和问题解决、退避、发泄和求助这四种应对方式之间极其显著正相关，但和幻想没有相关性。

（4）农村中小学教师一般自我效能感与应对方式回归分析。

对农村中小学教师一般自我效能感与应对方式进行回归分析，结果见表4-10。

表4-10　农村中小学教师一般自我效能感与应对方式总分及分量表回归分析

因变量	应对方式总分	问题解决	忍耐	退避	发泄	求助
t	9.605	12.252	2.486	4.116	4.295	5.439
R^2	0.267	0.373	0.020	0.060	0.065	0.102
F	92.260**	150.117**	6.178*	16.94**	18.444**	29.583**

为进一步研究一般自我效能感与应对方式的关系，本书以一般自我效能感得分为自变量，分别以应对方式总分及各因子得分为因变量，对农村中小学教师的一般自我效能感与应对方式进行回归分析，结果表明：一般自我效能感作为自变量，对因变量应对方式总分的预测力为 26.7%，对问题解决、求助、发泄、退避、忍耐等应对方式的预测力分别为 37.3%、10.2%、6.5%、6.0%、2.0%。通过分析，可以看出一般自我效能感对应对方式的预测力较强，其中对问题解决这一应对方式的预测力最强。

5. 讨论

（1）一般自我效能感与应对方式得分差异。

研究表明，农村中小学教师一般自我效能感和应对方式得分在性别这一人口学变量上无显著差异，这一结果与现有研究不完全一致，原因可能与取样范围及数量有关。本书只对河南省某地市农村中小学教师进行了调研，范围有局限性，样本也相对较少。因此，继续拓宽研究领域，建立全国性的农村中小学教师一般自我效能感和应对方式常模十分必要。研究发现，应对方式在职称上没有显著差异，说明不同职称农村中小学教师在面对压力和挫折时会采用相似的认知和行为方式，应对方式是个体稳定性因素与情境因素相互作用的结果，因此应对方式趋于稳定。本书还发现，中小学三级和中小学高级职称教师一般自我效能感明显高于中小学二级和中小学一级职称教师。根据班杜拉的理论，个人自身行为的成败经验是影响自我效能感的主要因素，且这一效能信息源对自我效能感的影响最大，成功经验会提高效能期望，反复失败则会使效能期望降低。中小学三级职称教师大多是刚招聘来的年轻教师，对工作充满新奇心和热情。河南省的教师招聘考试相对较难，这些教师能冲出重围获得正式编制实属不易，因此成功的经历使其对当下工作充满信心。中小学高级教师可以说在学校里处于"塔尖位置"，工资最高，资历最丰富，在职场上的历练和成功经验使其心态更积极，不畏惧困难，相信自己只要努力就能克服困难，获得成功。中小学二级和中小学一级职称教师大多有 10～20 年的教龄，容易失去刚入职场时的新鲜感和年轻人的拼劲，在乡镇学校工作压力下容易产生职业倦怠，遇到困难时可能相对消极、不自信且害怕失败，遇到挫折时可能产生挫败感和无助感，对自己的能力产生怀疑，自我效能感也会随之降低。

（2）一般自我效能感与应对方式关系研究。

本书对农村中小学教师一般自我效能感与应对方式进行相关分析，结果表明，农村中小学教师一般自我效能感与忍耐这一因子显著负相关，与退避和发泄极其显著负相关，与问题解决和求助极其显著正相关，与幻想无相关性。对农村中小学教师一般自我效能感与应对方式进行回归分析，结果表明，农村中小学教师一般自我效能感变量对其会采取何种应对方式具有一定预测作用，此结论与国内外已有研究结果相一致，即强自我效能感使个体以积极心态应对突发事件，结果也更有效。李惠萍和申艳娥等人的研究表明，一般自我效能感对应对方式具有间接和直接的预测作用，一般自我效能感不同的农村教师其应对方式也不同，一般自我效能感强的农村教师更多采用问题解决、求助等积极认知和行为方式应对挑战性的生活事件，而一般自我效能感弱的农村中小学教师更有可能采取忍耐、退避、发泄和幻想等不成熟的应对方式。我国研究者的研究表明：一般自我效能感与积极应对显著正相关。一般自我效能感变量影响应对方式的作用机制在于，其包括一种广义的"激活成分"，允许个体通过随机应变适应环境，以完成任务。一般自我效能感弱的个体在与环境相互作用时会过多想到自己的不足，并把困难看得比实际情况更严重，把注意力更多集中在不理想的结果上，这样的想法会让个体产生更大的心理压力，而不是让其思考如何积极解决和应对；相反，一般自我效能感强的个体则更多关注如何解决目前面临的问题，从而激发出更大的动力。

研究发现，教育管理者应更多关注中小学二级和中小学一级农村教师，由于一般自我效能感与应对方式密切相关，学校可以从增强农村中小学教师一般自我效能感方面入手培养教师对问题的正确认知，可以通过以小成功促进大成功的教育方式增强和提高教师解决问题的信心和能力，这不仅关系到教师的身心健康，更对农村基础教育的质量有着重要影响。

第二节　小学校本教研问题分析与策略探究

通过以上分析，可以发现河南省乡镇中心小学教师需要通过某种方式实现专业成长，校本教研就是一种非常有效的途径。各校为适应新课程改革，不断探索和尝试新型教研方式。小学教师对优质职后教育的需求更加迫切，但新课程理念和要求与小学教师的教学行为之间还有较大差距，很多小学教师想通过传统职后教育提高教学能力，但效果并不理想，比如仍存在对新课程标准把握不准确、对教学理念改革理解不透彻、教学效果不佳和效率偏低等问题。高效的教研活动对小学教师的培养有重要意义。校本教研是一种适应新时期新教学理念的教研方式，其内涵包括三个要素："基于学校"，即以研究课程教学中的现实问题为出发点；"在学校中"，即以教师为研究主体，强调专家引领、同伴互助和自我反思；"为了学校"，即以唤醒教师、改进课程教学实践为目标。校本教研要求小学教师从本校教学实践中发现实际存在问题和困惑，针对解决教学中的"真问题"展开教研。不同学校具有不同特点，教研策略也各不相同，通过利用本校可获取的资源展开有针对性的校本教研，不仅能推动新课程的实施，促进教师职业发展，提高教学质量，而且能不断推陈出新，打造本校特色，形成组织文化，让学校、教师和学生协调发展、共同成长。

一、校本教研在小学教师培养方面的问题及其分析

作为一种新的教学研究形式，校本教研已在全国普及，但在实施过程中出现了一系列问题，致使校本教研没有充分发挥其培养优势。河南省是人口大省，也是教育大省。本节以河南省为例，对现阶段校本教研在实施中呈现出的问题进行梳理，主要包括以下几点。

（一）校本教研流于形式

校本教研的主要目的是解决学校和教师在教育教学实践中发现的问题、遇到的困惑，提高教育教学质量，服务于学校，服务于教师，最终使学生受益，因此校本教研的主体应是教学一线的教师。但在现阶段实际校本教研中，教师往往处于被忽视、被支配和被边缘化的位置，校本教研更像是为了完成教育行政指令和任务而进行的一种形式化活动。河南省一些地方的教育行政部门规定小学教师每学期参与校本教研应达到一定次数，并要求提供教研资料和证明，这是学校考核的内容之一。这就导致学校进行校本教研的首要目的是完成上级安排的任务，初衷的偏差使校本教研无法"走心"，流于形式。

教研活动形式化，学校对校本教研只是一般性的号召，学校领导和教师大多对校本教研的目的、作用和操作等缺乏清晰认识；学校对校本教研缺乏整体规划、科学计划和合理安排；学校对校本教研领导不力，缺乏管理措施；学校没有主流教研课题或活动，没有以教学中的"真问题"为导向，没有为解决实际教学中的某个问题而设计一系列主题。因此，作为教研活动对象的教师在教研中缺乏明确指向和合力，容易"随波逐流"。如此往复，学校难以形成良好的教研氛围，较难实现教研质量提升，促进教师专业成长。比如在校本教研的讲课、评课活动中，教师准备不充分，不主动提出问题，不仅无法达到提高教师教学技能的目的，而且容易形成不良教研风气。

（二）教师主体意识不强

由于校本教研流于形式，教师主体意识不强，主体地位被遮蔽，这种偏离教师主体性的教研方式违背了以教师为本的教研新理念，无法达到教师培养和发展的根本目的。在河南省各类学校进行调研，了解小学教师对校本教研中自我角色的认知，发现：36.3%的教师认为自己仅是参与者，12.6%的教师认为自己仅是旁听者，只有40.7%的教师认为自己是校本教研的主体。调查了解小学教师对校本教研的态度，发现：13.9%的教师认为校本教研不仅加重了自身负担，而且作用较小，不愿参加；29.1%的教师认为校本教研可有可无，不是自己的事情，听从领导安排就行；只有45.8%的教师认为应积极参与校本教研，有利于自身成长。对小学教师参与校本教研的目的进行调查，发现：27.8%的教师是为了评职称，21.4%的教师是为了完成学校布置的任务，7.9%的教师是为了提高学生成绩，只有38.5%的教师是为了提高教育教学水平，促进专业发展。研究还发现：取得高级职称的教师容易安于现状，参加校本教研的意愿不强，主体意识更为淡薄。

在校本教研中，如果教师无法正确认识自己的主体作用，就不会有教师之间的深入沟通和思维碰撞，校本教研便会缺乏实效，甚至演变成教师的负担。长此以往，教师容易产生职业倦怠，满足于日常教学，缺乏学习，对教学中碰到的问题缺乏思考，职业素养难以得到提升；不愿主动学习、践行新的教育理念；"日出而教，日落而息"地手执教科书，教学逐渐"浅表化"。

（三）校本教研制度不完善

校本教研制度的建立是为了保障教研活动有序开展，确保教师积极参与并有所收获，但在调查中发现，目前河南省一些学校的校本教研制度还不完善，缺乏严谨性、针对性和组织性，难以起到约束和激励教师的作用，校本教研效果不理想。比如校本教研内容随意性强，为迎合上级政策，在短时间内不停更换教研内容和主题。教师没有目标地参加教研，既增加了工作负担又毫无收获，长此以往容易影响教研热情。另外，校本教研缺乏有效的评价机制，导致其实效性差。虽然进行了校本教研，专家和骨干教师"听了、评了"并给出了中肯的意见，但由于缺少激励和后期跟踪反馈，教师缺乏改变现状的动力，下次听课时仍出现同样的问题。虽然花费了时间和精力，但没有真正提高教学技能，没有实现教师培养的真正目的。校本教研制度的不完善、学校激励机制和评价机制的欠缺，容易导致校本教研无序化。

（四）专家引领收效甚微

校本教研需要专家引领，但河南省很多小学尤其是农村小学缺少能起到引领作用的骨干教师，致使校本教研质量大打折扣。在校本教研中，"引领型教师"是灵魂，其计划、组织、领导和把控是教研活动能否取得实效的关键。在对河南省一些乡镇中心小学进行调研时发现，在听评课环节，骨干教师不对讲课教师进行深入评价，只是说些与学生互动、板书、教师仪态等浅层次的问题，不从课标解读、教材处理、目标达成、教学方法和程序、学法指导、学生学情等方面进行全面、科学的评价，导致校本教研引领"表层化"。骨干教师引领能力的缺失影响教师教学水平的提升，校本教研也就失去了意义。只有骨干教师有效引领，教师才能互助，才能通过教研活动进行自我反思，从而提高专业能力。

二、校本教研的改进措施

（一）立足教学一线，务实求真

校本教研要务实求真，由"任务式"研究转向"自主式"研究。校本教研活动解决的是教师自身的"真问题"，比如为什么要开展集体备课，目的是什么，需要解决什么问题。集体备课要围绕一定主题和问题开展，意在引领教师深度学习、思考并研究所教学科。教师围绕一定主题和内容研究教材，优化教学，分析学生，在实践中不断尝试和反思教育教学方法，在和谐的氛围中共同研讨，各抒己见，有针对性地解决教育教学中存在的问题，这样才能避免教研活动的随意性和表面化。

校本教研要开展针对"真问题"的课题研究。课题研究是核心和龙头，也是校本教研活动开展最重要的形式。开展课题研究要坚持以校本研究为主，紧紧围绕教育教学中的实际问题展开，要善于将教育教学的问题转化为课题；要坚持以微观研究为主，力争"小题大做"，切忌"大题小作"；要以应用研究为主。教师要不断从备课、教学、学习研究中发现问题并认真思考研究，从而确定自己的研究课题，这样能让课题与本职工作结合起来。要坚持以行动研究为主的方法，确保切实解决实际问题，让教研活动务真求实。

（二）增强教师主体意识，彰显教师风采

增强教师主体意识的关键是让教师对自身主体性有明确认知。主体性认知只有在实践活动中才会形成，校本教研要基于教师教学活动中产生的实际

问题展开，以问题为导向，务实求真，教师才会以主体角色去参与教研。政策和任务驱动的教研活动容易使教师变得被动和应付了事，使校本教研内容空洞，失去价值。因此校本教研要以教师为中心，围绕教师所想、所思、所用，避免教研受制于行政权力，充分赋予教师话语权和主动权，改变其被动服从安排的状态。学校领导也要给予支持，对教师在校本教研中的优秀表现给予鼓励和奖励。教研活动虽然是提升教师自身专业成长的途径，但教师毕竟承担着教学任务，学校领导的积极回应是唤起教师主体意识的外在保障，能增强教师的积极性、主动性和创造性，彰显一线教师的风采。

（三）确保制度有效，行稳致远

为保证校本教研真实有效开展和教师整体参与，学校要加强制度建设，进一步规范管理制度，强化"一个中心"，注重"两个发挥"，坚持"三个统一"，把握"四个环节"，开好"五个碰头会"，完善"六种评价"。强化"一个中心"，即以学校为校本教研活动领导核心，学校负责校本教研的统一组织和统筹安排，做好检查、督导和协调工作。注重"两个发挥"，即充分发挥骨干教师的引领作用，充分发挥集体的创新智慧和合力优势。在集体备课时，主讲人阐述把握教材知识点、能力点、重难点及解决疑难问题的方法，同科教师针对主讲人的说课方案提出修正和完善意见，形成"几人在说课，小组来研究，集体出智慧，整体促提高"的教研氛围，尽量使每一节课的教学方案趋于智慧化、优质化。坚持"三个统一"，即在组织开展学科教研活动过程中，要求做到统一时间、统一地点、统一主题。把握"四个环节"，即教研活动中着力把握好集体备课、听课评课、理论研讨和教学反馈这四个环节，努力把教师的课堂教学与理论学习、教学研究有机结合起来。教师应做到在集体备课中备教法，备学法；在听课评课中有重点，有热点；在理论研讨中有广度，有深度；在教学反馈中找亮点，寻不足。开好"五个碰头会"，即在校本教研活动中坚持每周开好任课教师、班主任、团队成员、教研组组长及校领导碰头会。通过开好"五个碰头会"，及时把握全校班级、团队组织、教研组和校领导班子的工作动态，及时了解教师和学生的意见和要求，加强上下联系和信息沟通，找出解决问题的新措施和深化改革的新方法，从而促进校本教研活动和学校管理工作朝着健康有序的方向发展。完善"六种评价"，即紧密结合学校实际，建立和完善"学生对教师的评价""教师自我评价""班主任对任课教师的评价""教研组对教师的评价""学校对教师的评价"和"学生家长对教师的评价"六种评价体系，从而形成一套科学完整的教师评价模式，推出切实可行的教研规章制度和年度工作计划，做到活动开展有计划、有措施、有组织、有专题、有记录、有总结、有考评、有实效。根据教师备课上课情况、参加校本教研情况、教学质量提升情况等内容进行量化，考核结果与教师评先、评优、职称评定和绩效工资发放等挂钩并记入教师业务档案。有了学校坚强的领导和强有力的保障措施，校本教研一定会精彩纷呈。

（四）利用各方资源，培养"引领型"教师

专家引领是校本教研取得成效的关键，但不同小学培养引领型骨干教师的策略各不相同。通过调查发现，河南省市级小学教师整体素质较高，能起到引领作用、有效组织教研活动的骨干教师较多，但跟得上教育改革新形势、与时俱进的骨干教师较少。在当今国家注重基础教育的大背景下，学校要利用有利的资源对骨干教师进行培养，让其了解教育政策，掌握最新教育理念，进而带动整个学校教师队伍的发展。河南省每年都会设立名师工作室，各市级学校可以名师工作室为依托，在政府扶持下支持骨干教师外出培训学习，鼓励教师积极参加省市举办的各项培训活动，参培教师在认真学习的基础上积极进行反思，回校后以讲座或观摩课、示范课等形式做好学习汇报，实现共同成长。而对于乡镇小学而言，由于资金紧缺和教师编制少、任务较重等原因，教师外出培训的机会较少。学校可以和当地师范类高校建立联系，指定教研员、名师、学科带头人等担任"带教导师"，让教师参与体验式跟岗培训，通过开展集体备课、教学设计、方案展示、磨课、上课（同课异构）、教研员与专家点评、课题研究和综合实践等一系列活动，着力提升教师课堂教学及教育科研能力，让学校推选出的骨干教师掌握组织教研的方法和技能，回到学校后能有效引领教师开展教研活动。

第五章　河南省中小学教师
工作投入研究

第一节　教师工作投入概述

　　国内外对员工工作情况的研究多集中在工作满意度、组织承诺、工作特征、组织公平和工作行为等领域，对员工工作投入的研究比较缺乏。但组织管理者逐渐发现，员工工作投入产生的成效非常显著，在组织不增加成本的条件下，员工高水平的工作投入可以产生更多价值。因此近年来对员工工作投入的研究逐渐成为组织行为学研究的热点。在管理理论研究比较先进的西方国家，工作投入的研究历史不过二三十年，而我国关于此问题的研究更是刚刚起步，能搜集的研究成果较少。在研究理论上，我国研究者以西方已有理论为基础，结合我国国情，以具体行业从业者作为被试，通过现状分析和相关影响因素分析，尝试探索能增加员工工作投入的管理措施，以增强组织效能。在我国少量相关研究成果中，针对教师工作投入的研究成果更是少之又少。现有研究成果大多集中于教师工作投入现状和相关影响因素，很少深入探究教师工作投入的来源和作用效果；在研究方法上多采用问卷调查法，虽然方便快捷，更易获得大样本数据，但由于量表题目的局限性，无法充分调查教师对工作投入的全面感受，无法充分了解其对工作的真实看法。因此，之前的研究相对片面，缺乏对工作投入的整体把握和系统认知。本书选用符合我国国情的工作投入量表，结合教师访谈、实地观察等研究方法，以更全面的视角理解中小学教师这一特定群体的工作投入现状，并深入探究教师工作投入的原因和结果，尝试提出更贴合实际的管理措施，以提高中小学教师工作投入水平。

一、教师工作投入的研究意义

当今国家之间的竞争是人才的竞争，谁拥有最优秀的人力资本，谁就拥有国际竞争优势。因此，人力资本是国家重要的战略资源，人力资本的获得和质量保证只能通过教育实现，世界各国普遍将教育事业放在优先发展的战略地位。

当前我国社会主要矛盾已经转化为人民日益增长的美好生活需要和不平衡不充分的发展之间的矛盾。公平而有质量的教育成为人民美好生活需要的基础，必须进一步加强教师队伍建设。面对新方位、新形势、新要求，教师队伍建设还存在一些不平衡、不充分的地方。比如，有的地方在教育事业发展中重硬件轻软件、重外延轻内涵的现象还比较突出，师范教育体系有所削弱，有的教师素质和能力难以适应新时代人才培养需要，教师特别是中小学教师职业吸引力不足，教师城乡结构、学科结构分布不尽合理，准入、招聘、交流、退出等机制还不完善，管理体制机制亟须理顺。2018 年，中共中央、国务院印发了《关于全面深化新时代教师队伍建设改革的意见》，提出：应全面深化改革，着力破解瓶颈障碍，努力取得新时代教师队伍建设的新成效，不断满足人民日益增长的美好生活需要；强调教师职业的特殊性，对广大教师提出了殷切期望。

通过对政策的解读，可以得出：全面深化新时代教师队伍建设改革，目的是培养党和人民满意的高素质、专业化、创新型教师队伍。政策对教师综合素质、专业化水平和创新能力提出了具体要求。教师队伍建设和教师待遇提升与教师工作态度紧密相连，积极的工作态度如工作投入大、敬业等是教师工作精神层面的体现。除了专业技能的提升，教师队伍建设更需要教师具备积极的工作态度。如果教师只是具备高学历和较强的能力，而对工作敷衍了事，不对学生负责，那么就不能体现其能力和价值，高效育人更无从谈起。因此，对教师积极心理的探究顺应时代发展需求，能提高我国人力资源质量，体现了重要的现实价值。本书对教师工作投入的研究符合教育发展需求。

二、组织行为学研究的启示

20 世纪 90 年代马丁·塞利格曼（Martin E. P. Seligman）提出了"积极心理学"这一概念，被公认为"积极心理学之父"。塞利格曼出生于美国纽约州奥尔巴尼，是美国心理学家、著名学者、临床咨询与治疗专家、积极心理学的创始人之一。塞利格曼主要从事习得性无助、抑郁、乐观主义、悲观主义等方面研究，对积极心理学的发展做出了重大贡献。其研究将心理学的关注点从疾病和问题转移到个体的发展和幸福上，其理论和实践推动了心理学界对积极心理学的关注，并为该领域的研究提供了指导。

积极心理学的主要观点包括积极主观体验、积极人格特质、积极社会环境、积极预防思想和积极心理治疗。其中积极主观体验是指个体对过去、现在和将来的积极体验。在过去方面，主要研究满足和满意等积极体验；在当前方面，主要研究幸福和快乐等积极体验；在将来方面，主要研究乐观和希望等积极体验。积极心理学运动推动了积极组织行为学（Positive Organizational Behavior，POB）的出现和发展。积极组织行为学成为组织行为学科在 21 世纪兴起的新研究领域，美国内布拉斯加大学鲁森思教授于2002 年强调对人类心理优势的开发与管理。传统组织行为学将研究重点放在解决管理者和员工机能失调、冲突、工作压力等问题上，而积极组织行为学将研究重点放在如何采取积极方法和怎样发挥员工优势以提高组织的绩效水平上，其研究范畴包括信心（自我效能）、希望、乐观、主观幸福感、情绪智力等，具备积极性、独立性、可测量性、可开发性、有助于提高工作绩效等基本特征。

随着鲁森思教授观点的提出，组织行为学的研究者开始转变研究方向，尝试探索能真正促进工作效能提高和组织发展的关键条件，而不是继续研究如何消除消极心理以维持工作的正常开展。消极心理的消除只能帮助员工正常工作，提高工作绩效则需要员工积极投入。因此组织行为学在之后的研究中把工作满意度、工作投入、工作敬业度和组织公民行为作为研究重心，探究如何采取有效管理措施培养员工积极的心理品质，让员工感到快乐、幸福、富有成就感，同时获得更高的组织绩效。在此背景下，教育研究者开始尝试探究教师积极心理品质现状和培养机制，以提高教师的工作成效。

有研究者认为，教师工作投入是教师对本职工作的态度和热爱程度，其影响教师自身的生活质量及专业成长，更影响学校的教育质量及学生的健康成长。已有研究发现，教师工作投入既受学校因素（学校环境、人际关系、领导风格和学生特征）、家庭因素（家庭环境和家庭成员关系）和社会因素（社会认同和家长期望）等外在因素影响，也受自我身份认同、人格特征和心理状态等个人因素影响。本书研究对象为中小学教师，中小学教师是基础教育的主体，农村中小学教师的教学对象是心智还未成熟的中小学生，教师的工作态度和行为对学生影响较大，一言一行都可能被学生模仿，在一定程度上影响学生人生观和价值观的形成，因此对中小学教师工作投入的研究有着重要的现实意义。

三、中小学教师职业压力与心理健康

以往研究发现：社会支持、应对方式和心理压力影响中小学教师的主观幸福感和心理健康。在我国市场经济体制下，相比很多行业，教师的收入虽有保障，但其生活并不富裕。教师的可支配收入与生活满意度有关联，生活因素可能会影响教师的心理状态。社会是一个开放的系统，教师难免会把自己的工作和生活与他人进行比较，社会比较倾向同样会影响教师的主观幸福感。董志文、曹毅、侯玉波等人（2023）从社会比较的角度出发探索其对中小学教师心理健康的影响及可能存在的保护机制，为中小学教师心理健康提供相应依据。

教师的职业压力主要包括教学质量压力、工作负担压力、角色职责压力、工作聘任压力及学历和职称压力。这些压力不仅来自学校和社会的期望，还来自教师自身职业发展需求和对自身角色的认知。在当今社会，家长对孩子的期望较高，但家校共育机制在很多学校还不完善，有些家长会把教育孩子的责任推给教师，家长期望越高，教师压力也越大。压力是影响个体心理健康的重要因素，教师的工作压力对其心理健康有重要影响。当前教师面临的压力有生活压力、教学压力、家长期望压力、职称晋升压力等，教师的社会比较倾向可能会进一步提高其压力水平，进而引发焦虑。近年来研究者对我国教师工作压力进行调查：超过70%的受访教师表示工作压力较大，压力主要源于教学任务量和管理压力较大、家长与社会期望过高等方面；近80%的受访教师反映在教学过程中仍然存在教学资源匮乏的情况，特别是农村地区。这些问题不仅会影响教师的教学质量，也会影响其心理健康，使其出现焦虑、失眠、情绪波动等情况。通过分析现状，探究影响教师心理健康的因素，并提出改进策略，这对教师工作投入、工作满意度和工作敬业度等积极心理学的研究更具有现实意义。

第二节　教师工作投入研究与相关理论

一、工作投入研究综述

近年来，心理学研究者对以负面心理为主要研究内容的传统心理学提出了质疑，认为以往研究太过注重个体的异常心理，而对健康、积极的心理缺乏探究。在公开发表的论文成果方面，消极心理学以绝对优势碾压积极心理学的研究，这一结果进一步证实了之前心理学对消极心理研究的偏向。20世

纪 90 年代，美国在心理学研究方面取得卓越成就，美国研究者对人积极的力量和真善美进行研究，研究开始转向个体心理的积极方面，这不仅对特定"贫困"条件下生存和发展的人有帮助，而且有助于在正常环境条件下形成高质量的社会和个人生活。因此，这种对积极心理的研究很快成为一种世界性的心理学运动。随着西方积极心理学运动（以下简称积极心理学）影响的日益扩大，许多人把这场运动称为一场心理学的革命、一种心理学研究范式的转变。这一转变被西方心理学家视为一次新的、革命性的变化。

积极心理学的兴起以研究人的积极力量和积极品质为突破口，但其真的是对传统心理学的颠覆吗？其实并非如此。其根本变化只在于心理学平衡观的变化，即用平衡的心理学取代倾斜的心理学，本质上并未改变传统主流心理学的两大特征。有人认为"积极心理学"这一词语的出现意味着传统心理学是一种消极心理学，因而把积极心理学视为心理学的一场革命，这其实是一种误解。积极心理学确实对传统心理学表现出了不满，且在多种场合对后者进行了批判。但这种不满和批判仅限于指出传统心理学在过去一段时间内变得失衡，过分关注"问题"而忽略了人类的积极力量和积极品质等。因此从某种程度上说，积极心理学只是对传统心理学的一种修正，或者说是一种完善式的发展。

心理学研究领域的拓展表现在对积极心理的探究，组织行为学领域也同样顺应此研究趋势，从积极职业心理和行为角度进行研究，以促进工作效率和效果的提升。在这样的学术背景下，对工作投入的研究进入了研究者的关注范围。工作投入是一种积极向上、知足常乐、以情感为驱动并因工作感到幸福的心理状态，可以视为职业倦怠的相反状态。能够全身心投入工作的组织成员具有很强的工作能力，对工作充满热情，完全醉心于工作而感觉不到时间的流逝。在现代组织当中，管理者往往希望组织成员能够积极主动地工作并具有创造性，能够对个人的职业生涯发展负责，有高质量的绩效表现。因此，管理者需要的组织成员是能够在工作中专注、充满活力、具有奉献精神的人，也就是能够投入工作中的人。因此，工作投入被视为可以真正改变组织成员并使得组织具有卓越性的竞争优势。

（一）工作投入的定义

"投入"（engagement）这一名词最早在企业管理研究中提出，由美国盖洛普咨询公司率先使用，其通过盖洛普工作场所调查问卷（Gallup Workplace Audit）了解企业员工的工作态度，这是当今国际上最有影响力的调查形式。此后企业管理者对员工"投入"的关注度逐渐提高，其成为研究的热点。《韦氏词典》对"投入"的定义为——投入指一种"情感投入或承诺"或"参与到活动中的状态",就像"齿轮的运转一样环环相扣、生生不息"。从态度方面解释,"投入"与参与、承诺、激情、热情、专注、努力和精力充沛等密切相关。

工作投入是组织行为学研究中的一个新兴概念。心理学研究者和组织行为学研究者给出了不同定义,在可操作性的定义上还未达成一致。2001 年,Maslach 等学者在以往工作倦怠研究的基础上,提出了与工作倦怠相对立的积极的一面——工作投入,在纵深方向拓宽了研究范围。随着 20 世纪末积极心理学的兴起,研究者逐渐转变研究思路,开始偏重能在工作中起到促进作用的积极心理和行为。一些研究者还结合赫兹伯格的激励 – 保健理论,提出消极因素与工作不满意有关,只消除不利因素只能带来工作场所的暂时和平,如果要激励员工,必须让员工从内在得到满足,不断进步、成长、感受到工作本身的意义。研究者对工作投入的研究有了理论基础,主张心理学应转向个体的积极力量,用积极方式解读人的心理现象。研究表明,积极心理和态度与工作满意有关,是激励员工努力工作的关键性因素。因此,之后的研究更加注重工作投入等方面,其逐渐成为组织行为学和人力资源管理领域的研究趋势。

工作投入的概念最早是由 Lodahl 和 Kejner 在 1965 年提出的,其在整合之前研究者提出的"自我投入"和"生活兴趣重心"概念的基础上提出了新的观点:工作投入是个体心理上对工作投入的程度,即个体认为工作对自身的重要程度。Kanungo 于 1982 年评论了工作投入的研究成果,认为先前学者对工作投入的定义过于宽泛,容易造成分歧,提出工作投入应来源于个体内在和外在需要,以及个体对工作的自我感知。Kanungo 把工作投入定义为个体对当前工作的心理认知和信念,把"个体对一般工作都会产生投入"即一般工作投入和"个体能投入某一工作中"即工作投入区分开来,前者指个体对待工作的一般态度,后者指个体对特殊工作的热情和信念。Paullay、Aliger 和 Stone 支持 Kanungo 的论点,认为一般工作投入应称为工作重心,而工作投入应指个体对当前所从事工作的专注度和忠诚度。研究者进一步把工作投入分为工作情景投入和工作角色投入。工作情景投入指个体在当前工作情景中投入并完成工作的程度,工作角色投入则指个体对某一特定工作投入并完成工作的程度。随后其他研究者对此问题的研究虽然存在差异,但都认同对工作投入的划分。

Kahn 于 1990 年将工作投入定义为"组织成员控制自我以使自我与工作角色相结合",进一步探究工作投入与角色融入之间的关系,认为工作投入和角色处于一种互动状态，两者可以不断相互转化。当工作投入度高时，个体就会做出更多工作角色行为；相反，当工作投入度较低时，个体就会脱离工作角色，并做出对工作不利的消极行为。

Maslach 和 Leiter 在研究工作倦怠的基础上提出工作投入和工作倦怠是完全相反的两个方面：工作投入以精力（energy）、投入（involvement）和效能（efficacy）为特征，这三个方面刚好与工作倦怠的三个特征即情绪衰竭（emotion exhaustion）、疏离感（cynicism）和职业效能感低（lack of professional efficacy）相对应。Schaufeli 等人也认为工作投入是与工作倦怠相对应的概念，但是不完全同意 Maslach 等人的观点，其基于与工作相关的幸福感（well-being）的两个维度即激发（activation）和快乐（pleasure）来说明工作投入与工作倦怠的关系——工作倦怠以低水平的激发和快乐为特征，而工作投入以高水平的激发和快乐为特征。Schaufeli 等人把工作投入定义为个体一种积极、完满、与工作相关的心理状态，以活力（vigour）、奉献（dedication）和专注（absorption）为特征。活力是指有较多精力和较强的心理韧性，愿意在工作中努力，当遇到困难时能坚持下去。奉献是指认为工作有意义，对工作有热情，有灵感，有自豪感及愿意挑战。专注是指全身心地投入工作中，很难与工作相分离。Schaufeli 等人对工作投入的定义得到了数据的支持，成为学术界的主流。实证研究发现，工作倦怠和工作投入仅为中度负相关关系。

随着国内对组织中积极心理因素研究的不断深入，我国研究者也提出了自己的观点。陈维政、李金平、吴继红（2006）认为，工作投入就是个体对其目前工作的投入程度。刘雯清（2007）认为，工作投入是指个体对工作表现出的一种积极主动的态度及对工作的热爱。李锐、凌文辁（2007）提出，工作投入是一种与工作相关的积极、完满的情绪与认知状态，具有持久性和弥散性，对个体绩效和组织效能有重要影响。徐艳、朱永新（2007）指出，工作投入在心理上表现为个体认同目前的工作，在工作过程中表现为重视工作表现，积极主动参与工作。朱钦（2008）指出，工作投入指个体处于一种持久的、充满积极情绪与动机的完满状态，以工作活力、奉献和专注为主要特征，工作投入源于个体的显著需求和个体感知到的工作中能满足其需求的机会。俞位增、朱芝洲（2009）从个体的"在场"如何转换为"入场"的角度出发，提出工作投入是个体对组织的一种承诺和投入，对组织绩效有重要影响。安晓镜、罗小兰、李洪玉（2009）认为，工作投入就是内化与工作相关的有利条件，或者是个体认识到工作的重要性及个体对目前所从事工作的认可，这种认可主要表现在心理上。通过分析发现：国内研究也都把工作投入视为一种积极的工作态度，认可其对工作带来的积极影响，并试图通过定量分析和实践总结得出提高员工工作投入度的一般策略。

（二）工作投入理论模型

自工作投入的概念提出以来，各国学者试图深入探究其内涵，并结合已有管理学理论为其创建理论模型。目前工作投入理论模型可归纳为三种，即期望模型、动机模型和综合模型。

1. 期望模型（expectancy model）

期望模型最早是由 Vroom 于 1964 年提出的。他认为当个体期待某种行为能给自己带来某种特定结果，且这种结果对自己具有吸引力时，个体就倾向于采取这种行为。这一模型包括三个变量或三种关系。首先是期望或努力 – 绩效联系，即个体感到通过一定程度的努力可以达到某种工作绩效的可能性；其次是绩效 – 奖赏联系，即个体相信达到一定绩效水平后即可获得理想结果的程度；最后是奖励的吸引力，即从工作中可以获得的结果或奖赏对个体的重要程度。因此在该模型中，如果个体看到通过自己的努力可以取得一定的绩效，即通过努力可获得自己认可的结果，个体就会更加投入；如果个体可以通过绩效获得奖励，而奖励又是个体所需要的，那么个体就会投入更多热情。反之，没有任何回报的努力会影响个体的工作动机，减少个体的工作投入。

2. 动机模型（motivational model）

Kanungo 在 1979 年提出了工作投入动机模型。他对工作投入和工作疏离进行整合，从个体行为现象和因果条件来解释不同工作投入方式，在模型中从动机理论入手探究工作投入的机制。个体希望通过高水平的努力实现组织目标的愿望，其前提条件是这种努力能够满足个体的某些需要。尽管一般而言动机是指个体为达到目标而付出的努力，但此处专指为达到组织目标而付出的努力，因为本书关注的是与工作相关的行为。在动机的定义中有三个关键要素：努力、组织目标和需要。努力要素是强度或内驱力使受到激励的个体更勤奋地工作。但是，如果这种努力不指向有利于组织的方向，则高水平的努力未必会产生令人满意的工作业绩。因此，不仅要考虑努力的强度，还要考虑其质量，指向组织目标并与组织目标始终保持一致的努力才是人们所希望的。此外，动机可以看作一个需要获得满足的过程。需要（need）指的是一种内部状态，使人感到某种结果具有吸引力。当需要未被满足时，个体就会产生紧张感，进而激发内驱力，这种内驱力会推动个体做出寻求特定目标的行为。如果最终目标实现，则需要得以满足，紧张得以消除。可以这样说，受到激励的个体处于一种紧张状态之中，为缓解紧张，其会努力工作。紧张程度越高，个体的努力程度越高。如果这种努力能够带来需要的满足，则紧张状态得以解除。当然，由于此处探讨的是工作行为，这种解除紧张的努力是指向组织目标的。因此，动机的定义中包括个体需要必须与组织目标相一致的含义。如果两者不匹配，个体可能表现出与组织利益相悖的努力行为。在动机理论中，高水平的努力就是个体对工作的高投入，工作动机越强，那么工作投入也会越多。

3. 综合模型（comprehensive model）

Rabinowitz 和 Hall 综合以往学者对工作投入的研究，于 1977 年提出了工作投入综合模型，将影响个体工作投入的因素归纳为三类。首先是个人特质，包括性别、年龄、受教育程度、婚姻状况、工作年限、性格类型、工作价值观、高层次需求强度等。其次是工作情境，包括工作特性、领导者行为、决策参与模式、组织规模等。有研究者认为工作情境对个体工作投入的影响大于个人特质的影响。最后是个人特质与工作情境的互动作用，即工作投入是个人特质与工作情境两者相互作用的结果，工作投入的结果体现为员工的工作满意度、工作绩效、离职率等。

在上述三种工作投入模型中，期望模型争议更多，许多学者对 Vroom 的期望模型提出了质疑，其中最具代表性的是 Campbell 和 Printchard 的观点。Campbell 和 Printchard 指出，期望模型假设个体是充满理性的经济人，而非社会的人，不可能只将能否获得某种结果作为是否投入的唯一标准。一方面，人的能力和认知是有限的，个体无法看清事物全貌，不一定能准确做出判断；另一方面，人并非只是经济的人，同时也是社会的人，人并非只是为了回报才去工作，和谐的人际关系和对领导及组织的个人情感也会让个体对工作有所投入。由于很多研究者并不认可期望模型，对工作投入模型进行深入探究仍然是当今研究者关注的重点。

二、教师工作投入研究综述

（一）教师工作投入的定义

由于教师职业活动受外在条件制约，教师的职业目标具有无限性和全面性，职业对象具有复杂性、多样性、依赖性和不可选择性，职业特征为工作时间无边界性、工作成效延迟性、工作价值难测量性等。因此教师工作投入的概念不能照搬企业工作投入的概念，而应结合教师职业的特点进行探究。由于我国政治体制有别于西方国家，教师管理体制也存在较大差别，国内外对教师投入的定义有所不同。研究须借鉴国外对教师工作投入的研究成果，结合本国国情，对教师工作投入进行科学描述。

根据 Schaufeli 等人对工作投入的定义，即"一种与工作有关的积极、完满的情绪与认知状态，以活力、奉献和专注为特征"，可以看出研究者将工作投入描述为一种积极的心理状态。由于语言翻译的习惯，"投入"一词会被误解为动词，指个体对某事所采取的行动。事实上，"投入"的英文"engagement"是名词而非动词，指婚约、约会、约定、雇佣、聘请、受雇、受聘、密切关系等，强调事物之间的强关系，在工作情境下特指全情投入的人。因此，教师工作投入是指专注于教师职业并全身心投入的人。结合教师职业的特点，可以得到如下观点。

（1）教师要喜欢并认可自己的工作。教师首先必须喜欢自己的教学工作，或者在工作过程中逐渐喜欢上自己的职业，对教师职业的认可和喜欢是产生工作投入感的基础。

（2）教师的工作过程是愉悦的。教师是享受自己的工作过程的，从工作中可以获得尊重和成就感，对自己的学校和学生充满热爱。只有从工作本身获得快乐，教师才能真心投入工作，产生工作投入感。

（3）教师在工作过程中可以感受到激情和动力。教师的工作可以带来热情和活力，使教师产生较强的自我效能感。当遇到困难和挫折时，教师无所畏惧，克服困难，争取成功，在工作中积极创新，把学生取得好成绩作为工作最大的动力。

（4）教师对待工作时全身心投入，对学生的爱是无私的、不含杂念的。

（5）教师应具有奉献精神，一切为了教学，为了学生，关注学生的进步和成长，不因自己的利益损害学校和学生的利益，并为取得好的教学效果而努力。

（6）教师对自己的工作状态感到满意。高工作满意度让教师对工作更加投入，产生更强的工作动机。

如果符合以上六点，就可以认为教师处于工作投入的状态。可以将教师工作投入定义如下：教师热爱并享受本职工作，在工作中有积极探索和乐于奉献的精神状态，以专注、活力和奉献为特征。

（二）教师工作投入的特点

教师工作投入具有动态平衡性、个体差异性和可塑性等特点。

首先，教师工作投入具有动态平衡性。教师工作投入是一种内在心理状态，会与外在环境发生相互作用，并随着外在环境和条件的变化而变化。比如，当外在条件（领导支持、教学条件改善等）更有益于教师工作时，教师的身心状态会更好，工作投入度也会更高。反之，当受到不公正对待、没有获得有利工作支持时，教师可能会产生不好的心理体验，进而降低工作投入度。但整体而言，教师工作投入是一种相对稳定的心理状态，当遇到心理波动时，教师会自我调节，寻找心理平衡点，继续为工作付出与努力。因此教师工作投入具有显著的动态平衡性。

其次，教师工作投入具有个体差异性。相关调查发现：导致教师产生工作投入的"前因"存在差异，有些教师热爱教师职业，喜欢教书育人，在三尺讲台上讲课使其有成就感和价值感；有些教师本身责任感强，对学校和学生有强烈的使命感，甘愿为了工作付出。教师工作投入水平也存在差异。不管出于何种原因，在相同条件下，教师的工作投入会有所不同，这不仅与教师的性格有关，也与教师对事物的认知有关。

最后，教师工作投入具有可塑性，即教师工作投入会受到内在和外在因素的影响。当外在条件有利于个体时，教师的工作投入度就可能提高，比如家长对教师的期望和尊重可能激发教师的责任感，使其产生更多工作投入；而如果外在条件不利，教师的工作投入度就会降低，比如受到不公平的对待时，教师可能就会对工作产生不满，进而降低工作投入度。因此，研究者通常认为可以通过对教师工作资源和个人资源的改善来提高其工作投入水平。

三、教师工作投入研究现状

（一）国外教师工作投入研究现状

通过对以往研究成果的整理，发现国外工作投入研究多集中于心理学和企业管理领域，针对教师工作投入的研究非常有限，代表性成果少之又少。将国外研究成果总结如下。

Simbula 等以意大利教师作为被试，采用纵向研究方法，运用工作要求－资源模型对被试进行三轮调查分析，以探究教师工作投入的"前因"及相关因素之间的关系。研究探究了教师工作资源、自我效能感与工作投入之间的关系，以及三者在时间序列中是如何发生相互作用的。研究得出的结构方程模型显示：工作资源和自我效能感对工作投入的影响具有滞后性，分别为四个月较短时间的滞后和八个月较长时间的滞后。工作投入对自我效能感的影响也同样存在滞后性，在经过一段时间后，工作投入才会使个体自我效能感产生变化。研究还表明：自我效能感和工作资源与工作投入显著正相关。自我效能感越高，工作资源越丰富，教师的工作投入度就越高。如果教师自我效能感水平较低，遇到困难轻易放弃，自信心不强，且学校资源匮乏，教师工作投入度也会较低。工作资源和自我效能感都对教师工作投入起关键作用。因此，在学校管理中，如果要提高教师工作投入度，就要在这两个因素上有所作为。此外，学校领导的支持、同事的合作和满足教师专业成长需要是提高教师工作投入度的重要工作资源。因此，学校要给教师提供必要的资源，在工作条件上尽力支持教师，时刻关注教师需求，不仅要满足教师合理外在要求如良好教学条件，而且要对教师自身成长需求给予关注。教师自我效能感的提升有赖于学校管理者采取有效措施，比如让教师由获得小成功到获得大成功，逐步培养自信，以获得更高水平的自我效能感。

Hakanen 等运用工作要求 – 资源模型探讨教师工作环境、身体健康状况与组织承诺之间的关系。具体来说，其认为教师工作要求（学生行为问题、工作负担和物理工作环境）对职业倦怠的影响可以预测教师身体的亚健康状况，教师工作资源（工作控制、上级支持、信息获取、社会氛围、创新精神）对工作投入感的影响可以预测组织承诺。另外，工作资源与职业倦怠显著负相关。教师职业倦怠与工作投入和组织承诺也显著负相关。有两个潜在机制同时在教师工作活动中发挥作用。第一个机制称为"能量"机制，在这一机制中，工作要求通过职业倦怠对教师的身体健康状况产生影响；第二个机制称为"动力"机制，工作资源对工作投入产生作用，从而成为组织认同感的重要影响因素。另外，Hakanen 等人的研究结果强调工作资源的双重角色。能够有效利用工作资源（比如更好利用领导支持、工作机遇和工作变革）的教师更具有创造性和奉献精神，对学校的组织承诺感更强，对学校更有热情。反之，缺乏工作资源或不善于把握和利用工作资源的教师，一般组织承诺感较弱，更容易出现职业倦怠，工作投入度也随之降低。通过分析可以得出："能量"机制和"动力"机制是相互影响、相互作用的，工作资源、工作要求、职业倦怠和组织承诺这几个因素之间相互影响和制约，共同作用于教师的工作投入。

Salanova、Bakker 和 Llorens 以中学教师作为被试样本，通过纵向研究进行了两轮调查，目的是调查自我效能感与工作资源（社会支持氛围和清晰目标）之间的关系。调查发现：可以从学年初教师的自我效能感和工作资源配备预测其 8 个月后至学年末的工作投入。同时，可以从教师学年初的工作投入预测其学年末的工作资源获得情况和自我效能感。自我效能感能够在工作资源与工作投入之间起到中介作用。调查得出，教师工作投入、工作资源、自我效能感之间存在交互作用。

（二）国内教师工作投入研究现状

我国在组织行为学和管理心理学领域的研究相对国外起步较晚，我国研究者对工作投入的研究处于起步阶段，对教师工作投入的研究缺乏标志性成果。将现有研究总结如下。

1. 教师工作投入的维度及衡量

我国学者张轶文和甘怡群（2005）对 Schaufeli 等学者编制的 Utrecht 工作投入量表（Utrecht Work Engagement Scale，简称为 UWES）进行翻译和修订，剔除两个对我国教师工作投入鉴别力较弱的题目，通过定量分析法验证了工作投入的三因素模型，最终得到信效度较高、适合衡量我国教师工作投入的调查问卷，并证实教师工作投入与教师健康状况、应对方式和工作特征等存在相关性。盛建森（2006）在对小学教师工作投入进行研究时，编制了以工作意义、教师专注力和工作乐趣为主要衡量因素的教师工作投入量表。王彦峰、秦金亮（2010）以幼儿园教师为调查被试，编制了幼儿教师工作投入问卷，其中包括工作意义、工作乐趣、工作责任和工作专注力四个维度。韦官玲（2010）以广东省小学教师为被试，调查小学教师的工作投入，分析其现状和影响因素，并从工作乐趣、进步及成长、工作意义和工作责任四个维度编制了中小学教师工作投入问卷。王峥（2018）以我国中学教师为被试，编制了中学教师工作投入问卷，此问卷包括工作参与度、工作专注力和工作评价及乐趣三个维度。蔡永红、龚婧、曲韵（2019）采用自主研制的问卷对北京市十四所中小学的教师展开调查，结合对中小学教师的访谈结果，对问卷进行信效度检测，得出包含活力、奉献和专注三个维度的教师工作投入的自评量表，这和 Schaufeli 等人于 2002 年编制的问卷之维度相一致。

2. 教师工作投入的影响因素

作为一种积极的工作态度，教师工作投入近几年来成为我国教师职业领域的研究热点。为提高基础教育质量，研究者努力探究提高教师工作投入度的策略，从多角度分析影响教师工作投入的相关因素。经总结发现，可以把影响教师工作投入的因素分为两大类，分别为内在因素和外在因素。其中内在因素指教师的个体特征，包括自我效能感和成长需求等；外在因素指影响教师工作的组织因素，包括工作要求因素和工作资源因素等。

首先是个体特征。王培培（2014）将河南省三门峡市幼儿教师作为调查被试，分析当地幼儿教师工作投入现状，通过对人口学变量进行统计分析，发现幼儿教师工作投入在年龄上存在显著差异，在学历和职称上的差异不显著。罗小兰（2015）和李敏（2019）在对我国教师工作投入进行深入调查时发现，在人口学变量上，年龄、性别和学历等因素对教师工作胜任力具有积极促进作用，并进一步影响教师工作投入。李伟、梅继霞（2013）在研究中指出，内在成就动机可以增强个体的创造性，进而提升其工作投入度和工作满意度。龚靖等学者（2019）对北京市中小学教师进行调查时发现，城乡差距、薪酬待遇和教师每周工作量都会影响教师工作投入水平。陈秋珠和许宽（2020）通过对幼儿园教师的调查发现，教师工作投入受个体资源（自我效能感）和社会支持（工作资源）的双重影响。冯源春（2022）通过对幼儿园教师的调查分析发现，教师工作满意度与教师工作投入显著正相关。

其次是工作要求。已有研究表明：工作要求是影响教师工作投入的重要外部因素，其对教师工作投入的影响主要体现在以下几方面。

一是工作负荷。李新翠（2016）在研究中表明，我国教师承担除正常教学和学生管理工作以外的额外工作，导致工作时间长。教师工作本身就具有时间不固定性，这些额外工作增加了教师的负担。比如一些学校会要求教师填多种表格，监督学生进行网上学习，传达上级文件要求，应对相关部门检查，在一定程度上对教师的正常教学工作造成了影响。在这样的背景下，教师没有过多精力投入教学中去，身心俱疲，难以自我提升，消磨了工作热情，容易对工作产生消极的态度和行为。二是角色压力。李明军、王振宏、刘亚（2015）在研究中指出，角色压力主要源于工作和家庭两方面需求导致的资源分配、情绪感受和行为模式上的角色冲突。这种压力可以分为工作要求导致的困扰和家庭需求引发的困扰。三是学生不良行为和升学考试压力。齐亚静、伍新春、王晓丽（2016）认为，学生的不良行为和升学考试压力可以反向预测教师工作投入：当学生表现出更多不良行为时，教师工作投入水平就会降低；当学校和家长对学生学业成绩期望过高时，教师工作投入度也会随之降低。

最后是工作资源。工作资源是指教师接触的外部资源，充足的工作资源对教师工作投入有积极作用，不仅能够减轻工作要求带来的不利影响，还能激发教师的工作动机，进而提升教师工作执行力和工作绩效。工作资源不仅包括教师在工作中得到的来自学校的支持，也包括教师得到的来自社会层面的支持。葛玉瑶（2008）通过研究发现，当教师处于不理想的学校文化氛围下，其工作积极性、创造力和工作热情会受到影响，不仅会降低教师的工作投入度，而且可能使教师做出不利于学校和学生的失德行为。孟凡蓉和吴建南（2014）从公共服务研究视角出发，深入分析了绩效工资公平感对教师工作投入的影响。研究结果表明，绩效工资计算程序越公平，教师工作投入水平就越高。梁斌、李绍军、何睿立等人（2016）同样对公平感与教师工作投入之间的关系进行研究，指出组织公平是影响教师工作投入的重要因素，组织公平感越强，教师工作投入水平就越高。

3. 促进教师工作投入的对策

为提升教师工作投入水平，研究者通常会从个人、组织和社会这三个维度来提出策略。王彦峰、秦金亮（2015）对幼儿教师的调查得出：提高教师工作投入度要从教师个人层面入手，如增强教师对工作的认同感，培养教师的责任心，激发教师工作的积极性；在组织层面上，可以给教师创造更好的办公和教学环境，设置更公平且具有激励作用的薪酬系统等；在社会层面上，要宣传尊师重教理念，提高对教师职业的认可度，加强政府部门对教师的各项保障。李敏（2015）建议：可以通过价值体系、意识形态等方面的改善来提高教师工作投入水平。王峥（2018）通过实证分析提出，可以通过改善外在工作环境和配套设施，使教师形成积极的工作方式，激发教师自我效能感；通过组织各种教研活动和培训促进教师专业成长，助力教师工作投入水平的提升。

四、教师工作投入相关因素分析

敬业度是影响教师教学成效的重要因素，与教师工作投入密不可分。教师工作投入可以通过教师敬业度体现，因此探究教师敬业度是对教师工作投入"后果"的深度分析。

（一）中小学教师敬业度研究的意义

基础教育是对国民实施的基本文化知识的教育，是培养公民基本素质的教育，也是为个体升学或就业打好基础的教育。因此，中小学教师的工作态度和工作成效对青少年个体发展和国民整体素质提高有重要影响。以往中小学教师心理学研究更多集中于负面的心理状态，比如工作倦怠、心理健康等，很少关注积极心理。积极心理学更关注个体的优点和正面功能而非个体的缺点和负面影响。即使消除了教师的消极心理因素，也不一定能使其产生积极的工作动机，因此对积极心理的研究正逐步取代对缺陷和病态等消极心理的研究。

关于中小学教师的工作态度，国内外很多学者都进行了大量的实证研究，其研究目的是验证中小学教师的某种工作态度是怎样影响工作绩效的。比如早期很多研究关注教师工作满意度与工作绩效之间的关系，认为对工作满意的教师并不一定是具有奉献精神、能取得优秀业绩的教师，也就是说，教师即使对工作满意，也并不一定会为学校付出努力，二者只是相关，并不存在因果关系。此后，研究者还进行了中小学教师组织承诺和工作绩效之间关系的研究，结果显示，教师的组织承诺虽然与工作绩效正相关，但二者关系并不密切。研究者还进行了中小学教师工作投入与工作绩效之间关系的讨论，但没有确切的结论。综观对教师工作态度的研究，态度变量与教师工作绩效之间的关系都未得到一致性验证。

目前，在组织行为学视角下，更多学者展开了对员工敬业度的研究。所谓组织行为学是综合运用与人有关的各种知识，采用系统分析的方法，在特定组织中研究人的行为规律，从而提高领导者对组织中员工行为的预测和引导能力，以便更有效地实现组织目标的一门科学。翰威特咨询公司运用组织行为学理论，通过对100多家企业进行调研，发现高绩效的企业其员工的敬业度会比平均值高出20%～25%，员工敬业度与销售额和利润回报率都显著正相关；韬睿咨询公司研究发现，员工敬业度每提高1%，顾客满意度就会随之提高0.5%；Harter于2002年对36家企业的7936个商业单位进行调查研究，发现员工敬业度与组织绩效关系紧密，员工敬业度对提高组织绩效、利润率和客户满意度起积极促进作用，可以显著降低员工流动率、缺勤率和事故率，且员工敬业度与这些工作行为和结果的相关程度显著高于员工工作满意度与这些工作行为和结果的相关程度。在这样的研究背景下，笔者通过对学校这一特定组织进行研究，提出中小学教师敬业度的概念，并讨论中小学教师敬业度的影响因素，尝试提出对中小学教师进行有效管理的措施，以提高教学水平和教育成效。

（二）中小学教师敬业度的界定

1. 敬业度研究溯源

我国对"敬业"最早的描述为《礼记·学记》的"敬业乐群"。朱熹也曾对"敬业"有所阐述，即"敬业者，专心致志，以事其业也"，也就是说，敬业就是要专心并严肃对待自己的工作。在西方，敬业观念最早与宗教紧密联系在一起，具有"上帝安排"和"天职"的意思，即敬业就是要听从上帝指令，必须尊敬并对自己的职业负责。中西方对敬业的理解大体是一致的，敬业都代表个体对工作和职业忠诚、负责的态度或行为。《现代汉语词典》（第7版）中对敬业的定义为专心致力于学业或工作。真正对敬业度进行更深入的理论研究是近二十年来的事情，不过对敬业度的定义还没有统一。当前对敬业度的研究主要集中在两大方面：组织行为学领域研究者开展理论和实证研究，全球几大知名管理咨询公司基于组织行为学开展调查研究。虽然目前在敬业度维度的划分上还存在分歧，且研究常用的自陈式问卷法还比较单一，但正是这样的不断尝试才使对敬业度的研究不断推进和深入。

2. 中小学教师敬业度的概念

（1）组织行为学的学术研究。

最早对敬业度进行理论研究的是美国学者 Kahn，1990 年他通过研究自我与工作角色之间的关系总结出员工敬业度的概念，认为自我和工作角色是一种动态、相互作用的关系，员工的敬业行为就是个体在工作角色扮演中投入自我的行为，其中包括生理投入、认知投入和情感投入。当敬业度高时，员工会将自我投入工作角色中，并通过工作角色展现自我；当敬业度低时，员工会脱离角色，且会回避角色，还有可能离职。

Maslach 将敬业度与工作倦怠作为完全相反的两极，把精力充沛、工作投入和高效能感作为敬业度的三个连续维度，而这正好与工作倦怠的精疲力竭、愤世嫉俗和低效能感三个维度完全相反。Schaufeli 与 Maslach 的观点相似，其开发了 UWES 量表，同样把敬业度和工作倦怠视为相反的两极。不过 Schaufeli 把工作投入这一维度替换为奉献精神，虽然二者表达的意思相似即都是表示个体对工作的积极和热爱程度，但他认为奉献精神在程度上高于工作投入。2006 年，Hakanen 通过对 2 038 名中小学教师进行实证调查，也得出敬业度和工作倦怠是完全相反两极的结论，结果显示：工作要求导致工作倦怠，进而导致低工作能力；丰富的工作资源提高敬业度，而工作资源的缺乏会导致工作倦怠。

（2）管理咨询公司运用组织行为学理论对敬业度的调查研究。

盖洛普咨询公司是最早在全球范围内对敬业度这一态度变量展开调查的管理咨询机构，其对不同国家员工的敬业度进行了差异比较。盖洛普咨询公司研究员 Harter 等人认为敬业度是员工对工作满意并投入热情的程度，即当组织可以给员工提供理想的工作条件和环境、满足员工的需求、使员工发挥自身特长、促进其成长时，员工能以主人翁的意识思考问题，并对组织有强烈的责任感。翰威特咨询公司则从三个层次对员工敬业度进行评价，并提出了员工敬业度的 3S 模型：Say（赞扬）——是组织的支持者和拥护者，对外界称赞自己的组织；Stay（留任）——对成为组织的一员充满渴望，希望长期在组织工作；Strive（奋斗）——超出组织最基本的要求，努力工作，得到出色业绩。韬睿咨询公司认为敬业度是员工帮助组织获得成功之意愿的强烈程度，并把员工敬业度分为理性敬业和感性敬业两个维度。

（3）中小学教师敬业度的界定。

结合不同领域员工敬业度研究成果，以中小学为背景将中小学教师敬业度定义为——在工作中教师将自我和工作角色相融合、认同工作、对工作有承诺并全身心投入的程度，具体表现是热爱学校、教学负责、勇于创新、学习进步、乐于奉献和关心学生。

（三）中小学教师敬业度的影响因素

1. 自身因素

教师的身份认同和意义感会对工作敬业度产生影响。Britt 2001 年的研究表明：如果个体身份认同的某些方面与其所在的工作领域相关，那么即使在不利条件下，个体也会有很高的敬业度。在我国，中小学教师在学生升学方面面临较大压力，且其教学对象是思想、认知未完全成熟的孩子，所承担的责任可想而知。当中小学教师认同所从事的职业和社会对自身角色的期望时，那么即使在工作中遇到挫折和困境，教师的敬业度也不会降低。

我国学者杨新国、范会勇（2008）对国内中小学校教师工作敬业度进行了实证研究，结果表明成就动机在教学效能感和敬业度之间起部分中介作用，即教学效能感不仅可以直接预测教师敬业度，而且可以通过影响教师的成就动机间接对敬业度起作用。

2. 外在环境因素

除自身因素外，外在环境也会对教师敬业度产生影响。Maslach 1986 年的研究表明，同事、上级、组织和社会的支持程度对员工敬业度有明显影响。教师在工作环境中能否与同事保持良好人际关系如教学团队的融洽和协同合作，对教师的士气和工作满意度有重要影响，而这些工作态度又与教师敬业度显著相关。袁刚、袁明荣（2005）认为，创造能够发挥员工才智的环境因素可以影响员工的敬业度。宽松的工作环境和鼓励首创精神的组织文化能使教师的聪明才智得以发挥，使教师勇于改进和创新教学方法，给教师提供更广阔的发展空间和更多成长机会。社会支持的氛围也会影响中小学教师的工作敬业度，社会的支持和认可程度、政府对基础教育的重视和投入程度及教师待遇和地位的提高程度都是教师敬业度的重要影响因素。

3. 学校管理措施

国内学者宋晓梅、李傲、李红勋（2009）根据个人－工作契合对员工敬业度的影响得出：薪酬福利、工作环境及工作稳定性这些外在因素是员工敬业度的影响因素，但不是驱动因素，工作的本质及在工作中学习、发展和成长的机会才是最重要的驱动因素。Galinksy 认为员工绩效考核是否从员工利益出发及员工自身的职业规划在组织中能否实现是影响其敬业度的关键因素。Andy 和 Parsley 等认为员工参与决策的程度和组织内有效沟通的程度是影响敬业度的重要因素。Wellins 强调领导行为的重要性，提出领导应公平对待下属。因此中小学管理者能否从教师利益出发、建立公平的考核机制、给教师参与学校决策的权利（尤其是与教师息息相关的决策）、建立有效沟通渠道、注重教师职业生涯规划是中小学教师敬业度能否提高的关键。

（四）提高中小学教师敬业度的策略

1. 加强中小学教师培训

（1）培养教师爱岗敬业的工作态度。

爱岗乐业既是教师敬业度提高的动力源泉，也是教师对工作全情投入的重要条件。Kahn 和 May 的研究表明，意义感对员工敬业度有积极影响，教师只有认识到工作的责任和价值时，才能体会到工作的意义，并产生身份认同感。意义感越强，对教师身份越认同，敬业度就会越高。因此在我国中小学校管理中，要在保障教师经济收入的基础上，通过爱岗敬业培训、组织各类文艺活动、表彰和奖励先进个人等措施，不断深化教师对教育事业伟大意义的认知，使其树立忠于祖国教育事业的坚定信念，以提高中小学教师敬业度。

（2）增强和激发教师的教学效能感和成就动机。

研究已表明教师的教学效能感和成就动机是影响其敬业度的重要条件。首先，学校可以让教师获得小成功并进行相关技能培训，成功经验的积累是自我效能感增强的重要途径，个体的自我效能感和成就动机会随着成败经验而变化，持续的成功有利于建立稳定的自我效能感，增加自信心。有效的技能培训可以帮助教师提高专业技能和人际交往技能。专业技能的提高为教学成功提供了条件，使教师对工作更有信心；人际技能使教师更容易适应工作环境，获得情感支持。其次，学校要组织针对教师的心理健康教育，教授给教师正确的归因方式，要让教师把成功归因于自身的能力和努力，把失败归因于自身的不努力，使其建立只要努力就一定能成功的信念。正确的归因方式对教师的教学效能感有决定性作用。最后，学校要让教师掌握设置合适目标的技能，过于困难的目标会增强教师的挫败感，而过于简单的目标又无法使其获得成就感，因此要培养教师根据自身能力和条件设置中等难度目标的能力。

2. 营造良好工作环境

首先，社会要形成尊师重教的氛围，以提高教师的社会地位。要想把尊师重教落到实处就必须提高教师的职业威望，增加教师的经济收入，保障教师的专业权利。其次，通过学校管理创造良好的工作条件，即改善教学条件和基础设施建设，提供工作所需的资源，以满足教师的教学需求。最后，学校要创建文明、健康的校园文化。校园文化是一种至关重要的隐性教育方式，积极健康、生动活泼的校园文化可以规范教师的日常行为，对教师行为起到感染和教育作用。在硬件基础设施上，学校可以通过标志性校园建筑、整洁美观的校容校貌、催人奋进的墙纸、宽敞明亮的教室、严谨的校标和校训牌等来营造良好的校园文化氛围；在软件方面，学校可以改善办学条件，树立良好学风和教风，优化内部管理，形成蕴含社会期望、反映教育目标的校园精神。

3. 改善学校管理与激励机制

学校领导在教师激励机制设置上要有所作为。首先，让教师参与决策，并建立公平的考核机制。绩效考核的结果关系到教师的薪酬水平，其公平性对教师而言非常重要，因此管理者以什么作为效标参照，以及考核程序如何进行就变得至关重要。在这些与教师利益息息相关的决策上，要保障教师参与的权利，听取教师的呼声，尊重教师的建议，不仅要做到结果公平，更要做到过程公平，只有这样教师才能更好接受决策结果，并增强对学校的责任感和使命感，培养主人翁精神。

其次，建立有效沟通体系。管理者和教师之间频繁有效的沟通会让教师感到被重视、被信任，能增强教师的信心、激情和工作斗志。创建有效沟通机制的关键是学校应提供平等的工作环境，对教师进行情感关怀，提供工作支援，建立顺畅的沟通渠道，管理者要勇于率先垂范。

最后，学校要在促进教师职业发展上发挥作用。根据教师在职业能力、职业兴趣和职业人格方面的特点和差异，协助教师规划其职业生涯，这不仅可以促进教师进步和成长，而且可以极大调动其工作积极性和热情。学校要在教学技能和专业知识方面给教师提供培训和进修的机会，以弥补其不足，增强其工作胜任力。学校要建立教师专业发展支持系统，不仅要以制度作为保障，不断优化学校管理层选拔、任用和教师评价机制，而且要设立专项奖励资金，对在教学实践中有突出成绩和贡献的教师给予物质和精神奖励。学校还要着重加强教学团队建设，培养学科带头人和骨干教师，建立优秀教师人才库，对有能力和潜力的教师进行梯队培养，以增强和提高教师工作动力和敬业度。

第三节　河南省中小学教师工作投入现状及影响因素分析

一、研究对象选择

因笔者任职单位承担河南省中小学教师国家级和省级培养计划相关工作，选择调查被试有一定便利性。本节以参与国家级和省级培养计划的河南省三个市区六所学校的中小学教师为调查对象。其中既包括城镇教师，也包括乡镇教师；既有年轻教师，也有经验丰富的教师。调查被试比较全面，可以在一定程度上反映出河南省中小学教师工作投入全貌。在研究中注重对城乡教师进行比较，发现差异，这样更有利于制定科学的教学管理方案。

二、调查内容设计

使用张轶文、甘怡群（2005）修订的初中教师工作投入现状调查问卷，对被试进行问卷调查。该问卷第一部分为人口学基本信息，其中包括性别、年龄、职位、学历、职称、学校位置、收入等变量。问卷第二部分采用张轶文、甘怡群（2005）修订的中文版 Utrecht 工作投入量表（UWES）。该量表包括 17 道具体题目，分为 3 个维度，分别为活力（第 1、4、8、12、15 和 17 题）、奉献（第 2、5、7、10 和 13 题）和专注（第 3、6、9、11、14 和 16 题）。其中活力指教师是否能积极工作并充满热情和激情；奉献指教师对职业是否有责任心和使命感，是否有奉献精神；专注指教师是否能全身心投入工作，评价其对工作的专注力和精神集中程度。经过修订的中文版 Utrecht 工作投入量表（UWES）信度和效度都能达到较高水平。量表的内部一致性信度良好：活力、奉献、专注维度的克隆巴赫系数分别为 0.767、0.735、0.753。量表总分的内部一致性系数达 0.920，说明量表本身具有较强的一维性。通过这 3 个维度及其对应的具体题目，此量表可以全面评估教师工作投入，为中小学教师工作态度研究提供科学依据。

（一）信度检测

信度检测也称为可靠性检验。信度检测是评估、测量工具稳定性和可靠性的重要手段，对确保研究结果的准确性和可靠性具有重要意义。

本书所用工作投入量表中克隆巴赫系数为 0.920（如表 5-1 所示）。由于初中教师工作投入量表克隆巴赫系数在 0.9 以上，可以认为具有较好的信度，可以进行下一步研究。

表 5-1　信度分析表

克隆巴赫系数	标准化克隆巴赫系数	项数	样本数
0.920	0.920	24.000	184.000

（二）效度检测

效度检测是评估、测量实测结果与所要检测结果吻合程度的工具。本节采用探索性因素分析方法，对工作投入所使用的量表进行效度分析检验，以保证研究结果的准确性与可靠性。采用 KMO 检验和巴特利特检验方法进行相关因素分析，如果量表中 KMO 值大于 0.8，那么可以认为该量表能用来做相关因素分析。

此工作投入量表的 KMO 值为 0.906，超过了 0.8。如表 5-2 所示，由巴特利特球形度检验可知，巴特利特的 P 值均小于 0.001，为极其显著，研究数据适合本书使用。

表 5-2　巴特利特球形度检验

巴特利特球形度检验	数值
近似卡方	2 322.883
自由度	276.000
显著性	0.000

三、调查结果及分析

（一）被试样本

主要以河南省三个地市六所学校为例对中小学教师工作投入基本情况进行分析，以对目前中小学教师工作投入水平进行较全面的了解。教师基本情况如表 5-3 所示。

表 5-3　被调查教师基本情况

项目	选项	频数	占比（约数）
性别	女	137.00	0.74
	男	47.00	0.26
年龄	20～30 岁	18.00	0.10
	31～40 岁	30.00	0.16

（续上表）

项目	选项	频数	占比（约数）
	41～50岁	113.00	0.61
	50岁以上	23.00	0.13
学校位置	城市	119.00	0.65
	乡镇	65.00	0.35
学历	大专及以下	16.00	0.09
	本科	164.00	0.89
	硕士及以上	4.00	0.02
收入	≤3 000元	17.00	0.09
	3 001～4 000元	74.00	0.40
	4 001～5 000元	64.00	0.35
	5 001～6 000元	24.00	0.13
	>6 000元	5.00	0.03
职称	中小学三级	1.00	0.01
	中小学二级	42.00	0.23
	中小学一级	100.00	0.54
	中小学高级	35.00	0.19
	其他	6.00	0.03
职位	专职教师	173.00	0.94
	同时有行政职务的教师	10.00	0.05
	专职行政教师	1.00	0.01

通过表5-3可以看出：女教师人数为137，占比约为74%；男教师人数为47，占比约为26%。说明中小学教师中女性教师居多，与全国中小学教师比例相一致。

样本教师年龄分析结果显示：50岁以上的有23人，占比约为13%；41～50岁的有113人，占比约为61%；31～40岁有30人，占比约为16%；20～30岁的有18人，占比约为10%。在调查样本中，中年教师占大部分。由于国培和省培计划在选择培训教师时有一定要求，样本年龄占比可能与培训制度有关。该结果一定程度上代表了河南省中小学教师的年龄结构。

样本教师学校位置分析结果显示：城市教师119人，占比约为65%；乡镇教师 65 人，占比约为 35%。在学校位置方面，城市教师比例相对较高，但农村教师超过 30 人，也为城乡教师对比提供了条件。

样本教师学历分析结果显示：大专及以下 16 人，占比约为 9%；本科学历 164 人，占比约为 89%；硕士及以上学历 4 人，占比约为 2%。样本中城镇教师大多为本科学历，乡镇教师中大专和本科学历的较多。这与我国国情及教育人事制度比较符合。

样本教师职称分析结果显示：中小学三级 1 人，占比约为 1%；中小学二级 42 人，占比约为 23%；中小学一级 100 人，占比约为 54%；中小学高级 35 人，占比约为 19%。被试中中级职称教师占大多数，这与河南省教师职称结构相一致。

样本教师收入分析结果显示：收入在 3 000 元以下 17 人，占比约为 9%；3 001 ～ 4 000 元 74 人，占比约为 40%；4 001 ～ 5 000 元 64 人，占比约为 35%；5 001 ～ 6 000 元 24 人，占比约为 13%；6 000 元以上 5 人，占比约为 3%。河南省近几年相继出台了教师工资保障政策，因此在调查被试中，城乡教师在收入上差别不大，教师收入主要与职称有关。

样本教师职位分析结果显示：专职教师 173 人，占比约为 94%；同时有行政职务的教师 10 人，占比约为 5%；专职行政教师 1 人，占比约为 1%。被试绝大多数为专职教师，本书可以深入探究，对专职教师和"双肩挑"教师工作投入进行差异分析。

本书没有将教龄作为变量进行分析，这是因为在前期调研中发现，年龄和教龄密切相关，为了避免研究重复，不以教龄作为人口学变量。

（二）工作投入各维度分析

研究以 Utrecht 工作投入量表（UWES）作为主要测量工具。量表采用李克特 5 点计分法，每个题项与维度在 Utrecht 工作投入量表（UWES）中均设有理论中性值，该值通常设定为 3 分。这意味着在该量表中，得分为 3 分代表中等或平均工作投入水平。经测试，教师工作投入水平低于 2 分，说明教师工作投入水平偏低；得分在 2 分到 3 分区间，说明教师工作投入处于中等偏低水平；得分为 3 分，说明教师工作投入处于中等水平；得分在 3 分至 4 分区间，说明教师工作投入处于中等偏上水平；得分为 4 分，说明教师具有高水平的工作投入。教师工作投入各维度描述性统计见下文。

1. 活力维度

活力主要指认知层面的投入，表示教师在工作中的活力与激情。富有活力的教师通常拥有积极的工作态度，对工作充满热情，并具备持续的精力充沛感。这类教师倾向于追求卓越，不断挑战自我，勇于迎接工作中的各种挑战。活力维度相关数据见表5-4。

表5-4　活力维度

题项	个案数	最小值	最大值	平均值	标准差
1.工作时，我觉得干劲十足	184	1	5	3.23	1.20
4.工作时，我觉得自己精力旺盛	184	1	5	3.31	1.20
8.我的教学灵感能够在工作中得到激发	184	1	5	3.28	1.16
12.当我沉浸于工作时，会忘记时间的流逝	184	1	5	3.55	1.14
15.我在工作时会达到忘我的境界	184	1	5	3.30	1.20
17.我感到自己离不开工作	184	1	5	3.28	1.16

在活力维度方面，教师的平均得分介于3.23到3.55之间，这表明教师在活力方面的投入处于中等偏上水平。具体来看，"当我沉浸于工作时，会忘记时间的流逝"这一题目的平均得分最高，为3.55，说明教师在工作时能够较好地进入状态，体验到时间的快速流逝。然而，"工作时，我觉得干劲十足"和"我感到自己离不开工作"这两个题目的平均得分相对较低，分别为3.23和3.28，这可能反映出部分教师在工作中动力和热情不足，需要进一步提升工作积极性。

2. 奉献维度

奉献主要指情感层面的认同，表示教师在工作中的贡献。甘于奉献的教师通常勇于承担责任，愿意为工作付出，具备高度敬业精神和奉献意识。奉献维度相关数据见表5-5。

表5-5　奉献维度

题项	个案数	最小值	最大值	平均值	标准差
2.我觉得我所从事的工作目的明确，很有意义	184	1	5	3.31	1.14
5.我对工作充满热情	184	1	5	3.23	1.14
7.早上一起来，我就想去工作	184	1	5	3.29	1.14
10.我可以连续紧张工作好几个星期	184	1	5	3.28	1.13
13.工作时，即使感到精神疲劳，我也能很快恢复过来	184	1	5	3.35	1.20

在奉献维度方面，教师整体处于中等偏上水平。具体而言，平均得分介于 3.23 至 3.35 之间。其中，题项"工作时，即使感到精神疲劳，我也能很快恢复过来"得分最高，为 3.35，表明教师在应对工作压力方面具备一定恢复力和坚持精神。然而，题项"我对工作充满热情"与"早上一起来，我就想去工作"得分相对较低，分别为 3.23 和 3.29，这或许暗示教师在情感认同和敬业精神方面尚有进步空间。

3. 专注维度

专注主要指行为层面的努力，表示教师在工作中的专注和投入程度。专注度较高的教师能够全情投入工作，注意力集中，不易受外界干扰。这类教师通常对工作有较高的追求，愿意为实现目标付出努力。专注维度相关数据见表 5-6。

表 5-6　专注维度

题项	个案数	最小值	最大值	平均值	标准差
3. 当我工作时，时间总是过得飞快	184	1	5	3.44	1.14
6. 当我工作时，我忘记了周围的一切事情	184	1	5	3.43	1.12
9. 当我全身心投入工作时，我感到快乐	184	1	5	3.49	1.16
11. 我为自己所从事的工作感到自豪	184	1	5	3.49	1.16
14. 对我而言，工作具有挑战性	184	1	5	3.46	1.13
16. 在工作中，即使事情进展不顺利，我也能锲而不舍	184	1	5	3.48	1.20

在专注维度方面，教师平均得分介于 3.43 至 3.49 之间，总体呈现出中等偏上水平。特别是在"当我全身心投入工作时，我感到快乐"和"我为自己所从事的工作感到自豪"这两个问题上，教师平均得分均为 3.49，这反映出教师在全情投入工作时能够体验到显著的快乐和自豪感。然而，在"当我工作时，时间总是过得飞快"和"当我工作时，我忘记了周围的一切事情"这两个问题上，教师平均得分相对较低，分别为 3.44 和 3.43，这可能表明教师在工作时应提高专注度，以减少外界干扰，进一步提升工作效率和质量。

（三）工作投入在个体特征变量上的差异性情况

对样本中小学教师现状在各特征变量上的差异性进行分析。特征因子包括年龄、职称、收入、性别、生源地等。基本情况如下。

1. 中小学教师工作投入年龄情况差异分析

以年龄为变量，中小学教师工作投入差异分析见表5–7。

表5–7 工作投入水平差异检验（M±SD）

变量	n	活力	奉献	专注	工作投入总分
20～30岁	18	3.38±0.92	3.29±0.88	3.61±0.73	3.43±0.81
31～40岁	30	3.57±0.69	3.35±0.75	3.58±0.64	3.50±0.67
41～50岁	113	3.74±0.65	3.63±0.71	3.85±0.60	3.74±0.62
50岁以上	23	3.90±0.69	3.81±0.73	3.96±0.78	3.89±0.72
F值	184	2.454	2.882*	2.348	2.734*
P值	184	0.065	0.037	0.074	0.045

注：*$P<0.05$。

在方差分析的基础上，对不同年龄段教师工作投入及维度进行事后检验，探讨各年龄段之间是否有差异，研究结果见表5–8。

表5–8 不同年龄段教师工作投入多重比较（MD）

变量	年龄	20～30	31～40	41～50
活力	20～30岁	—	—	—
	31～40岁	−0.187	—	—
	41～50岁	−0.363*	−0.177	—
	50岁以上	−0.519*	−0.332*	0.155
奉献	20～30岁	—	—	—
	31～40岁	−0.058	—	—
	41～50岁	−0.345	−0.287	—
	50岁以上	−0.520*	−0.462*	0.175
专注	20～30岁	—	—	—
	31～40岁	0.028	—	—
	41～50岁	−0.238	−0.267*	—
	50岁以上	−0.352	−0.380*	−0.114
工作投入	20～30岁	—	—	—
	31～40岁	−0.072	—	—
	41～50岁	−0.316	−0.243	—
	50岁以上	−0.464*	−0.391*	−0.148

结果表明：在活力维度上，20～30岁教师显著低于41～50岁和50岁以上教师，31～40岁教师显著低于50岁以上教师；在奉献维度上，20～30岁教师和31～40岁教师显著低于50岁以上教师；在专注维度上，31～40岁教师显著低于41～50岁和50岁以上教师；在工作投入总分上，20～30岁和31～40岁教师显著低于50岁以上教师。根据不同年龄段教师工作投入总分绘制曲线图，如图5-1所示。

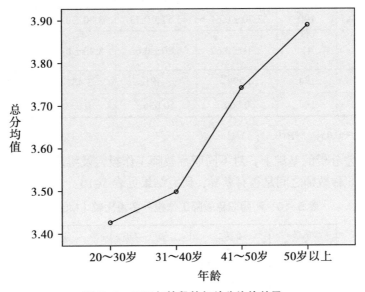

图5-1 不同年龄段教师总分均值差异

通过图5-1的总体趋势可以看出，年龄越大的教师工作投入度越高。可以推测，对于20—30岁的年轻教师而言，其可能刚步入教育行业，还没有深刻体会教育工作的责任和意义，教育热情和职业忠诚度还不足。31～40岁的教师可能正处于职业生涯的中期，承担着工作和家庭的双重压力，这可能导致其在工作投入上出现瓶颈，专注维度的得分相对较低。50岁以上教师可能已经进入职业生涯后期，个人职业发展和家庭责任的压力可能有所减轻，这使得其有更多时间和精力投入工作中，因此在专注维度上得分较高。

综上所述，不同年龄段中小学教师的工作投入在专注维度上存在显著差异，这些差异可能与教师的职业发展阶段、家庭责任及个人职业目标等因素密切相关。年轻教师可能因初入职场，未适应角色转换，对教育行业缺乏深刻认知，在工作投入各维度上得分较低；31～50岁的教师可能因多重压力而工作专注度下降；50岁以上教师则可能因稳定的职业和家庭状况有更多热情、时间和精力投入工作。这些发现对理解教师工作投入的影响因素及制定相应的支持政策具有重要意义。

2. 中小学教师工作投入职称情况差异分析

以职称为变量，中小学教师工作投入差异分析见表5-9。

表5-9 工作投入水平差异检验（M±SD）

变量	n	活力	奉献	专注	工作投入总分
中小学二级、三级	43	3.45±0.84	3.38±0.83	3.61±0.69	3.48±0.77
中小学一级	100	3.70±0.61	3.57±0.73	3.80±0.62	3.70±0.62
中小学高级及其他	41	3.91±0.67	3.80±0.66	3.98±0.66	3.89±0.64
F 值	184	4.798**	3.381*	3.487*	4.197*
P 值	184	0.009	0.036	0.033	0.017

注：*P<0.05，**P<0.01；下同。

在方差分析的基础上，对不同职称教师工作投入及维度进行事后检验，探讨不同职称教师之间是否有差异，研究结果见表5-10。

表5-10 不同职称教师工作投入多重比较（MD）

变量	职称	二级、三级	一级
活力	二级、三级	—	—
	一级	−0.270*	—
	高级及其他	−0.457**	−0.187
奉献	二级、三级	—	—
	一级	−0.193	—
	高级及其他	−0.418*	−0.225
专注	二级、三级	—	—
	一级	−0.195	—
	高级及其他	−0.371**	−0.176*
工作投入	二级、三级	—	—
	一级	−0.219	—
	高级及其他	−0.415**	−0.196*

研究表明：在活力维度上，中小学二级教师显著低于中小学一级和中小学高级教师；在奉献维度上，中小学二级教师显著低于中小学高级教师；在专注维度上，中小学二级教师显著低于中小学高级教师；在工作投入总得分

上，中小学二级教师显著低于中小学高级教师。根据不同职称教师工作投入总分绘制曲线图，如图5-2所示。

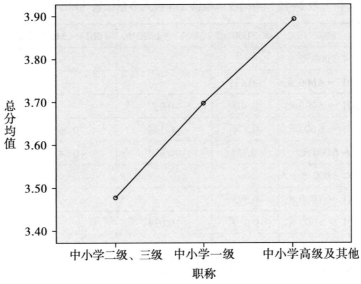

图5-2　不同职称教师总分均值差异

通过图5-2的总体趋势可以看出，职称越高的教师工作投入度越高。分析这些差异的原因，发现中小学教师工作投入在职称上的差异和年龄上的差异是一致的。一般职称越高，年龄相对越大。此外，中小学教师的职称和收入挂钩，职称越高，收入也越高。根据心理学的激励理论，薪酬是让员工产生工作动机的主要原因，职称越高的教师工作动机越强，工作投入也越多。

3. 中小学教师工作投入收入情况差异分析

以收入为变量，中小学教师工作投入差异分析见表5-11。

表5-11　工作投入水平差异检验（M±SD）

变量	n	活力	奉献	专注	工作投入总分
≤3 000元	17	3.25±0.87	3.00±0.84	3.36±0.75	3.20±0.80
3 001～4 000元	74	3.70±0.72	3.59±0.77	3.81±0.62	3.70±0.68
4 001～5 000元	64	3.75±0.61	3.62±0.67	3.85±0.46	3.74±0.60
5 001～6 000元	24	3.82±0.67	3.75±0.70	3.89±0.69	3.82±0.65
＞6 000元	5	4.00±0.49	3.84±0.46	3.97±0.52	3.94±0.46
F值	184	2.375	3.220[*]	2.257[*]	2.852[*]
P值	184	0.054	0.014	0.065	0.025

在方差分析的基础上，对不同收入教师工作投入及维度进行事后检验，以探讨不同收入教师之间是否有差异，研究结果见表 5–12。

表 5–12　不同收入教师工作投入多重比较（MD）

变量	收入	≤ 3 000 元	3 001 ~ 4 000 元	4 001 ~ 5 000 元	> 6 000 元
活力	≤ 3 000 元	—	—	—	—
	3 001 ~ 4 000 元	–0.451	—	—	—
	4 001 ~ 5 000 元	–0.508**	–0.057	—	—
	5 001 ~ 6 000 元	–0.574**	–0.124	–0.067	—
	> 6 000 元	–0.755*	–0.304	–0.247	–0.181
奉献	≤ 3 000 元	—	—	—	—
	3 001 ~ 4 000 元	–0.595**	—	—	—
	4 001 ~ 5 000 元	–0.619**	–0.024	—	—
	5 001 ~ 6 000 元	–0.840*	–0.155	–0.131	—
	> 6 000 元	–0.074	–0.245	–0.221	–0.090
专注	≤ 3 000 元	—	—	—	—
	3 001 ~ 4 000 元	–0.446*	—	—	—
	4 001 ~ 5 000 元	–0.489**	0.043	—	—
	5 001 ~ 6 000 元	–0.526*	–0.037	0.037	—
	> 6 000 元	–0.604	–0.115	–0.115	–0.078
工作投入	≤ 3 000 元	—	—	—	—
	3 001 ~ 4 000 元	–0.497**	—	—	—
	4 001 ~ 5 000 元	–0.538**	–0.041	—	—
	5 001 ~ 6 000 元	–0.617**	–0.120	–0.078	—
	> 6 000 元	–0.733*	–0.236	–0.195	–0.116

研究表明：在活力维度上，收入 ≤ 3 000 元的教师显著低于收入 > 4 000 元的教师；在奉献维度上，收入 ≤ 3 000 元的教师显著低于收入在 3 001 ~ 6 000 元区间的教师；在专注维度上，收入 ≤ 3 000 元的教师显著低于收入在 3 001 ~ 6 000 元区间的教师；在工作投入总分上，收入 ≤ 3 000 元的教师显著低于收入 > 3 000 元的教师。根据不同收入水平教师工作投入总分绘制曲线图，如图 5–3 所示。

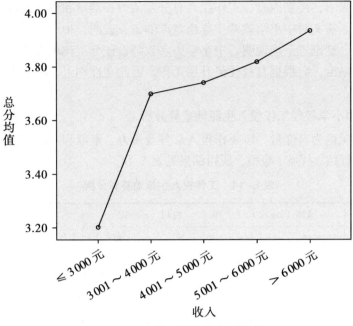

图 5-3　不同收入教师总分均值差异

通过图 5-3 的总体趋势可以看出，收入越高的教师工作投入度越高。分析这些差异的原因，发现中小学教师工作投入在职称、年龄和收入上的差异基本一致，这更加验证了三者之间存在必然联系的结论。因为教师年龄越大，工作时间越长，越有可能获得高级职称，而职称又与教师收入密切相关。根据激励理论，收入是员工激励中最重要的因素，因此，收入越高的教师工作投入越多，成就感越强，这使其对工作投入更多热情，工作动机也更强。

4. 中小学教师工作投入性别差异分析

以性别为自变量，以工作投入总分及活力、奉献和专注三个维度为因变量，进行独立样本 t 检验，所得结果见表 5-13。

表 5-13　工作投入性别差异分析

变量	男性（n=47）		女性（n=137）		t	P
	M	SD	M	SD		
活力	3.82	0.59	3.66	0.73	1.42	0.078
奉献	3.70	0.70	3.53	0.76	1.30	0.332
专注	3.85	0.64	3.78	0.66	0.70	0.444
工作投入	3.79	0.61	3.66	0.69	1.20	0.322

结果显示，性别因素在工作投入总分及活力、奉献和专注维度上不存在显著差异。前文对中小学教师工作满意度的研究表明，中小学教师同事满意度非常高，这也进一步说明，中小学男女教师责任分工比较合理，不同性别教师相处融洽，会根据自身优势开展工作，因此在性别上，没有表现出工作投入差异。

5. 中小学教师工作投入生源地差异分析

以生源地为自变量，以工作投入总分及活力、奉献和专注三个维度为因变量，进行独立样本 t 检验，所得结果见表 5–14。

表 5–14　工作投入生源地差异分析

变量	城市（n=119）		农村（n=65）		t	P
	M	SD	M	SD		
活力	3.66	0.74	3.76	0.61	−0.907	0.024
奉献	3.54	0.75	3.63	0.74	−0.747	0.737
专注	3.79	0.67	3.80	0.62	−0.084	0.339
工作投入	3.67	0.70	3.73	0.62	−0.620	0.181

结果显示，不同生源地教师在活力维度上存在显著差异，城市教师的活力明显不及农村教师；在其他维度上差异不显著。其原因可能是河南省近几年推出一系列针对农村教师的优惠政策，在工资待遇和职称评定上给予了大力支持，农村教师的各项补贴不低于城市教师补贴。

四、组建高效教学团队，提高教师工作投入度

（一）创建教学团队的必要性及内涵

团队在现代管理中已经非常普遍，与群体相比，团队通过成员的共同努力产生协同作用，努力的结果使团队绩效远远高于个体成员绩效总和。由于团队具备的优势，众多组织围绕工作团队重新组织工作流程，学校也逐渐以团队作为新的管理形式，最常见的是教学型团队，这是提高教学质量、促进学校可持续性发展的重要举措和创新尝试。创建高效教学团队可以增强教师的凝聚力和责任感，是提高教师工作投入度的有效途径。依据教学团队的特点，可以将其定义为技能互补、分工明确、愿意共同承担教学任务和责任、协同合作的少数教师组合的群体。教学团队是基于教学目标的特定群体，核心价值是优化、提高教学效果和水平，同时教学团队对教师自身的发展和进步也起到重要推动作用。

学校领导者创建教学团队就要发挥出团队的积极协同作用，在不增加投入的情况下提高学校的绩效水平。但创建团队不是变戏法，并不是把之前松散的教学群体更名为团队就能产生好的效果，团队需要领导者的有效管理。因此高效的教学团队应具备哪些特征和创建条件，以及如何激励团队是学校管理者需要明确和解决的问题。

（二）高效教学团队的组织特征

1. 必备的条件和充足的资源

从传统的群体工作或每位教师独立工作到组成一支有效的教学团队，这对学校领导者来说是一个新的挑战。学校领导者首先要给教学团队提供必备的条件和充足的资源。有效团队最重要的特征之一就是能够从组织中获得足够的资源支持。这些资源包括校内外信息、必备的教学工作条件、现代化的教学设施、完成教学工作的技术支持、足以胜任教学工作的教师成员配置及来自学校领导者的鼓励和行政上的帮助等。足够的资源为教学团队的工作提供了必要的外在保障，是教学团队顺利开展工作的先决条件。

2. 多元化的教学团队成员

学校和教学团队的目标最终是要通过教师的努力工作来实现的，人员配置将直接影响任务成效，因此学校领导者要依据能力、人格和角色需要等因素建立多元化的、以中青年骨干教师为主力军的教学团队，考虑教师个体在技能、人格和角色上的互补性。教学团队要想有效运作，需要不同技能类型的成员，即技术型、问题解决型和人际协调型。技能型教师成员可以解决教学中的难题并提供有效教学方法，保证教学任务顺利完成。但在完成任务过程中如果出现需要解决的问题，还需要有人理性分析问题并迅速做出决策，以提高工作效率。人与人交往时不可避免会产生人际冲突，这时需要有教师扮演"矛盾化解者"的角色以解决冲突，达到积极协作的效果。虽然这三种技能类型的教师成员对团队来说都非常重要，但如何进行合理分配更为关键，学校领导者要避免某种类型的成员过多或过少，要根据任务需要平衡分配。

教学团队中成员的个性特征也会影响团队的有效性。团队的优势就是消除"社会惰化"，实现成员积极协同合作，而具有某种人格特征的人会使整个教学团队失去战斗力，给教学团队绩效带来消极影响。正如"木桶理论"所描述的，一块短木头将影响整个木桶的容量，教学团队中教师成员的人格特点也同样如此，这不是一个平均数的问题。因此学校领导者在选择教学团队成员时要充分考虑教师的个性特征，既要做到"物以类聚"，也要实现

"异性相吸"，在和谐的人际关系中才能有思想的碰撞、灵感的闪现。教学团队中成员的分工各有不同，每位教师都扮演着不同角色，在选择成员时，学校领导者应该依据教师的能力、性格、兴趣和过往经验，以实现多元化的角色分配，做到"人职匹配"。

当然，多元化的教师并不意味着教学团队规模的庞大，过大的规模会影响教师之间的凝聚力和个人责任感，容易出现小集团主义，从而大大削弱教学团队的优势和作用。正如美国在线总裁所说："往小处想吧，由7—9名成员组成的小规模团队才更易成功。"事实也证明，有效团队的规模不应超过 10 人，当任务过于庞大、复杂时，领导者可以把大任务划分为若干个小任务，以确保团队人数精简。教学团队人员数量应控制在 7 人左右，在诸多小规模教学团队的基础上再组建更大的教学机构或部门。虽然在教学团队组成上，学校领导者会考虑各种因素以确保教师和任务之间的匹配度，但教师的个人意愿是最应得到领导者重视的。有的教师在能力、角色、人格等方面都很胜任某项工作，但如果其本身不喜欢与他人合作，不愿加入教学团队，那么被迫加入不仅会降低团队绩效，更有可能对团队道德产生威胁，其带来的危害远比带来的价值大得多。

3. 弱化领导角色，实现权力共享

任何形式工作团体或组织的领导者都要履行计划、组织、领导和控制这四项基本管理职责，因此学校领导者首先要明确教学团队的目标，即以教学为主线，以提高教学质量、提升教师教学水平并促进教师发展为主要任务，还要确保教学团队成员准确认识目标。在知识型员工管理的研究中发现，自我管理型团队能取得更为积极的效果。这对教师群体也同样适用，其只接受学校领导者的任务安排，至于工作具体怎样做，教学团队有自主权，如果领导者过多干预，可能会妨碍绩效的达成。因此学校领导者应适当转移职责，由原来的指挥者角色转变为"教练员"和"后盾"的角色，组建真正独立自主的教学团队，不仅要团队自行决策，解决问题，而且要团队对工作结果负责，承担责任。虽然组织和团队中总会有人担任领导，但在现代教学团队中领导角色大多只是一种形式而已，并没有实质的职权。这表现在教学团队的不同发展阶段，团队中领导的角色和职权呈现的状态存在差异。在教学团队形成之初，某些教师的领导角色会比较明显，权力也相对集中，但随着教学团队的发展，团队越来越成熟，领导角色随之淡化，领导权力也逐渐为团队中所有教师共享，不再存在绝对权力。由于在信任基础上形成团队凝聚力，当面对不同任务时，教学团队会依据教师的能力和经验很自然地选出不同领导者，因此每一个教学团队中的教师都是领导者，都有指挥团队的权力。

4. 顺畅的沟通渠道和相互信任的风气

教师之间相互信任是高效教学团队必须具备的特征之一，学校文化和领导者的行为都会影响教学团队的信任风气，但相互信任的氛围不是一朝一夕可以营造出来的，需要领导者不断努力和坚持。建立教学团队与学校及直接上级部门领导者之间顺畅的沟通、交流渠道可以使团队及时了解必要的信息，并通过对学校相关政策和决策的解释增强对学校和领导的认同；顺畅沟通渠道的建立还能使学校领导者及时获得反馈意见，拉近教师与领导者的距离，提高信任度。学校领导者在工作中要真诚对待每一位教师，并真正把工作授权给教师，认真倾听教师的看法，鼓励并支持教师的意见，以保证工作按照计划顺利完成。教学团队中每位教师之间也要实现有效沟通。团队的重要特点就是需要团队成员密切合作，沟通质量越高，教学方法和信息越能高度共享，教学就越有成效。教学团队就是要通过实现教师成员之间的互补以实现任务目标，因此成员之间要彼此坦诚。只有顺畅、有效的沟通才能强化教学团队相互信任的风气和精诚协作的团队氛围，推动团队出色完成任务，实现学校目标。

（三）教学团队高效运行的策略

1. 建立公平的绩效评价和薪酬管理体系

公平感在针对教师这一群体的研究中是一种受到重视的动机因素，在激励教师方面有重要意义，而绩效既包括集体绩效也包括个人绩效，因此在教学团队管理中，学校管理者更应重视公平性问题。将团队绩效评价和教师个体绩效评价有效结合，并在此基础上进行公平的薪酬分配，这是领导者激励教师并提高其绩效和满意度的关键。研究表明，公平感可以直接或间接影响员工的工作满意度、组织公民行为、组织承诺、敬业度和工作投入等与工作绩效息息相关的工作态度。如果教师感到不公平，不仅无法努力工作，而且可能为了使不公平感降低而做出有损团队甚至学校利益的行为，因此建立公平的绩效评价体系对教学团队尤为关键。

学校领导者在进行绩效评价时不仅要强调目标分解，更要在教学团队管理中从开始阶段、实施阶段到结束阶段进行全程监控，对团队和每位教师成员进行全面评价，同时及时对教师工作成果给予激励和反馈。领导者不仅要关注结果和任务完成情况，更要关注教师在工作中的行为表现和努力程度。绩效评价要从单一的上下级评价转向家长、学生、同行及相关利益者的多维度反馈评价，以达到客观、真实。建立客观、公平的绩效评价体系能为下一步的薪酬管理提供保障。众所周知，在众多激励措施中，薪酬对员工的激励作用是最大的。对工资水平不高的教师来说，薪酬需求可能更为突出。虽然精神很重要，但物质才是保证，其不仅关乎教师的生活状况，更是教师自身价值的体现，并进一步影响教师的精神领域。因此学校领导者应在绩效评价的基础上进行薪酬分配，在薪酬中体现教学成员对团队及学校的贡献程度。

在教学团队管理中，学校领导者首先须依据教学团队的绩效评价设定团队绩效工资系数。如果教学团队绩效水平高于学校整体绩效平均水平，那么团队绩效工资系数就大于1，团队中的教师就能获得高于学校平均水平的薪酬待遇。除了要体现教学团队的整体绩效工资，还要体现教学团队内部每位教师的绩效水平，根据教学任务的数量、难度和教师的胜任力，结合对教师全面评价的结果进行贡献程度划分。在实施时要注意团队中教师绩效差异不宜过大，要能充分体现团队成员共同努力的价值，以实现"成果共享"。这样可以使教师既富有个人责任感，又富有集体责任感。公平的绩效评价和激励性的薪酬设计符合期望理论和公平理论有关教师工作动机激励机制的观点，是教学团队高效工作的保证。

2. 促进教师成长，组建学习型团队

成长和进步是激励教师努力工作的重要因素，在学校管理中，促进教师成长的主要途径是培训和进修，但以往的继续教育往往是被动的，是基于完成任务而进行的，主要是为了满足教学任务管理的需求，容易忽视教师培训需求。因此学校领导者不仅要根据绩效管理过程中出现的问题进行针对性专业培训和指导，更要建立教学团队自主培训机制，为教学团队提供必要的资源支持，使教师培训成为自觉主动的行为。自主学习可以使教师学习的内容、范围更为广泛，而积极沟通的互助学习也能促进教师之间相互了解，提高教学团队的凝聚力。如果教师学习具有自觉性和主动性，学习兴趣和效果会大大提升，进一步促进学校形成积极的学习氛围，有利于学校组织文化的建立。通过自主学习和培训，教师不仅提高了胜任力水平，增强了自我效能感，更满足了兴趣和职业发展的需要，从而在教学中不断创新，追求卓越。

3. 设置合理的目标

如果目标设置合理，那么目标本身就能起到激励作用。因此学校领导者要设置一个共同的长远目标和诸多具体的、可测量的教学目标。领导者要把握教学团队的特点，或是让教师亲自参与目标设置，或是让其独立设置目标，这种方式能使教师在工作中表现得更加积极并产生更强的责任感。共同的长远目标为教学团队提供了动力和方向，如果目标被接受，那么其将成为引领整个教学团队的方向和指南。根据目标设置理论，具体而有一定难度的目标如果被接受，就会比宽泛而简单的目标更具有激励作用。因此学校领导

者可以帮助教学团队在任务完成过程中设置阶段性且有一定挑战性的教学目标，并在此期间进行控制，及时沟通和反馈。在工作过程中教师对每个具体而明确的教学目标的完成能激励教学团队，这些特定目标有利于教师之间的沟通交流，并帮助教师把注意力放在任务上，激励其挑战自我，在教学方法上不断尝试和突破。

以上分析只是依据众多理论和不同实践经验的假设，并不意味着领导者在教学团队管理上要实现全部内容，因此不能机械地照搬。正如权变理论提出的，没有哪一种管理措施和理论可以放之四海皆准，只要措施适合具体情境，能取得好的效果，那么就是可行、有效的。领导者在对教学团队进行管理时，同样要以理论为依托，"量体裁衣"，这样才能真正在增加教师工作投入和提高教学团队水平方面有所作为。

第六章 河南省中小学教师工作满意度研究

第一节 教师工作满意度概述

一、教师工作满意度的概念

人力资本是组织最重要的资本，关乎组织发展的可持续性。教育是获得高质量人力资本的主要途径，而作为教育的引导者，教师的作用举足轻重。教师的态度和行为决定着教学效果，因此学校管理者定期了解教师的工作态度对学校管理具有重要意义。工作满意度是最基本的工作态度，其与教师诸多工作态度和行为密切相关。工作满意度指员工对自己工作的总体态度，人们常说的员工态度就是员工工作满意度。教师工作满意度是指教师对工作的总体态度，是教师对工作的主观情感体验。

美国哈佛大学学者梅奥在1927—1932年进行了著名的霍桑实验，在实验的研究报告中最早提出了工作满意度（job satisfaction）的概念。梅奥认为：工人不仅是经济的人，还是社会的人；工作中工人的态度对其行为方式起着特殊而重要的作用，工人在小团体中的情绪和协同合作会影响工人的满意感，进而影响组织目标的完成。Hoppock于1935年在博士论文中正式提出了工作满意度的概念，其把工作满意度描述为员工在生理和心理上对外在环境的主观感受，是员工对工作情景的个人主观反应。此后，各国管理学家和组织行为学研究者开始对工作满意度进行深入探究，但由于研究的理论基础不同，研究者对工作满意度给予了不同定义。综合国内外的研究成果，对工作满意度的研究可以分为三大类：综合型定义、期望型定义和参考框架型定义。

首先是综合型定义。这类研究对工作满意度做出了一般性的解释，认为员工满意只是一个单一的概念，是员工对工作本身及工作环境因素的一种总体态度，即员工平衡不同工作层面的满意与不满意程度，形成整体的态度，是对其全部工作的整体反应。这类研究不对具体哪方面满意或不满意进行详细分析，强调个体对工作的整体态度。Hoppock 认为，工作满意度是工作中一种整体的、单一的心理状态，即员工对工作满意的总体认知程度，无须划分不同的维度进行分析。Locke 提出，工作满意度是员工评价个人工作达成或帮助达成工作之价值而带来的愉快的情绪性状态。Price 认为，工作满意度是员工对其在工作体系中的角色所具有的感情性取向，具有正的感情性取向者即为感到满意的员工。Kalleberg 认为工作满意是单一的概念，员工能将不同工作层面的满意与不满意予以平衡，进而对工作形成整体的满意。Spector 认为工作满意度是员工对工作的总体感受。

其次是期望型定义。满意程度取决于员工在特定工作环境中自己的期望和实际所得之间的差距：如果期望和实际所得没有差距或差距较小，员工工作满意度会较高；如果期望和实际所得差距较大，则员工工作满意度会降低。根据这一描述，管理者可以通过了解员工对薪酬、工作环境、晋升等的期望并将其与现实所得进行比较，判断员工对工作是否满意。Vroom 认为员工工作满意度取决于个体期望与实际所得相吻合的程度，期望未能实现便产生了不满意感，只有工作中实际所得高于期望时，才会产生工作满意感。Porter 和 Lawler 认为满意程度视员工实得报酬与其所认为应得的报酬之间的差距而定，在某一工作情境中，员工实得报酬与应得报酬之间差距越小，其满意度越高。Dunn 和 Stephens 认为工作满意度是员工对整个工作情境的一种感受，且这种感受来自员工希望从工作中获得的与实际所得两者之间的差距。我国学者许士军认为员工对工作的情感反应与满足程度，取决于在工作环境中实际得到的价值与期望得到的价值之间的差距。Robbins 认为工作满意度是员工对工作所持的一般性态度，即员工认为从工作中应得的报酬与实际报酬之间的差距。

最后是参考框架型定义。这类研究注重员工的主观体验，员工是否满意不是完全依据外在情境进行判断，员工有自己的评判标准和参考框架，即现实的工作情境并不是员工工作态度和行为的决定性因素，员工的主观感受才是关键，但这种主观感受和解释会受到个人自我参考框架的影响。此外，也有学者将这类定义称为多维度定义。Morse 认为工作满意度是工作之客体特征与个人动机相互作用的函数。Gouldner 认为要了解工作情境中的行为，不能仅分析组织特征，因为员工将其年龄、性别、种族等有关的潜在角色都带入工作情境中，并据此解释情境。Homans 认为同工同酬的员工对工作的评价不一定相同，因为其工作价值可能不同，即个人的文化背景和期望会产生潜在影响。我国学者张凡迪、刘东莉（2003）提出，工作满意度是个人根据其参考框架对工作特征加以解释后所得到的结果，其中各种工作情境能否影响工作满意度涉及许多因素。

虽然工作满意度有不同定义，但经综合分析可以发现其中的共同点：工作满意度是员工对工作的一种感受和态度。因此对教师工作满意度的定义也可以分为以上三种类型，从不同方面进行诠释。此外，对教师工作满意度的调查也要基于研究和应用的目的。

二、工作满意度的测量

根据对工作满意度的不同理解，在工作满意度测量上也编制了不同量表。

对工作满意度的测量既包括对整体满意度的测量，也包括对构成工作满意度的若干关键因素的测量，如薪酬、管理水平、晋升、同事与工作本身。有时可将对各个因素的测量合并为对整体工作满意度的综合测量。一些研究使用的测量方法既评估了整体满意度，又评估了构成工作满意度的某些特定方面。针对工作满意度某个方面的测量能更好地反映工作条件等因素，而对整体满意度的评估则有利于反映个体对特定项目的反应差异。例如，Watson和 Slack 于 1993 年使用工作描述指数（Job Descriptive Index，JDI）评估了几个特定方面的满意度，比如工作本身、薪酬、晋升、管理与同事。这项研究使用明尼苏达满意度问卷（Minnesota Satisfaction Questionnaire，MSQ）测量了整体工作满意度。满意度各维度与整体满意度之间高度相关，对管理的满意度与整体满意度之间的正相关性最强，而对薪酬的满意度与整体满意度之间的相关性则最弱。Taber 和 Alliger 1995 年的研究发现，职务分析时的任务水平经验、工作满意度的一方面（工作本身）与整体工作满意度之间显著相关。员工在工作中的愉悦时光越多，其整体工作满意度与部分工作满意度维度之间的正相关性就越强，这或许是因为员工对工作的知觉模式受工作体验影响。Howard 和 Frink 于 1996 年发现，当组织遭遇变革时，意识到潜在职业机会的员工总体来说对工作更满意。尽管在员工工作动机方面同事因素比管理人员因素更重要，但是在保持员工满意度上，管理人员更关键。Rice、Gentile 和 McFarlin 于 1991 年发现构成工作满意度的 12 个重要因素包括：薪酬、工作时间、交流时间、晋升机会、与同事的交流、与顾客／客户的接触、学习新技能的机会、决策权、物质需要的满足、精神需要的满足、与管理人员的联系及对工作时间的控制感。笔者认为对整体工作满意度的测量与对构成工作满意度几个维度的测量一样有效。

一些研究者指出，对工作满意度的测量可能不同于对员工情感满意度或其所认为的满意度的评估。有效的满意度测量是建立在对整体工作的情绪期望及对工作带来的负面和正面感受的认识基础之上的，而一般人所认为的满意度则建立在对工作条件、机会或收益等理性与合乎逻辑的工作评价基础之上。Organ 和 Near 于 1985 年提出，绝大多数满意度测量要求被试将一些反应与某些参照物进行对比（认知过程），而不是要求被试直接回答真实情绪与感受。Brief 和 Roberson 于 1992 年考察了认知的相关影响及工作满意度测量带来的影响，发现 MSQ 与 JDI 都非常强调认知，但对现在的被试影响很小。例如，布雷菲尔德 – 罗瑟工作满意度测量包括对带来无聊、有趣、快乐、热情、不满等情绪的各种工作的测量。这些问题的重点不是对工作条件的期望，而是对工作的情绪反应。然而，也有一些工作满意度的测量是通过考察认知来实现的。最后需要注意的是，工作满意度测量反映了"真实交异"还是反映了误差或研究方法带来的变异？研究者 Buckley、Canaher 和 Cote 于 1992 年发现，JDI 混淆了工作满意度测量，而实际情况是工作满意度变异只有 43%，普通模式与随机误差变异达成了平衡。在 JDI 多维度测评中，约有 41% 的测量是对经理有用的，有 34% 能够解释工作本身的变异，有 38% 的变异能够解释同事的变异，有 56% 能够解释薪酬方面的满意度，而有 61% 能够解释晋升方面的满意度。同样的研究表明，MSQ 之类的满意度测量能够解释 46% 的整体变异。

整体工作满意度量表（Overall Job Satisfaction）是由 Cammann、Fichman、Jenkins 和 Klesh 于 1983 年编制的，属于米歇根（Michigan）组织评估调查问卷（OAQ）的一部分。该量表通过 3 道题目评估了员工对其工作和组织的主观反应，是一个通用的反映工作满意度的量表。

预期对比下的工作满意度量表（Job Satisfaction Relative to Expectations）是由 Bacharach、Bambergef 和 Conley 于 1991 年编制的，用于评估对工作主要方面性质的认知和员工期望之间的一致程度。该量表可以用于评估在多大程度上工作压力、角色冲突、角色混淆阻碍了工作期望的满足。

明尼苏达满意度问卷由 100 道题组成，依据 20 个分量表对满意度进行测量。这 20 个分量表分别为能力效价（ability utilization）、成就（achievement）、行动（action）、进取（advancement）、权威（authority）、公司政策和训练（company policies and practices）、补偿（compensation）、同事（coworkers）、创造力（creativity）、独立性（independence）、道德

价值（moral values）、赞誉（recognition）、责任（responsibility）、安全感（security）、社会服务（social services）、社会地位（social status）、人际关系管理（supervision–human relations）、技术管理（supervision technical）、多样化（variety）和工作条件（working condition）。其中有 20 道题又可以组成一个独立反映整体工作满意度的量表，即 MSQ 的压缩版。这 20 道题中包括 12 道能独立测量内在工作满意度（比如对工作提供的能反映能力和获得赞扬机会的满意度）的题目，以及 8 道测量外在工作满意度（比如对收入、晋升机会和管理的满意度）的题目。MSQ 已被译为法语和希伯来语。该量表的效度为整体工作满意度与角色冲突、角色混淆、离职倾向负相关，整体工作满意度与生活满意度、非工作满意度、工作投入、绩效期望正相关。无论是横向还是纵向分析都显示工作和非工作满意度均能很好预测生活满意度。Sagie 于 1998 年发现希伯来语版的工作满意度与组织承诺正相关，与离职意图负相关。Mathieu 和 Farr 于 1991 年通过验证性因素分析发现组织承诺、工作投入和工作满意度是各自独立的。Scarpello 和 Vandenberg 于 1992 年发现工作满意度和职业承诺之间是各自独立的。Moorman 于 1993 年通过因素分析发现 MSQ 包含两个因素：一个用于评估对工作内在方面的满意度，另一个则用于评估对工作外在方面的满意度。Mathieu 于 1991 年通过探索性因素分析得出 MSQ 有 4 个因素，包括对工作条件的满意度（6 道题）、对领导行为的满意度（2 道题）、对责任的满意度（6 道题）、对外在报酬的满意度（6 道题）。lgalens 和 Roussel 于 1999 年通过验证性因素分析发现法语版的 MSQ 是一个五因素的模型，分别是内在满意度、外在满意度、赞誉、权威和社会效能。

工作满意度通用量表（Job in General Scale）是由 Ironson、Smith、Brannick、Gibson 和 Paul 于 1989 年编制的，通过 18 道题描述了整体工作满意度。该量表可以独立使用或与工作描述指数联合使用，工作描述指数从 5 个方面评估了工作满意度。考虑到个体在回答涉及部分和整体满意度的题目时会使用不同参考模型，故该量表仅评估了整体满意度。

整体工作满意度量表（Overall Job Satisfaction, 1974）是由 Taylor 和 Bowers 于 1974 年编制的，属于一项组织问卷调查中的一部分，通过综合员工对工作、同事、管理者、晋升机会、收入、发展和组织的满意度对整体工作满意度进行了评估。

整体工作满意度量表（Overall Job Satisfaction, 1994）是由 Judge、Budreau 和 Bretz 于 1994 年编制的，通过 3 道题目评估了整体工作满意度，包括盖洛普调查问卷中涉及工作满意度的部分（要求被试通过"是或否"的选择来回答工作满意度如何）、G.M. 面孔评定量表（要求被试从 11 个面孔中选出一个与其工作描述最贴近的面孔）和一道要求被试回答对工作感到满意的时间分比的题目。这 3 道题的答案均已经过标准化，然后进行总合以形成对整体工作满意度的综合测量指标。

工作满意度通用量表（Global Job Satisfaction）最初由 Quinn 和 Shepard 于 1974 年编制，后来 Pond 和 Geyer 及 Rice 于 1991 年分别对其进行了修订。该量表通过 6 道题目测量了员工对工作的大体情感反应，但并未涉及其他方面。也有的研究只使用 6 道题中的 3～5 道来进行工作满意度测量。赖斯等则用 6 道新的题目替代了原来的题目。

工作满意度调查量表（Job Satisfaction Survey）是由 Spector 于 1985 年编制的，通过 36 道题描述了工作的 9 个方面（每个方面 4 道题）。这 9 个方面包括报酬、晋升、管理者、利益、偶然奖励、操作程序、同事、工作本身和交际。该量表原本用于评估人际服务机构、非营利组织及社会机构中的工作满意度。

工作满意度指数量表（Job Satisfaction Index）是由 Schriesheim 和 Tsui 于 1980 年编制的，通过 6 道题目形成了一个指数以对整体工作满意度进行描述。6 道题目分别对工作自身的满意度、管理者、同事、报酬、晋升机会和整体工作情况进行评估。

以上为目前在国内外受到认可的、常用的工作满意度量表。量表仍然从综合型定义、期望型定义和参考框架型定义出发进行编制，在实际应用时可以结合研究者的需要进行选择，也可以把不同类型的量表进行结合。比如在研究中既想了解员工具体对哪些工作不满意，又想了解员工的整体满意度，就可以把分维度测量工作满意度量表和整体测量满意度量表相结合，这样不仅能具体了解员工的满意和不满意之处，也能明确员工对工作的总体态度，为管理和决策提供参考依据。

第二节　工作满意度相关理论

工作满意度是指员工对自己工作所抱有的一般性的满足与否的态度。一个人对工作的满意度高，对工作就可能持积极态度；相反，对工作的满意度低，就可能对工作持消极态度。工作满意度受到心理学的重视，心理学不仅将其视为一种个体现象，而且将其视为群体或组织的特征，作为衡量和预测工作行为和组织绩效的有效指标之一。

一、提高工作满意度的因素

第一，富有挑战性的工作。有挑战性的工作为员工提供施展才能的机会，有一定难度和自主权且应承担责任的工作易使员工获得心理满足。缺乏挑战性的工作易使人厌倦，但是挑战性过高的工作易使员工产生挫败感。因此，中度挑战性的工作能令多数员工感到满意。

第二，公平的报酬。报酬分配是否公正、明确，是否与员工的愿望一致是影响工作满意度的另一个重要因素。员工所期望的报酬不仅仅指工资一项，工作地点、工作时间及晋升的机会，都是员工获得公平感的来源。当员工认为这些方面是以公平、公正为基础的，就更容易从工作中体会到满足感。

第三，具有支持性的工作环境。员工对工作环境的关心既是为了个人舒适，也是为了更好地完成工作。研究证明，员工希望在安全的、舒适的环境中工作。太热、太暗、有噪声或污染的环境直接威胁着员工的生理和心理健康。员工也希望获得职业、医疗、养老保险等基本生活保障。大多数员工希望工作场所离家较近且设备现代化。

第四，融洽的人际关系。对于许多员工来说，工作还意味着对社会交往的满足，因此友好和谐的同事关系也会提高员工对工作的满意度。研究发现，与上级的人事关系更是一个决定性因素。当直接主管是一个善解人意、友好公正、善于倾听员工意见的人，员工的满意度会提高。

第五，个人特征与工作的匹配。当个性及个人的知识技能与工作相适应时，员工更容易获得工作上的成功，取得成绩，而事业的成功会大大增强人的满意感。

二、工作满意与工作绩效关系分析

人们倾向于认为：员工对工作满意能促进工作绩效的提高。但这一古典假设被近年来的一些研究所否定。一些学者认为，要了解工作满意与工作绩效的相关性十分困难，必须排除所有其他干扰因素之后，才有可能确认。

1. 工作满意与生产率

对工作满意与生产率关系的研究集中在两个层面上：一是个体水平的工作满意与生产率是否有积极关系；二是组织水平的工作满意与生产率的关系。

无论是20世纪五六十年代还是90年代的研究，都未发现工作满意与生产率存在明显正相关关系。即使二者之间存在相关性，相关性也不强：相关系数为 0.14 左右。这说明员工对工作的满意感不是影响其生产率的最重要因素，员工生产率更多受外在因素的影响。比如，一个在自动生产线上工作的工人，其生产率将受到机器速度而非工作满意度的影响；同样，股票经纪人、营业员、导游等人的工作效率直接同股票市场、人们的消费水平、旅游季节密切相关。因此，研究认为，当员工行为不受外在因素限制时，工作满意才可能促进生产效率的提高。在一些对个人工作水平要求较高的职业，如专业技术、监督、管理等方面，从业者较高的工作满意度才可以提高生产率。

认为工作满意度与工作效率存在相关性的研究很多，但究竟是工作满意带来高效率，还是高效率引起人的满足感呢？二者何为因，何为果？后来的实验研究证明了工作满意度与工作效率的反向关系，即高生产率使员工的满意度上升。一个人工作效率高，成绩好，自然内心满足，感觉良好；如果组织奖励高生产率的员工，那么会提高其满意度。

在群体或组织的整体水平上考察满意度与生产率的关系时，研究者发现，拥有高满意度员工的组织比拥有低满意度员工的组织更有效。也就是说，在组织水平上证明了"高满意度促进生产率提高"的假设。为什么个体水平没能证明这一点呢？因为必须全面考虑到生产过程的复杂因素和相互作用，才能对一个组织的生产率做出评价，而在个体生产率水平上的测量往往无法做到这一点，因而没有足够的证据证明员工个人的满意度与生产率正相关。

2. 工作满意与缺勤

缺勤是工作不满意的突出表现，即满意度与缺勤率呈稳定的负相关关系。但是，两者只有中等程度的负相关（相关系数为 0.40 左右），说明仍有其他因素（如工资和休假等福利制度）影响缺勤率。

关于满意与出勤率的一个经典研究是 Sears 和 Roebuck 在自然条件下所进行的。4 月 2 日这一天，纽约天气良好，是正常上班的天气条件；而芝加哥则是反常的暴风雪天气，芝加哥的员工完全可以因这种恶劣天气而不去上班并不受任何惩罚。对比两个城市员工的出勤率发现，4 月 2 日这天，纽约的员工中，满意群体和不满意群体缺勤率一样高；而在芝加哥，高满意度员工比低满意度员工出勤率高得多，满意与出勤的相关系数在 0.8 ～ 0.9 之间。这项研究有力说明了工作满意与出勤存在积极关系。

3. 工作满意与辞职

与缺勤相比，工作满意与员工辞职行为的负相关性更强些。劳动力市场供求状况、工作机遇、工龄等因素都对是否离职起着重要作用。在工作满意与辞职的关系中，一个重要的中介变量是员工的绩效水平。一般来讲，组织会尽力挽留高绩效的员工，给予其较高的工资、较多的晋升机会、更多的表扬和认同，这些都会使其留在组织中。因此在对高绩效者的流动性进行预测时，满意度不是一个重要的指标。对绩效低的员工，组织很少采取措施挽留，甚至可能制造一些微妙的压力促使其辞职。在这种情况下，工作满意度越低的人越可能离开组织。

4. 工作满意与其他行为

虽然工作满意只是影响工作绩效和行为的原因之一，但当员工不满意时，除了更有可能离开组织以外，还可能使组织士气低落，出现抱怨和反抗情绪，逃避工作责任，长期缺勤或迟到，增加失误，甚至窃取组织财物。

三、动机理论对工作满意度的诠释

1. 马斯洛的需要层次理论

目前最广为人知的动机理论是亚伯拉罕·马斯洛（Abraham Maslow）的需要层次理论（hierarchy of needs theory），其认为每个人都有五个层次的需要。

①生理需要（physiological needs）：包括食物、水、栖身之地、性及其他方面的身体需要。

②安全需要（safety needs）：保护自己免受身体和情感伤害同时保证生理需求得到持续满足的需要。

③社交需要（social needs）：包括爱情、归属感、接纳、友谊的需要。

④尊重需要（esteem needs）：内部尊重因素包括自尊、自主和成就感等，外部尊重因素包括地位、认可和关注等。

⑤自我实现需要（self-actualization needs）：成长与发挥自身潜能、实现理想的需要，这是一种要成为自己能够成为的人的内驱力（追求个人能力极限的内驱力）。

在动机方面，马斯洛指出，每个需要层次必须得到实际满足后，才会激活下一个目标。同时，一旦某个层次的需要得到实际满足，其就不再具有激励作用。换句话说，当一种需要得到满足后，下一个层次的需要就会成为主导需要，个体的需要是逐级上升的。这一理论指出，尽管没有一种需要会完全、彻底地得到满足，但只要其大体上得到满足，就不再具有激励作用。按照马斯洛的观点，如果你想激励某人，就必须了解这个人目前处于哪个需要层次上，并重点满足这一层次或这一层次之上的需要。接受马斯洛观点的管理者都在试图改变组织或管理活动，以使员工的需要得到满足。

另外，马斯洛还将五种需要划分为高和低两级。生理需要与安全需要是较低级的需要，而社会需要、尊重需要与自我实现需要是较高级的需要。两级的划分建立在这一前提条件下：高级需要通过内部得到满足，低级需要通过外部得到满足。从马斯洛的需要层次理论中可以很自然地得到这样的结论：在经济繁荣时期，几乎所有员工的低级需要都大体上得到了满足。

马斯洛的理论得到了普遍认可，特别是在 20 世纪六七十年代很受一线管理者的欢迎，主要原因是该理论简单明了，易于理解，具有内在的逻辑性。不过从总体上说，这一理论尚未经过实证研究的检验。

2. 赫伯格的激励 – 保健理论

弗雷德里克·赫伯格（Frederick Herberg）的激励 – 保健理论（motivation-hygiene theory）指出，内部因素与工作满意和动机有关，外部因素与工作不满意有关。赫伯格认为个人与工作的关系是一种基本关系，而个人对工作的态度决定了任务的成败。因此，他围绕这样一个问题进行了调查——人们希望从工作中得到什么？让人们具体描述自己所认为的工作中特别好或特别差的方面。

对调查结果进行分析后，赫伯格发现，对工作满意的员工和对工作不满意的员工其回答完全不同。一些因素总是稳定地与工作满意有关（成就、认可、工作本身、责任、进步和成长），另一些因素则与工作不满意有关（监督、公司政策、与主管的关系、工作条件与薪水、与同伴的关系、个人生活、与下属的关系、地位稳定与保障）。与工作满意有关的因素是内部因素，如成就、认可和责任，当人们对工作感到满意时，其倾向归因于这些特点。当人们对工作感到不满意时，则常常抱怨外部因素，如公司政策、管理和监督、人际关系、工作条件等。

赫伯格还指出，与传统看法不同，调查数据表明满意的对立面不是不满意。也就是说，消除工作中的不满意因素并不一定能让工作令人满意。赫伯格提出了二维连续体的存在："满意"的对立面是"没有满意"，"不满意"的对立面是"没有不满意"。

按照赫伯格的观点，导致工作满意的因素与导致工作不满意的因素是各自独立的，且差异很大，因此，试图在工作中消除不满意因素的管理者只能给工作场所带来和平，而未必具有激励作用，即消除这些因素只能安抚员工，无法激励员工。赫伯格称这些导致工作不满意的外部因素为保健因素，当其得到充分改善时，员工便没有了不满意感，但也不会因此而感到满意（或受到激励）。要想真正激励员工努力工作，必须注重激励因素，内部因素才能增强员工的工作满意感。

3. 公平理论

公平理论（equity theory）由斯达西·亚当斯（Stacey Adams）发展起来，这一理论认为决定员工对工作感到满意的不是个体实际获得了什么，而是通过比较后个体是否认为公平。如果感到公平，个体会对工作满意；如果感到不公平，个体就会对工作心生不满，继而做出改变结果的行为。因此，公平理论中强调"比较"，员工会先把自己的努力与得到的结果进行比较，然后把自己的努力和得到的结果与参照物的努力和得到的结果进行比较，如果相等就会感到公平，如果不相等，个体就会产生不公平感。比如教师会把自己的付出和收入进行比较，如果觉得自己付出很多，但收入不相匹配，那么教师就会感到不公平，就可能会降低努力水平。教师也会把自己的努力和收入与参照物的努力和收入进行比较，如与同事、同学、周围邻居等比较，当发现自己和别人不相等时，就会产生不公平感，导致对工作的不满意，进而减少自己的努力行为。

基于公平理论，当感到不公平时，个体会产生紧张等不舒服的感觉，为了减少自己的不舒服感，个体会采取一些行为。第一，个体会接受自己或他人的付出与所得。比如，当教师发现自己的工资没有同级别的教师高时，可能会想：我在工作中的努力不如他，他工资比我高也是应该的。但事实是不是如此并不重要，重要的是如果这位教师这样认为，那么其不舒服感就会减少，不公平感就会消除。第二，个体会采取某种行为改变他人的付出与所得。同样沿用以上的例子，这位教师可能会去找学校领导，要求要么提高自己的工资，要么减少同事的工资，通过改变他人的所得与付出使自己感到公平。第三，个体可能会采取行动改变自己的付出与所得。教师感到不公平，于是改变了自己的行为：既然同事的工资比我高，那我就减少工作量，自己付出的少了，拿的工资少，这样才公平。第四，个体会重新选择参考对象。比如这位教师会把自己的同学作为参考对象，同学的工作比自己辛苦，但工资待遇还比不过自己。当转移比较对象后，个体可能就感到公平了。第五，离职。这位教师和同事比较后感到学校的不公平，于是对工作产生强烈的不满意感，毫不犹豫地离职。

管理者不可能完全掌控个体的行为，因为不公平感是个体的主观感受，也许一些员工感到公平，而另一些员工觉得不公平，组织的规章制度会使员工产生不同的认知和感受，管理中不可能做到让所有人都感到公平，只要让大多数员工感到公平就已经是有效的管理了。但当管理者让员工去做明显会使其产生不公平感的事情时，一定要及时采取有效措施，因为员工会以不确定的行为方式去应对。如上所述，如果个体采取第一种和第四种行为方式，组织可能不会有过多损失，但如果个体采取第三种或第五种行为方式消除不公平感，就可能给组织带来不利结果，造成不可挽回的损失。因此在现代管理中要关注员工的态度，让员工减少不公平感，这样可以提升员工的工作满意度，从而提高工作绩效，降低离职率和缺勤率。

参照对象（referent）是公平理论中十分重要的变量，在工作场景中参照对象一般可分为系统、他人和自我。系统指组织的规章制度等。比如教师迟到了，另外一位教师也迟到了，根据学校的规章制度，两位教师扣除了相同的奖金，即使受到了惩罚，教师也觉得学校是公平的，因为学校的制度便是如此。他人指与个体相关的、值得个体关注的其他人，比如同学、同事、朋友、同行等。如果教师上班迟到，受到了扣奖金的惩罚，这是学校的规章制度中明文规定的，但一位同事也迟到了，却没有受到任何惩罚，这时这位教师就会产生不公平感，即使和系统比较是公平的，但和他人相比就会产生强烈的不公平感。自我指自己付出和所得之比。比如一位教师会把上个学期的收入和付出与这个学期的进行比较，当其发现上个学期自己没有那么多工作任务，而工资比繁忙的这学期还要多，便会因这学期的收入产生不公平感，进而对工作产生不满。

公平理论在解释员工态度和行为上十分有效，但很多问题还是不够明晰。比如员工以何种标准衡量自己的付出与所得？员工会如何选择比较的参照对象？怎样确保大多数员工是感到公平的？在组织中间隔多久进行一次公平感测量最合适？在不同价值观下，公平理论的管理应用能否取得相同的效果？虽然公平理论还有很多问题没有探明，但其仍然是当代重要的激励理论，在组织管理中发挥着重要作用。

4. 期望理论

维克多·弗罗姆（Victor Vroom）提出的期望理论是目前为止在全世界范围内流传最广、最受认同的当代动机理论。期望理论和工作满意度的期望型定义更加契合。个体通过努力可以获得所期望的绩效，较高的绩效可以使个体获得期望的奖励，而奖励可以满足个体的主要需要，即满足个体期望，这时个体就可以产生工作动机。该理论包含了四个变量和三种关系，即努力与绩效的联系——个体认为通过高水平的努力可以获得所期望的绩效，绩效与奖励的联系——个体能通过获得的绩效得到所期望的奖励，奖励和需要的联系——奖励可以满足个体的主要需要（这正是个体所期望的）。当这三种关系都满足时，个体就会产生强烈的工作动机，但当这三种关系中的任何一种发生断裂，个体就不会再付出努力，工作动机也会随之消失。

期望理论中包括几个值得思考的问题：个体需要付出何种水平的努力才可能获得所期望的绩效？只要付出努力就一定可以获得绩效吗？个体能通过获得的工作绩效得到组织什么样的奖励？如果获得了奖励，这一奖励是个体所期望的吗？奖励是否能满足个体的主要需要？当个体要在工作中有所行动时，其便会衡量这些问题，如果某个环节达不到个体的期望，那么工作就不再具有激励作用了。

教师的工作动机可以用期望理论来解释。比如当教师努力备课、上课、批改作业、为教学付出更多精力，学生在期末考试中取得优异的成绩，教师因此获得了学校的表扬，不仅评上了优秀教师，而且获得了令人满意的奖金，这些正是教师所需要的，其对学校的奖励很满意。在这个例子中，教师通过这三种关系的紧密联系获得了更强烈的工作动机，其会继续努力工作，争取取得更好的成果。但如果其中的联系有一处发生断裂，那么教师就不会再努力了。比如，无论教师在工作中怎么努力付出，学生成绩依旧毫无起色，那么其就会放弃努力，因为努力得不到期望的结果；如果在教师的努力下学生获得了优异的成绩，但在年终绩效考核中教师没有获得所期望的奖励，这时教师也不会再努力工作，因为其感到组织不公平，自己的成绩不被认可；如果教师获得了学校的奖励，但奖励只是口头表扬，那么这位教师大概以后也不会努力了，因为这样的奖励无法满足其主要需要，教师需要荣誉用于评职称，需要奖金提高生活质量。

第一，期望理论强调个体获得的奖励，要想激励个体，使其产生努力工作的动机，就必须确保个体所获得的奖励正是其所需要的。第二，期望理论认为对个体的激励要因人而异，因为个体的主要需要不同，要结合个体的特点进行管理。第三，期望理论注重所期望的行为，因此管理者应让个体明白组织需要个体做出什么样的行为，什么样的行为才是组织所期望的，以及在组织中对个体期望行为的评判标准是什么。第四，期望理论关注个体的主观感受，个体的努力程度、期望的绩效和奖励都是个体的自我认知，而不是客观事实本身，因此让个体产生何种感知比实际提供了什么更重要。

第三节　河南省中小学教师工作满意度现状及影响因素分析

一、河南省中小学教师工作满意度现状分析

（一）调查设计

1. 调查目的

以河南省中小学教师为调查对象，以新时代背景下河南省中小学教师重要工作态度即工作满意度和组织公民行为为调查变量，剖析河南省中小学教师工作现状，以发现问题，为高质量中小学教师队伍建设提供依据，促进河南省基础教育发展。

2. 调查对象

采用方便抽样方法于 2020 年 8 月在河南省 7 个地市对 54 所中小学教师展开调研。调查于"问卷星"平台在线进行，调查系统开放后，请各学校负责人向本校教师发送邀请，参与者可通过"问卷星"链接完成调查问卷。共获得调查问卷 3 657 份，回收有效问卷 3 020 份，有效率约为 82.6%。在性别分布上，男性 966 人，约占 32.0%；女性 2 054 人，约占 68.0%。在教育程度分布上，大专及以下 1 194 人，约占 39.5%；本科及以上 1 826 人，约占 60.5%。在教龄分布上，0～5 年教龄 574 人，约占 19.0%；6～10 年教龄 193 人，约占 6.40%；11～20 年教龄 416 人，约占 13.8%；20 年以上教龄 1 837 人，约占 60.8%。在职称分布上，初级 1 213 人，约占 40.2%；中级 1 353 人，约占 44.8%；高级 454 人，约占 15.0%。

3. 调查问卷

（1）工作满意度。

采用 Spector 等人于 1985 年编制的工作满意度分量表和 Cammann 于 1983 年编制的工作满意度总量表，量表采用李克特 6 点计分。工作满意度分量表包括报酬满意度、管理者满意度、工作本身满意度、交际满意度、奖励满意度、操作程序满意度、晋升满意度、利益满意度和同事满意度 9 个维度。经研究，得出工作满意度的克隆巴赫系数为 0.938，总体工作满意度的克隆巴赫系数为 0.766。

（2）组织行为。

采用 Podsakoff 和 Mackenzie 于 1990 年编制的组织公民行为量表，采用李克特 7 点计分。该量表包括利他主义、个体主动性、运动员精神、个人道德和谦虚 5 个维度。经研究，得出组织公民行为的克隆巴赫系数为 0.886。

4. 质量控制

调查前，对相关调查人员进行系统培训。调查过程中，在问卷中首先注明，所有被试均匿名答题，每个地市分别设置1名专门研究人员负责即时答疑；同时，为提高问卷的可利用率，调查系统设置自动完整度识别，确保每一份问卷完整回答。调查结束后，为提高数据的信效度，由专人对所收集的数据进行核查，对答题时间过短和同质性作答的问卷进行数据剔除。

5. 统计方法

首先通过t检验，分别对不同性别、不同受教育程度、不同职称、不同教龄的教师在工作满意度各维度上的差异进行分析。

（二）调查结果

1. 工作满意度不同维度情况分析

对中小学校教师工作满意度及报酬满意度、晋升满意度、管理者满意度、利益满意度、奖励满意度、操作程序满意度、同事满意度、工作本身满意度和交际满意度的得分进行描述性统计分析，结果见表6-1。

表6-1 工作满意度及各维度情况分析（$n = 2325$）

变量	平均数	标准差	极大值	极小值
报酬满意度	3.52	1.08	6.00	1.00
晋升满意度	3.62	1.12	6.00	1.00
管理者满意度	4.53	1.05	6.00	1.00
利益满意度	3.67	1.09	6.00	1.00
奖励满意度	3.86	1.14	6.00	1.00
操作程序满意度	3.05	0.86	6.00	1.00
同事满意度	4.97	0.84	6.00	2.00
工作本身满意度	4.78	1.01	6.00	1.00
交际满意度	4.22	1.02	6.00	1.00
工作满意度	4.02	0.77	6.00	1.53

由表6-1可知，所调查的中小学教师工作满意度的平均分为4.02，说明中小学教师工作满意度总体处于中等以上水平。具体来看，同事满意度最高，平均分为4.97；其次为工作本身满意度，平均分为4.78。操作程序满意度最低，平均分为3.05；其次为报酬满意度，平均分为3.52。

以上结果表明，中小学教师工作满意度总体处于中等以上水平，具体来看，同事满意度较高，而操作程序满意度最低。

2. 不同教龄中小学教师工作满意度差异分析

对不同教龄中小学教师工作满意度差异进行分析，结果见表 6-2。

表 6-2　工作满意度水平差异检验（M±SD）

变量	F 值	1～5年	6～10年	11～20年	20年以上
报酬满意度	12.579**	3.69±1.13	3.23±1.14	3.36±1.05	3.54±1.08
晋升满意度	10.483**	3.84±1.17	3.49±1.13	3.51±1.10	3.59±1.10
管理者满意度	9.611**	4.73±1.00	4.51±1.08	4.46±1.04	4.48±1.05
利益满意度	12.344**	3.92±1.14	3.64±1.19	3.61±1.07	3.61±1.06
奖励满意度	12.768**	4.12±1.11	3.83±1.22	3.78±1.12	3.86±1.14
操作程序满意度	26.252**	3.33±1.02	2.97±0.97	2.97±0.85	2.99±0.77
同事满意度	1.617	5.02±0.88	5.05±0.77	4.97±0.82	4.95±0.84
工作本身满意度	3.593*	4.84±1.05	4.59±1.06	4.73±1.03	4.80±0.98
交际满意度	1.745	4.30±0.97	4.25±1.01	4.21±0.99	4.19±1.04
工作满意度	12.752**	4.20±0.84	3.95±0.85	3.95±0.75	3.99±0.74

注：*$P<0.05$，**$P<0.01$；下同。

在方差分析的基础上，对不同教龄中小学教师工作满意度及各维度进行事后检验，探讨不同教龄之间是否有差异，研究结果见表 6-3。

表 6-3　不同教龄中小学教师工作满意度多重比较（MD）

变量	教龄／年	1～5年	6～10年	11～20年
报酬满意度	1～5	—	—	—
	6～10	0.460**	—	—
	11～20	0.322**	−0.138	—
	20 以上	0.148**	−0.312**	−0.174**
晋升满意度	1～5	—	—	—
	6～10	0.351**	—	—
	11～20	0.337**	−0.015	—
	20 以上	0.256**	−0.096	−0.081
管理者满意度	1～5	—	—	—
	6～10	0.228**	—	—
	11～20	0.275**	0.047	—

（续上表）

变量	教龄/年	1～5年	6～10年	11～20年
	20以上	0.257**	0.029	0.018
利益满意度	1～5	—	—	—
	6～10	0.280**	—	—
	11～20	0.311**	0.031	—
	20以上	0.307**	0.028	-0.003
奖励满意度	1～5	—	—	—
	6～10	0.293**	—	—
	11～20	0.342**	0.049	—
	20以上	0.322**	0.029	-0.020
操作程序满意度	1～5	—	—	—
	6～10	0.359**	—	—
	11～20	0.359**	-0.001	—
	20以上	0.346**	-0.113	-0.013
同事满意度	1～5	—	—	—
	6～10	-0.026	—	—
	11～20	0.052	0.078	—
	20以上	0.072	0.098	0.020
工作本身满意度	1～5	—	—	—
	6～10	0.251**	—	—
	11～20	0.113	-0.138	—
	20以上	0.042	-0.210	-0.071
交际满意度	1～5	—	—	—
	6～10	0.057	—	—
	11～20	0.097	0.040	—
	20以上	0.109	0.052	0.012
工作满意度	1～5	—	—	—
	6～10	0.250**	—	—
	11～20	0.245**	-0.005	—
	20以上	0.207**	-0.044	-0.039

结果表明，1～5年教龄的中小学教师工作满意度总分和报酬满意度、晋升满意度、管理者满意度、利益满意度、奖励满意度、操作程序满意度均值显著高于其他各教龄段教师；1～5年教龄的中小学教师工作本身满意度

均值显著高于6～10年教龄的教师；6～10年教龄的教师报酬满意度均值显著低于20年以上教龄的教师；11～20年教龄的教师报酬满意度均值显著低于20年以上教龄的教师。

根据不同教龄段中小学教师工作满意度得分均值，绘制曲线图如下：

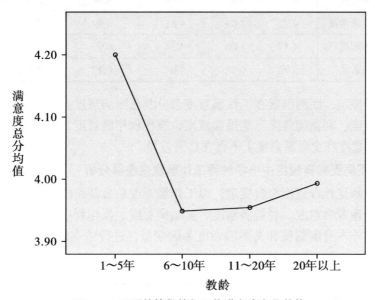

图6-1　不同教龄段教师工作满意度变化趋势

3. 不同性别中小学教师工作满意度差异分析

以性别为自变量，以工作满意度总分及报酬满意度、晋升满意度、管理者满意度、利益满意度、奖励满意度、操作程序满意度、同事满意度、工作本身满意度和交际满意度为因变量，进行独立样本t检验，所得结果见表6-4。

表6-4　工作满意度性别差异分析

变量	男性（n=966）		女性（n=2 054）		t	P
	M	SD	M	SD		
报酬满意度	3.52	1.10	3.52	0.81	−0.120	0.407
晋升满意度	3.63	1.15	3.62	1.10	0.276	0.109
管理者满意度	4.48	1.09	4.55	1.02	−1.819	0.547
利益满意度	3.62	1.08	3.69	1.09	−1.722	0.349
奖励满意度	3.82	1.16	3.88	1.13	−1.337	0.407

（续上表）

| 变量 | 男性（n=966） | | 女性（n=2 054） | | t | P |
	M	SD	M	SD		
操作程序满意度	2.95	0.83	3.10	0.87	−4.452	0.070
同事满意度	4.93	0.85	4.99	0.84	−1.943	0.519
工作本身满意度	4.72	1.04	4.81	0.99	−2.175	0.384
交际满意度	4.17	1.06	4.24	0.99	−1.740	0.054
工作满意度	3.98	0.78	4.04	0.77	−2.090	0.924

结果显示，性别因素在工作满意度总分及报酬满意度、晋升满意度、管理者满意度、利益满意度、奖励满意度、操作程序满意度、同事满意度、工作本身满意度和交际满意度上不存在显著差异。

4. 不同受教育程度中小学教师工作满意度差异分析

以教师受教育程度为自变量，以工作满意度总分及报酬满意度、晋升满意度、管理者满意度、利益满意度、奖励满意度、操作程序满意度、同事满意度、工作本身满意度和交际满意度为因变量，进行独立样本 t 检验，所得结果见表 6–5。

表 6–5　工作满意度受教育程度差异分析

| 变量 | 大专及以下（n=1 194） | | 本科及以上（n=1 826） | | t | P |
	M	SD	M	SD		
报酬满意度	3.64	1.03	3.45	1.10	4.821	0.008
晋升满意度	3.72	1.08	3.55	1.14	4.022	0.161
管理者满意度	4.54	1.01	4.52	1.07	0.433	0.127
利益满意度	3.71	1.04	3.64	1.12	1.731	0.002
奖励满意度	3.88	1.12	3.85	1.15	0.699	0.985
操作程序满意度	3.04	0.79	3.05	0.90	−0.345	0.001
同事满意度	4.95	0.86	4.98	0.83	−0.966	0.009
工作本身满意度	4.85	0.97	4.74	1.02	2.793	0.243
交际满意度	4.24	1.04	4.21	1.00	0.738	0.085
工作满意度	4.06	0.73	4.00	0.80	2.194	0.003

结果显示：大专及以下学历教师工作满意度总分和报酬满意度、利益满意度均值显著高于本科及以上学历教师；大专及以下学历教师操作程序满意度和同事满意度均值显著低于本科及以上学历教师。

5. 不同职称中小学教师工作满意度差异分析

对不同职称中小学教师工作满意度差异进行分析，结果见表 6-6。

表 6-6　工作满意度水平差异检验（M±SD）

变量	F值	中小学初级	中小学中级	中小学高级
报酬满意度	4.689**	3.46±1.14	3.54±1.03	3.64±1.02
晋升满意度	8.392*	3.57±1.16	3.60±1.09	3.81±1.08
管理者满意度	3.752*	4.59±1.04	4.48±1.05	4.50±1.05
利益满意度	0.226	3.69±1.12	3.66±1.07	3.65±1.08
奖励满意度	1.876	3.88±1.14	3.82±1.15	3.92±1.07
操作程序满意度	2.466	3.09±0.95	3.03±0.81	2.99±0.73
同事满意度	0.696	4.99±0.85	4.95±0.85	4.98±0.78
工作本身满意度	1.041	4.77±1.03	4.81±0.98	4.73±1.01
交际满意度	0.412	4.24±1.00	4.20±1.03	4.21±1.01
工作满意度	0.490	4.03±0.81	4.01±0.75	4.05±0.75

在方差分析的基础上，对不同职称中小学教师工作满意度及各维度进行事后检验，探讨不同职称之间是否有差异，研究结果见表 6-7。

表 6-7　不同职称中小学教师工作满意度多重比较（MD）

变量	职称	初级	中级
报酬满意度	初级	—	—
	中级	−0.076	—
	高级	−0.176**	−0.100
晋升满意度	初级	—	—
	中级	−0.037	—
	高级	−0.247**	−0.211**
管理者满意度	初级	—	—
	中级	0.110**	—
	高级	0.094	−0.016

结果表明，中小学初级职称教师在报酬满意度均值上显著低于中小学高级职称教师，中小学初级职称教师和中小学中级职称教师的晋升满意度均值显著低于中小学高级职称教师，中小学初级职称教师管理者满意度均值显著

高于中小学中级职称教师。

（三）分析讨论

第一，近年来，我国政府对基础教育加大扶持力度。河南省既是人口大省，也是农业大省，农村中小学生和农村教师占比都超过了50%，因此河南省更是加大了对农村地区教育经费的投入，使农村教师在工作、生活和社会地位方面都有显著改善，从而显著提高农村教师工作满意度。在研究被试中，农村教师占比达到68%。目前河南省农村教师职称评定与教龄紧密相连，只要达到一定教龄，满足基本条件，就可以实现职称晋升，同事之间竞争压力较小，更容易发展融洽的人际关系，因此本书研究中河南省中小学教师同事满意度最高。在学校管理中，中小学对教师的管理相对刻板、严格，程序化程度相对较高，教师自由度较低。相比大学教师，中小学教师的工作有严格规范，比如上班考勤，每日学校各项工作日程都有严格监管，因此本书研究中河南省中小学教师对操作程序的满意度最低。

第二，当前就业压力较大，体制内的工作对大学毕业生来说是非常理想的选择，教龄小于5年的年轻教师因在就业竞争中获得成功，会对自己拥有相对稳定的工作感到比较满意，也会对工作充满期待和向往，因此教龄小于5年的年轻教师工作满意度及报酬满意度、晋升满意度、管理者满意度、利益满意度、奖励满意度、操作程序满意度均值显著高于其他各教龄段教师。但由于中小学教学工作比较枯燥，琐事比较多，工作六七年后，很多教师会出现职业倦怠现象，因此工作6~10年的教师会对中小学教学工作本身产生倦怠情绪，使工作本身满意度降低。20年以上教龄的教师一般是中小学高级职称，对职称评定不再有过高追求，中小学教师工资又与职称挂钩，且该教龄段教师一般孩子已成人，家庭负担也不重，因此生活比较稳定。教龄为11~20年的教师，职称还未达到高级，子女大多未成年，买房还贷压力较大，因此在经济上压力最大，对报酬的满意度显著低于教龄在20年以上的教师。

第三，中小学教师中性别比例失调，女多男少现象比较普遍，教师之间互相理解，和谐共处，因此在性别上没有体现出工作满意度总体及各维度的差异。

第四，在人力市场中，相比大专及以下学历的毕业生，本科及以上学历的毕业生有明显的就业优势。低学历毕业生在人力市场上的竞争力较小，大专及以下学历的教师以社会上其他同学历的人为参照进行比较，会对自己的报酬和获得的利益相对比较满意，对自己获得稳定的工作感到幸运，因此大专及以下学历教师工作满意度总分和报酬满意度、利益满意度均值显著高于本科及以上学历教师。但一般大专及以下学历教师担任领导职务的较少，在学校中缺乏管理权或职称较低，自由度相对管理层或高级职称教师较低，因此会感受到束缚，操作程序满意度也相对更低。

第五，中小学教师的收入与职称挂钩，职称越高，工资越高。在现有的工资管理制度中，不同职称教师收入差异较大，比如中小学初级职称教师每月工资 3 000 元左右，20 年以上教龄、具有高级职称的教师每月收入可达一万元左右，因此中小学初级职称教师在报酬满意度均值上显著低于中小学高级职称教师。在学校领域内，职称不仅体现工资差异，也是教师权威的体现，职称越低，发言权相对越小，因此中小学初级职称教师和中小学中级职称教师晋升满意度均值显著低于中小学高级职称教师。新教师一般是初级职称，其对自己的职业生涯充满期待，更愿意服从领导管理；工作七八年的教师大多是中级职称，对工作不再有强烈的好奇心，对学校管理问题看得更深入、更全面，因此中小学初级职称教师管理满意度均值显著高于中小学中级职称教师。

二、中小学青年教师激励策略分析

在我国，青年教师多指 35 岁以下教师。学校发展的关键在于教师，青年教师更是学校的希望和支柱，具有丰富的知识资本。在我国中小学管理中，如何解决青年教师面临的问题，实现有效激励，是高效管理和长远发展的关键。

（一）我国中小学青年教师现状分析

1. 青年教师薪酬较低

对于绝大多数中小学青年教师而言，工资是其生活的主要经济来源，特别在"北上广"等一线城市，高昂的房价和青年教师每月 2 500～4 000 元的收入形成反差，而青年教师大多处于恋爱、买房、结婚或供养子女的时期，其生活可能较为拮据。这或许会使青年教师工作满意度相对较低，出现工作消极和离职率高的现象。

2. 青年教师工作任务繁重

在我国，中小学青年教师工作量较大。通过调查发现，青年教师的压力主要来自三个方面，即收入较低、教学任务繁重、学生升学压力大。在我国绝大多数中小学，青年教师是教学工作的主要承担者，教学任务占用了大量时间，学生升学率被作为教师绩效考核的关键指标。有些青年教师容易产生职业倦怠感，从而对工作较为消极，在教学上减少热情和精力投入。这种现象不仅会降低学校的教学质量，影响学校声誉，更会使学校失去竞争力和可持续发展性。

（二）中小学青年教师管理和激励策略

针对中小学青年教师现状和存在的问题，应建立和完善青年教师激励机制，提高其工作满意度和工作积极性。首先应增强青年教师的组织公平感，而公平感的增强不仅须在校内建立合理的绩效评价机制以实现内部公平，也要通过社会调查使本校青年教师的薪酬和福利具有外在竞争性，以实现外部公平。结合青年教师的特点采用物质激励和精神激励两种激励手段，尝试得出管理措施，以取得好的激励效果。

1. 物质激励

①建立公平的绩效评价体系。有效的绩效评价体系是实现薪酬公平分配的前提。学校管理者在进行绩效评价时不仅要强调目标结果，更要注重教师的工作过程，从开始阶段、实施阶段和结束阶段进行全程监控，除了关注教师的行为表现和努力程度，还要对教师进行激励，及时进行沟通和反馈。绩效评价也要从单一的上下级评价转向多维度评价反馈，对教师进行全面评价，以达到客观、真实。

中小学教师的工作绩效主要体现在教学绩效上，而教学绩效可以从两个方面来评价：量和质。对于教学绩效之"量"的评价，学校可以设置必须达到的最小课时量，针对不同职称教师设置不同课时量标准，如果满足基本要求，绩效可视为合格，相反则不合格，对于超出的课时量学校要给予额外奖励。教学工作量可以由学校教务处等相关部门进行具体统计，学期末进行客观评定。对于"质"的评价可以通过几种不同的方式确保其客观公正。首先，学生对任课教师进行每周一次的教学质量评价，不仅评价教师的教学效果，也评价对教师的满意度，这样不仅可以在教学质量上给予教师评价，也是对师德的评价。其次，推广教师之间"随机互听互评"机制，每位任职教师可以在不影响正常教学秩序的情况下对其他教师进行"推门听课评价"，每学期不少于 5 次，这样不仅保证所获教学信息的客观、准确，而且可以促进教师之间的学习和交流，对每位教师而言都是无形的督促。再次，每学期学校领导要对学生和家长反映问题较多的教师进行随机听课，既包括特别好的，也包括问题特别突出的，对好的经验进行总结并在教师中推广，对于存在的教学问题要及时指出，帮助教师进步成长。最后，每学期末学生取得的成绩要作为一项重要的考核指标。通过多种渠道的绩效评价，保证评价结果的客观公正，不仅注重工作结果，更关注过程，能对教师的努力和贡献给予公平的认定。

②建立公平的薪酬管理体系和福利制度。公平的薪酬管理必须建立在公平的绩效评价基础上，并结合社会薪酬调查结果，保证本校教师工资不低于本区域和周边区域相似行业的薪酬水平，不仅要实现薪酬的内部公平，更要实现外部公平，使教师具有竞争力，稳定教师队伍。

在绩效管理中，教师只要完成基本工作量就可拿到全部基本工资，而多出的课时要给予额外奖励。目前国内很多学校在奖励上根据教师的职称来设定，高级、中级和初级教师一节课都是45分钟，但课时工资却存在较大差别，这让有些青年教师容易对上课失去激情和动力，甚至不认真备课，应付了事，久而久之会影响整个学校的教学质量和声誉。应结合教师的绩效评价结果划分等级，即在教学质量考评的基础上分优、良、中、差等级别，每一级别对应一种奖励标准，再把这一奖励标准乘以课时量，作为教师的课时奖励，这样的奖励能提高教师工作绩效。这样一来，不管是青年教师还是有资历的教师都会认真对待自己的每节课，不仅体现了"多劳多得"的原则，提高和增强了青年教师的待遇和工作动力，而且对青年教师的成长和教学能力的迅速提高有很大的促进作用。

除了使薪酬分配实现内部公平，外部公平也同样重要，如果学校的薪酬不具有竞争力，那么教师容易流失，这样的结果对学校是不利的。要实现外部公平，学校要先做有针对性的市场调查，了解本地区和周边区域相似行业的薪酬水平，结合调查结果设置不低于平均薪酬水平的工资。我国私立学校具有财政自主权，可通过扩招和学校房屋租赁等方式支付教师工资，但公立中小学因在财政上并不独立，因此计划较难实现，不过学校仍可通过福利制度给予弥补。目前在我国，青年教师仅凭工资来购买住房难度较大，尤其是在大城市，而住房既是教师的安身之所，更是其安心之处。因此，学校管理者要为青年教师解决好人生的重大问题，为教师的生活提供保障，这样的福利对教师更具有激励性，能在很大程度上降低青年教师的流动率，提高教师的组织忠诚度。

2. 精神激励

根据赫伯格的理论，外在因素的满足只能消除员工的不满意感，并不代表员工对工作满意，外在因素只能维护工作场所的和平，并不能激励员工，要使员工产生努力工作的动机，就必须注重内在因素的满足。因此中小学管理者要想在激励青年教师上有所作为，就必须注重精神激励。

①具有激励作用的工作设计。工作特征模型提出，当工作具有技能多样性、完整性、重要性、自主性和及时的反馈这五个特征，那么工作本身就具有激励作用。虽然在不同文化下，激励理论的适用性有较大差别，但在工作兴趣和意义上，不同价值观的员工都表现出高度的一致性。如何使工作激励青年教师？首先，要尊重青年教师的研究方向，让其根据特长和兴趣选择科研项目或所教课程，这样能满足教师自身兴趣，增强其自主性和责任感。其次，学校领导要让青年教师感到工作不仅有意义，而且对学校的发展很重要，这样青年教师就觉得被重视，工作满意度也会提高。最后，对青年教师工作的及时反馈也是有效的激励手段，学校可以安排督导组对青年教师的教学质量进行检查，并对教师取得的进步给予表扬和鼓励，及时针对其工作中的不足给予指导。

②提供进修学习机会。教师属于知识型员工，对自己的专业有着强烈而持久的承诺，为跟上这一领域的发展，教师须不断学习和更新知识。学校应通过提供持续的教育和培训计划来不断更新青年教师的专业知识，提升其人力资本价值。由于对知识和事业的不懈追求，青年教师将不断拓宽职业发展空间，设置有效的培训机制也是对青年教师的一种激励，可以使其在专业道路上走得更远。因此学校管理者应该每学期都能给青年教师提供去国内知名学校进修和学习的机会，使其在专业领域上进步。当然，这种机会的提供必须建立在公平的基础上，要以学校的学科发展和教师的工作绩效作为选拔标准。

③营造相互信任的氛围。在中小学管理中，管理者与青年教师之间的信任感可以增强和提高教师的归属感和满意度。要想建立起一个能令人信任的工作环境，就要信任教师。首先，建立有效的沟通和交流渠道。在工作上，管理者如发现青年教师在工作中的问题，要及时给予反馈，并指导其改正，这种反馈和指导可以在不违反学校规章制度的前提下一对一进行，更利于教师接受。在生活上，学校领导要心中有教师，处处为教师着想，营造为教师解难题、办实事的良好风气；经常与教师沟通交流，关心教师的生活，努力为其办实事，帮助其解决工作和生活中的困难，用实际行动树立起良好的形象，提高教师对学校管理层的信任度。其次，学校领导和教师要共享信息，领导可以开诚布公地向教师宣布一些消息。只要学校领导者能以认真、诚实的态度去对待教师，就能和教师建立长期而牢固的信任关系。向教师传递更多信息意味着向教师传递更多信任信号和信任感，这不但能帮助教师更清楚地看到本校的优势和不足，而且能使其重新看待学校各部门资源分配和目标之间的关系。最后，要鼓励青年教师参与学校决策，认真倾听其看法，包括

批评和建议，即使是最尖锐的批评也应得到管理层积极、诚恳的回应。通过这些方式，青年教师将会以主人翁的心态去思考学校的发展，维护学校的利益，同时提高自我价值。

④注重对青年教师的社会性奖励。社会性奖励是精神激励的重要组成部分，由地位象征、表扬肯定、荣誉、成就感等因素构成，这种隐性酬劳比物质激励更有效、长久。在中小学管理中，可根据学科发展组建青年教师教学团队，让青年教师进行自我管理，这样既可增强其工作自主性和责任感，而且可增强其工作成就感。对青年教师取得的工作成效，中小学管理者要给予及时的积极评价和认可，表扬要公开，这样可以使青年教师体验到成就感和荣誉感。不断提高青年教师精神满意度，能有效激发其潜能并提高其对学校的忠诚度，这种激励在青年教师的职业生涯中不可或缺。

⑤设置目标，拓宽青年教师职业发展通道。根据目标设置理论，当目标困难而具体，个体认同目标并对目标有承诺，那么目标本身就具有激励作用，能成为个体努力工作的驱动力。青年教师具有强烈的自我实现需求，希望获得成就感，并渴望自己的成绩能得到社会的认同。因此，管理者要根据青年教师自身发展规律，帮助其设置具有激励作用的目标。首先，青年教师要参与设置或自己设置，这样更易于接受并承诺。其次，管理者要帮助青年教师树立只要努力就一定会成功的信念，只要其接受目标并承诺，目标设置得越困难，越能起到激励作用。再次，在使用目标进行激励时要确保青年教师的目标与组织目标相一致，这样的努力才是学校所需要的。最后，目标的设置要满足青年教师的职业发展需要，学校管理者可以根据教师所处的不同职业发展阶段，帮助青年教师设置明确而有针对性的目标，并根据青年教师的专业发展方向给予必要的指导，针对青年教师在专业技能、职业道德素质上的欠缺，进行教育和培训，拓宽其职业发展渠道。

总之，青年教师作为中小学教师队伍的中坚力量，其工作成效将影响整个学校的发展和建设，对青年教师的激励管理应成为中小学管理的重中之重，通过有效的激励策略激发青年教师的工作动机是学校应对竞争的关键。

第七章　河南省中小学教师组织公民行为研究

组织公民行为是指在组织中员工自觉自愿做出的行为，不包括在组织的正式工作当中，但会影响组织工作的有效性。在中小学这一组织中，教师的组织公民行为同样会影响工作效果和效率，从而影响学校的教学质量和区域教育的发展。本章着重探讨河南省中小学教师的组织公民行为，以此项工作态度为对象，探究河南省中小学教育组织人力资源建设情况。

第一节　组织公民行为概述

一、组织公民行为定义

在科技高度发达、人工智能逐渐普及的新时代，组织中人的作用更加凸显，一个组织的核心竞争力就是优质的人力资源，人力资源是组织能否实现可持续发展的关键要素。组织中人的态度和行为决定了组织效能，组织的高效需要尽心尽责的员工做出更多有利于组织的行为，因此组织公民行为越来越被组织管理者所关注，在管理学和人力资源管理领域，对组织公民行为的研究也越来越广泛、深入。

组织公民行为是工业心理学和组织心理学中一个受到广泛研究的概念，描述了组织或公司员工的自愿承诺，其不是合同任务的一部分。美国印第安纳大学的 Demnis Organ 教授与同事创造性地提出了"组织公民行为"一词。其将组织公民行为定义为员工一种有意识的个人行为，这种行为不受正常薪酬制度的明确、直接监管，有助于提高组织职能的有效性。组织公民行为通常超出了员工的工作职责，完全基于个人意愿，与正式的奖励制度无关。

组织公民行为关系到组织的整体效率。组织包括不同层次，微观层面的员工行为是整体绩效的关键，因此这种员工行为在工作场所具有重大影响。组织公民行为的出现包括环境因素和个人因素两方面原因：外在环境因素有导师、组织环境、人际关系等，个人因素包括个人价值观、个性和教育水平。学者从 20 世纪 70 年代末开始对组织公民行为进行研究，已有几十年的研究历程。如今组织公民行为仍然备受关注，人们对组织公民行为的研究兴趣仍在增加，已拓展到各行各业。

二、组织公民行为相关理论

根据 Organ 于 1988 年的研究，组织公民行为包括五个维度：利他行为——员工愿意主动帮助其他人，会自觉、主动纠正同事的错误，维护同事的利益；尽职行为——员工会主动承担工作责任，合理安排工作时间，超出组织制定的基本要求；运动家精神——员工会自己解决工作中的困难，敢于挑战，保持积极乐观的心态，为能更好完成工作任务而努力，当个人利益与集体利益发生冲突时，会选择牺牲个人利益而维护集体利益；谦恭有礼——员工以一种谦虚有礼的态度对待他人，对同事保持尊重和礼貌，呈现一定的个人素养；公民道德——员工会积极参加组织中的各种活动，主动了解对组织有利的相关信息，关心组织中的事件，关注组织的发展。Organ 认为，在组织中，随着时间的推移，组织公民带来的好的结果会促使员工产生更多相似行为，员工表现出的组织公民行为会不断累加，从量变到质变，最终使组织绩效得到显著提高。组织会因组织公民行为的增加而更具有凝聚力，组织内有信任风气，团队合作也会更加高效，在没有增加资本的前提下显著提高工作效率，创造更多资本价值，形成积极的组织文化，这样的结果是每个组织都希望取得的。

国内外研究者相继对组织公民行为的维度展开研究，得出三十多种组织公民行为维度分类结果，比如由 Smith 等人及 Williams 和 Anders 提出的二维理论，由 Van Dyne 等人、Podsakoff 等人提出的三维理论，由 Coleman 等人、Graham 提出的四维理论，由 Organ、Moorison 等人提出的五维理论。虽然维度划分有所差异，但许多分类对维度的定义和描述存在相似之处。

2000 年管理学家 Podsakoff 和 Mackenzie 以 Organ 的理论为基础对组织公民行为进行了进一步的总结，把 Organ 提出的五个维度拓展至七个维度，分别为帮助他人（helping behavior）、运动家精神（sportsmanship）、忠于组织（organizational loyalty）、顺从于组织（organizational compliance）、自我驱动（individual initiative）、公民道德（civic virtue）、自我发展（self development）。虽然维度有所增加，但所包含的具体内容仍然相同，只是更加细化、具体。

经总结，不同研究者对组织公民行为的定义都包括以下几点。首先，员工不仅会主动完成工作，而且会自觉自愿寻求组织正式要求的任务以外的工作。和麦克利兰提出的人性理论相一致，员工会主动做出有利于组织的行为。其次，员工的行为是自发行为，员工独自对其行为进行判定。再次，员工做出组织公民行为与组织给予的正式报酬没有直接联系，员工不是为了获得组织奖励而做出组织公民行为。最后，员工的组织公民行为有正强化作用，组织公民行为逐渐累积，产生增强组织长期效能的效果，有利于组织的可持续发展。

从以往研究可以看出，早期研究者是将组织公民行为作为一种积极的组织行为来看待的，没有深入探究其多面性。最初对组织公民行为的研究基于三个基本假设：组织公民行为是无私奉献的，是有利于他人、有利于集体的；组织公民行为能促进组织更有效运作；组织公民行为对组织和组织中的员工都是有利的，是以寻求共同发展为目标的。但随着研究的逐步深入，研究者也深入思考：组织公民行为真的都是好的行为吗？其结果一定有利于组织吗？诸多质疑组织公民行为的研究应运而生。

首先，组织公民行为都是角色外行为吗？在以往研究中，研究者一致认为组织公民行为是员工做出的正式工作要求以外的行为，但这种观点的争议越来越多。其一，组织公民行为结构包括的就不完全是角色外行为，最早提出组织公民行为理论的 Organ 在 1988 年提出的五因素理论中对尽职行为有所描述，即尽职行为是员工在工作中的必要行为，而非工作角色外的行为。其二，在工作中很难清楚区分哪些是工作角色行为，哪些是非工作角色行为，在非工作时间员工所做的有时也是为了更好完成本职工作，比如教师在工作之余为学生录制精品课视频，这看似是工作以外的行为，但也是为更好完成本职工作服务的。其三，组织有不同结构，组织中绝大多数是普通员工，因此管理者与非管理者在任务和责任上的划分是有很大差异的，对工作角色的划分有很大难度。1999 年 Lam、Hui 和 Law 研究发现：组织中的管理者通常把员工的组织公民行为看作员工工作角色的一部分，而不是工作角色以外的内容。比如，管理者通常不仅要求员工完成自己的本职工作，而且要求其主动承担与工作相关的工作正式要求以外的部分，比如积极帮助同事解决工作中遇到的困难，当工作中遇到问题时及时反馈并尝试提出合理化建议，把组织的利益放在首位。在我国很多学校职称评审的要求中，教师必须在一定年限内指导两到三名新教师，帮助其快速成长，但学校的工作要求中并未出现相关内容。不同学者对组织公民行为范围的认识不尽相同。有些学者对组织公民行为的定义比较宽泛，如 Williams 和 Anderson 于 1991 年提出的观点，其把组织公民行为分为三个维度，即工作角色内的行为、为了个人利益的利他行为和为了组织利益的利他行为。Morrison 则认为每个员工对工作范围的认知是存在差异的：有的员工认为工作范围较大，会把更多任务作为自己的工作职责；而有的员工认为工作范围较小，因此会把一些模糊的任务作为正式工作之外的内容。通过分析可以发现，明确划分工作角色内行为和工作角色外行为是相当困难的。

其次，员工做出的组织公民行为真的都是利他行为吗？组织公民行为都是出于优良的个人品质吗？员工在组织中真的会不为任何利益而选择无私奉献吗？这一系列疑问使很多研究者对传统组织公民行为的内涵提出了质疑，其通过多种实证研究尝试进一步验证员工做出组织公民行为的真正动机。

人是最复杂的物种，人和人之间有巨大差异，因此组织公民行为可能出于各种目的，既可能源于积极的动机，也可能源于消极或利己的因素。2000年 Hui、Lam 和 Law 研究发现，有些员工出于满足自身利益的目的，在工作中某个恰当的时间做出一些所谓的组织公民行为，其目的非常明确。与其说这是组织公民行为，不如用印象管理来描述更为确切。比如，根据心理学的近因效应，最近发生的事情更能影响别人对自己的评价，因此在组织人事变动前期，有些员工会积极表现出一些组织公民行为，改善领导对自己的评价，以达到晋升目的；但一旦其达到了目标，员工就会恢复之前的工作状态，甚至消极应对本职工作。真正出于利他目的的组织公民行为可以增强组织效能，而这种印象管理则会破坏组织文化，并影响组织的整体效能。通过以上分析可以看出，在组织中很多组织公民行为并非出于员工的优良品质，并非为了组织利益，并非体现了无私奉献的精神，而是出于满足自身利益的需要。领导者在评价和提拔优秀员工时，容易被表面现象所迷惑。当管理者提拔了一位伪装者时，就会影响其他员工对组织公平感的感知，进而影响其对组织的信任和评价。因此，管理者能准确识别员工的各种行为，是一种重要的管理能力。

再次，在分配组织利益时，组织公民行为与组织奖惩很难毫无关联。1993 年 Mackenzie、Podsakoff 和 Fetter 的研究表明，在销售人员绩效评价上，管理者不仅会根据员工工作角色内行为进行评价，而且会关注员工工作角色之外的行为。比如销售人员在非工作时间主动联系顾客，为顾客解决生活中的一些问题，与顾客保持良好的私人关系，管理者会认可员工的这些行为，认为员工具有奉献精神，对工作认真负责，最后在绩效评价中也会通过奖金等形式给予鼓励。1998 年 Allen 和 Rush 同样发现，做出更多组织公民行为的员工会让管理者对其产生更多正面情感，包括感动、认可、欣赏等，这些正面情感直接影响管理者对员工的整体评价，最终体现在绩效评价上。因为很难判断员工表现出组织公民行为的真正动机，各种行为结果的强化使员工的动机变得并不单纯，因此利益的驱使使组织公民行为变得扑朔迷离。

最后，由于员工做出组织公民行为的动机不同，组织公民行为未必都能带来好的结果。2004 年 Bolino 等人研究表明，如果员工出于某些原因把工作重心放在正式工作要求以外的事情上，反而会不利于本职工作的完成，呈现本末倒置的结果。如果员工都抛开本职工作，而一味追求组织公民行为，容易发生组织公民行为升级现象，员工会感到更大的工作压力，从而引起对工作和管理的抱怨，这种负面情绪将直接影响组织绩效。因此在组织中过多强调组织公民行为并不是一种明智的选择，在某种程度上来说是组织管理欠佳的体现，说明组织并未制定出完善的工作岗位职责说明书，对职位的分析也不科学，长此以往，组织的发展会受到影响。

通过对组织公民行为的分析，可以看到组织公民行为具有多面性，犹如一把双刃剑，因此如何更好判断员工的工作态度，是管理者面临的重要挑战。

由于组织公民行为自身的多面性，管理者一方面要充分发挥组织公民行为的积极作用，另一方面应能准确识别组织公民行为的内在动机。组织公民行为是出于组织利益还是自身利益，或者是为了逃避某些事物而转移注意力的替代行为？真正的组织公民行为是员工主动的、抛开个人利益的、在本职工作以外自觉自愿担负起责任的积极行为，这种不求回报的好的行为理应得到积极回应，在员工绩效评价和职务晋升中应有所体现。但这种因果关系太过模糊、复杂，因此管理者在评价员工行为时要拨开迷雾，才能捕获真相。管理者可以通过职位分析，梳理岗位职责，找出行为背后的逻辑关系，帮助员工朝着积极组织公民行为的方向发展，这不仅有利于组织的利益，而且能促进员工个人品格的完善。

管理者应能对员工的组织公民行为与工作角色内行为的关系进行正确判断。当组织公民行为不多，而本职工作表现突出，那么在进行绩效评价时仍然要给予较高的评价，因为组织管理的目的是增加正确的行为，最终实现组织的高效能。只要员工能够高效完成工作任务，即使没有表现出更多组织公民行为，也应得到鼓励和肯定。反之，如果员工的组织公民行为较多，但本职工作并不理想，管理者就应思考组织导向和组织文化是否出现问题，要及时分析并做出改变。当然，在实际管理中也会出现员工组织公民行为较多而本职工作也同样出色的现象，这时管理者应更加关注员工的工作满意度，分析工作压力是否导致员工的满意度降低，如果员工仍然对工作保持积极态度，那么这种结果是管理者乐于见到的。

组织公民行为是组织管理的指示器，可以反映管理中出现的很多问题。管理者要善于洞察信息，培养积极的组织公民行为，定期对员工的工作态度和工作行为进行调查，掌握行为和态度背后的真相，使组织公民行为能对组织起到积极的促进作用。

三、组织公民行为相关研究

截至 2025 年 1 月 3 日，能在中国学术期刊全文数据库中搜索到的我国关于组织公民行为的研究文章有 2 937 篇，由此可见，组织公民行为在国内也逐渐受到关注，学者陆续展开了针对我国国情的科学研究。1997 年香港科技大学樊景立教授选取台湾地区 75 名管理者进行调研（工作领域为金融、管理、电子、机械、食品等行业），得到适用于台湾地区的组织公民行为量表，其中包括 5 个维度，分别是组织认同、团结协作、正当获利、节约组织资源、敬业精神。该量表通过 22 道题目进行测量。2003 年樊景立教授在先前研究的基础上以来自北京、上海和深圳的 158 名员工作为调查样本，得到 595 条关于组织公民行为的内容描述，由此提炼出 10 个维度，其中积极主动、主动参与公益活动、乐于助人、维护组织形象、积极提出建议等与西方研究者提出的组织公民行为内容一致，自我提升、积极参与公益活动、珍惜组织资源、保持公司整洁、人际关系和谐等是我国员工组织公民行为特有内容。

国外研究多以组织公民行为获利者作为维度分类标准，据此可以将组织公民行为维度分成三大类：指向组织、指向管理者、指向同事。樊景立教授的研究没有依据此分类标准，他提出了一个新的分类理论，该理论把行为背景作为分类标准，即社会、组织、群体、个体，分别从宏观、中观和微观的思路出发对组织公民行为的维度进行划分。其中社会层面包括两个维度，分别是社会公益活动和维护组织形象；组织层面包括两个维度，分别是珍惜组织资源、保护组织资源；群体层面包括两个维度，分别是维持人际关系和乐于助人；个体层面包括三个维度，分别为自我培训、积极主动、保持公司环境整洁。由此可见，樊景立教授的研究更加符合我国国情，与中国企业员工的思想意识更加贴合。目前而言，我国组织公民行为的研究还处于起步阶段，研究内容还不够深入，发表的高水平文章还较少，有相当比重的研究文献为各大高校的研究生论文，能有国际影响力的研究成果可以说是凤毛麟角。当前国内和国外研究的对象多为企业员工和管理者，针对教师——尤其是中小学教师组织公民行为的研究非常有限，正式发表的高水平论文少之又少，因此对我国中小学教师组织公民行为的研究有着重要的意义和价值。

四、组织公民行为的测量与评定

对组织公民行为的测量主要从评定量表和评定视角两个方面着手，目前主要以量表作为测量工具。

Smith、Organ 和 Near 于 1983 年编制了最早的组织公民行为量表，其通过 16 道题目从两个维度来描述组织公民行为。这两个维度分别是利他主义和普遍服从。利他主义是指主动帮助同事，比如分担工作量。普遍服从是指并不针对个人的行为，比如守时和不浪费工作时间。量表使用李克特 7 点计分法，1= 从不，7= 经常。

1990 年 Podsakoff、Mackenzie、Moorman 和 Fetter 对上述量表进行修订，通过 24 道题目从 5 个维度描述了组织公民行为。这 5 个维度分别是利他主义（altruism）、个体主动性（conscientiousness）、运动员精神（sportsmanship）、公民道德（civic virtue）和谦虚（courtesy）。利他主义（包括 5 道题）指帮助他人完成组织任务或解决相关问题，比如分担一些缺席员工的工作量。个体主动性（包括 5 道题）指超出组织中个人角色最低要求的行为，比如不过多休息，始终坚守工作制度。运动员精神（5 道题）指员工愿意容忍比理想情况差的工作环境且毫无怨言的行为。谦虚（5 道题）指为防止工作相关问题出现的行为，比如考虑到行为对他人的影响。公民道德（4 道题）指显示员工负责任地参与或关注组织政治生活的行为，比如跟上组织的发展。

1991 年 Williams 和 Anderson 也编制了组织公民行为量表，通过 21 道题描述了 3 种类型的组织公民行为，包括注重个人的公民行为（OCBI）、注重组织的公民行为（OCBO）和角色内行为（RB）。注重个人的公民行为指能为特定的人带来直接好处和间接为组织做出贡献的行为，比如帮助缺席员工或对另一个员工表达关注。注重组织的公民行为包括提高对工作中能力欠缺情况的关注度和对非正式制度的遵守程度。角色内行为指正式奖励机制认可的和属于工作要求的行为，包括职责行为和承担被期望完成的工作。量表采用李克特 5 点计分，1= 完全不同意，5= 完全同意。

Moorman 和 Blakely 于 1995 年编制组织公民行为量表，通过 19 道题目从 4 个维度描述组织公民行为。这 4 个维度分别是人际帮助、个体主动性、个人努力、忠诚支持。人际帮助（包括 5 道题目）是指利他行为，比如通过处理工作相关问题来满足同事的个人需要。个人努力（包括 4 道题目）指对制度和程序的遵守、对工作质量的看重和超越责任制的行为。个体主动性（包括 5 道题目）指为改善个体或团队绩效向集体讨论结果发起的挑战、鼓励参与而做出的个人努力。忠诚支持（包括 5 道题目）指对组织坚定不移的信念、对组织利益的捍卫、为组织名誉和利益做出的贡献。量表使用李克特 7 点计分法，1= 完全不同意，7= 完全同意。题目是对组织中其他成员的描述。

　　我国学者常用的组织公民行为量表为樊景立教授于 1997 年编制的量表，通过 20 道题目从 5 个维度描述了中国社会背景下的组织公民行为。这 5 个维度分别是公司认同、同事之间的利他行为、个人主动性、人际协调和保护公司资源。公司认同即员工为保护公司名誉、改善公司运作情况而提出建议的意愿。同事之间的利他行为即员工帮助他人解决问题和分担工作任务的意愿。个人主动性即员工希望参与度、服从制度、工作努力度等方面行为超出组织期望的意愿。人际协调即员工避免追求个人权利和利益的意愿。保护公司资源是指避免和反对别人去做一些诸如滥用公司政策和资源的行为。量表使用李克特 7 点计分，1= 非常不同意，7= 非常同意；要求被试以现在或曾经的同事或下属为参考对象作答。

　　从 1983 年到 1997 年，组织行为学领域关于组织公民行为的研究不断深入，樊景立教授针对中国国情编制了具有中国特色的组织公民行为量表。从测评主题进行划分，可以把这些不同版本的量表分为自我测评、同事测评和管理者测评三类。三种测评方法各有优势和特点：自我测评更能反映出员工的真实想法，但容易出现社会称许性，产生误差；同事测评相对全面、客观，同事朝夕相处时对对方的品行和行事作风有更整体的理解和评价，但可能由于个人利益或人际关系等因素，评价掺杂个体的主观判断，产生偏差；管理者测评能够更好区分员工哪些行为属于工作角色行为，哪些行为属于非工作角色行为，使评定更加专业、准确。但组织管理者不是时刻都与员工相处，只是在某个特定时间有工作往来，因此获取的员工信息不全面，且员工有时会出现印象管理，导致管理者对员工行为的错误评判。

　　在管理心理学和组织行为学领域，对员工行为的研究通常从前因（antecedent）和后果（consequence）两个方面进行。"前因"指员工做出某种行为的原因，比如个人特质、组织环境、工作性质、领导风格等；"后果"指员工行为带来的结果，比如对组织绩效、组织文化、人际关系的影响等。因此在对组织公民行为进行定量分析时，常把这些因素作为相关影响因素，探求变量之间的因果关系。

第二节　教师组织公民行为相关理论

有关企业和行政部门组织公民行为的研究已经有了丰富的成果，但对以学校为组织的教师之组织公民行为的研究相对较少。尤其是中小学教师，其行为直接影响青少年教育质量。因此，了解中小学教师的工作态度和工作行为尤其重要，在诸多工作态度和行为中，组织公民行为对学生的影响更是显著。近年来，教师组织公民行为研究逐步兴起，并取得了一些有价值的研究成果。

在传统定义中，组织公民行为是指由员工自发做出的、自觉自愿的行为，不包括在组织正式的薪酬体系中，但有利于组织效能的提高。教师的组织公民行为是组织公民行为在教育领域和学校生活中的体现，反映教师主动承担工作之外任务的态度，比如主动帮助新教师成长，自觉进行继续学习和培训，提高自身技能。这些行为都是自觉自愿的、无偿的。随着教师这一职业专业化的不断增强，教师的公共使命意识日渐减弱，教师组织公民行为恰恰符合当代社会对教师的期望。把教师职责和社会责任紧密联系起来，充分体现教师职业的责任和价值，因此，探究中小学教师的组织公民行为是对教师工作态度研究的深度延伸，增加教师组织公民行为是新时代教师承担责任、提升境界的必由之路和客观选择。

一、研究意义

虽然当下对组织公民行为的研究日益深入，编制了诸多量表，也对组织公民行为相关"前因"和"后果"进行了探讨，但在国内外教育领域中，针对教师组织公民行为的研究才刚刚开始。

研究教师组织公民行为具有重要意义。首先，教师这一职业本身具有特殊性。2018 年 1 月，中共中央、国务院印发了《关于全面深化新时代教师队伍建设改革的意见》，强调教师职业的特殊性，指出教育培养的是全面发展的社会主义建设者和接班人、实现中华民族伟大复兴的中国梦的主力军；对广大教师提出殷切期望，希望广大教师坚持"四个相统一"，争做"四有"好教师。尤其是中小学教师，由于学生年龄小，教师的教育不仅关乎其知识，更影响其人生观、价值观的确立。人们经常用"春蚕到死丝方尽，蜡炬成灰泪始干"来形容教师。托尔斯泰说过："如果一个教师仅仅热爱教育，那么他只能是一个好教师……如果教师把热爱事业和热爱学生相结合，他就是一名完善的教师。"由此可知，具有师德的教师应对学生充满爱，爱学生是师德的重要体现。爱与付出要求教师具有奉献精神，而这种奉献精神是很难在绩效管理中进行评价和定量的，也很难在学校人事管理中进行职位分析，更不会在教师岗位职责说明中具体呈现。如果教师只是完成教学的本职工作，不一定会让学生全面发展，因此，只符合职位要求的教师不一定是真正优秀的好教师。教师的工作内容不只通过量化获得，更多是对学生的关爱和付出，以及对职业的热忱。好的教师不局限于工作的八小时，而是会时时刻刻心系教育，心系学生。教师的工作是良心活，需要教师自觉自愿的真心投入，要求教师主动寻求工作中的任务和责任。因此，对教师组织公民行为的研究正契合教师这一职业的特点。通过对教师组织公民行为的调查和分析，了解当下我国中小学教师组织公民行为现状，对学校教学质量提升、教师队伍建设和学校可持续发展具有重要意义和价值。

当今社会价值观逐渐多元化，教师的价值观同样容易受到影响，教师的价值观会通过学校教育直接传递给学生。教师组织公民行为是教师自觉自愿的行为，不包括在正式工作要求当中，体现了教师的奉献精神。但当下有些人奉行金钱至上的价值观，这种价值观与教师组织公民行为是背道而驰的。一旦教师把追求金钱利益放在首位，那么在行为上就会有所体现，比如不重视本职工作，在工作之外干"第二产业"，分散教学精力。这些行为是对教师职业道德的违背。教师的工作态度——尤其是教师组织公民行为充分体现了教师对职业的态度。本书调查河南省中小学教师的组织公民行为具有重要现实意义。

二、国外研究

国外较早开始关于教师组织公民行为的研究，已经有一定的成果。Skarlick 和 Latham 于 1995 年以大学教师作为被试，研究其组织公民行为，着重对组织公民行为的"前因"进行研究。结果表明：大学教师指向个人（包括指向学生、同事、同行等）的组织公民行为程度与教师本身的科研成果和教学水平显著正相关；大学教师的组织公民行为与在大学里工作的时间显著相关，教师工作年限越长，其组织公民行为越少，这种结果可能与教师职业倦怠和职业枯竭等因素有关。

2001 年，DiPaola 和 Tschannen-Moran 借鉴了 Organ 于 1988 年提出的组织公民行为早期传统概念，用于对教师组织公民行为的研究。二人认为，教师组织公民行为都是有益的，是教师从事的本职工作之外的内容，突出了教师的奉献精神，对学生和学校有着重要意义，能促进学生的学习和学校的发展。如果学校管理是开放式的，那么有助于促使教师产生更多组织公民行为。研究也着重探究了相关"前因"，结果表明学校氛围对教师组织公民行为有显著影响：学校氛围越好，教师组织公民行为就越多；领导管理越民主，教师组织公民行为就越多。了解教师组织公民行为更有利于对其进行科学的人力资源管理，更能有效增强学校效能。在研究中，针对不同学校样本进行了两项具体研究，一项选取小学、初中、高中教师样本，另一项只选取高中教师样本。研究表明，教师组织公民行为与组织文化显著相关，组织文化氛围越好，教师组织公民行为就越多，从而得出了学校环境这一"前因"与教师组织公民行为显著正相关的研究结论。

DiPaola 和 Hoy 于 2005 年调查了美国高中教师的组织公民行为，研究的侧重点为教师组织公民行为带来的"后果"。研究把美国各州教育行政部门组织的标准化考试作为结果变量，得出：教师组织公民行为对学生学业成绩有显著影响，教师组织公民行为越多，学生学业成绩越好。

Nqunj、Sleegers 和 Denessen 于 2006 年以 700 名小学教师为研究样本，着重对影响教师组织公民行为的"前因"进行研究。通过统计分析表明：变革型领导对教师工作满意度、组织承诺和组织公民行为有显著影响；教师工作满意度在变革型领导对教师组织承诺和组织公民行为的影响中起中介作用。当教师工作满意度较高时，教师的组织承诺感越强，教师组织公民行为就会越多。

Sonech 和 Ron 于 2007 年以 8 所小学的 104 名教师为研究样本，探究教师组织公民行为的"前因"，侧重于探讨个人特征与组织特征对教师组织公民行为的影响。在个体情绪变量上，消极情感与教师组织公民行为的相关性不显著，积极情感与教师组织公民行为显著正相关。在组织特征上，研究结果表明：如果教师感受到组织支持和集体主义等正向的组织氛围，教师组织公民行为就会越多。集体主义组织价值观能最有效地预测教师组织公民行为。

三、国内研究

国内对教师组织公民行为的研究包括针对我国国情的教师组织公民行为维度设计，已有对教师组织公民行为诸如个人特征、学校特征、社会因素、领导风格等"前因"和教师工作绩效、学校发展、学生学习效果等"后果"的相关研究。

华南师范大学教授龙君伟和其硕士研究生曹科岩（2007）以广州市中

小学教师作为样本，对教师组织公民行为的结构与影响因素进行研究，提出教师组织公民行为是指在非正式工作任务要求条件下教师自发做出的非工作角色行为，比如尽职、积极、主动和利他行为等，这些行为不仅对工作中相关人员如同事和学生有益，而且对形成良好学校文化氛围、维持人际关系、增强组织内部认同感及归属感、提高学校声誉等有着积极的促进作用。研究将教师组织公民行为划分为五个维度，分别为利他行为、组织认同、责任意识、人际和谐和资源保护，以此编制针对中国教师的组织公民行为量表，并使用量表对初中教师组织公民行为进行调查，分析"前因"如学校级别、性别、学历、职称、教育年限等对初中教师组织公民行为的影响，发现在学校级别和职称上教师组织公民行为存在显著差异。研究进一步探讨了教师组织公民行为与教师教学效能感之间的关系，发现两者显著相关，教师组织公民行为中的组织认同和利他行为两个维度对教师教学效能有显著预测作用。

北京师范大学教育管理学院博士生苏红（2007）对 7 所中小学进行了调查，搜集到 1972 条关于教师工作行为的描述，通过分析得出：在我国价值观背景下，教师组织公民行为包括自我发展、关心学生、教学指导、团队协作、课外指导、维护学校声誉、维护学校环境、节约学校资源和树立榜样等 9 个维度。

谢凌凌、龚怡祖、张琼（2011）通过对广西 86 所农村中学教师的调查得出，在人口学变量即性别、学历和年龄上，农村中学教师组织公民行为差异显著。研究进一步探讨自尊、职业承诺与教师组织公民行为的关系，发现农村中学教师自尊水平可以部分预测教师组织公民行为，教师自尊变量既可以直接影响教师组织公民行为，也可以通过教师职业承诺变量影响教师组织公民行为。研究试图通过探究农村中学教师自尊、职业承诺和教师组织公民行为三个变量的关系分析农村中学教师流失问题，并提出相应管理策略，从政府、学校等层面进行干预。

韦雪艳、耿庆岭、姜杰（2015）在研究中指出教师组织公民行为是教师在工作中表现出的对学生和学校有益的行为，但不包括在组织正式的薪酬体系中，所进行的是工作角色之外的无偿行为。研究以江浙地区 288 名中学教师作为被试，调查与教师组织公民行为相关的如心理资本和组织认同等个体特征"前因"。结果表明：心理资本与教师组织公民行为显著正相关，前者能有效预测教师组织公民行为；组织认同对教师组织公民行为同样有显著预测作用。但分别以心理资本各维度预测教师组织公民行为时，组织认同没有显著的缓冲作用。

陈艳（2017）以江苏省中小学教师和校长作为被试，通过问卷调查法获得 306 份有效问卷，调查教师组织公民行为相关影响因素，探究教师心理资本（个人因素）和学校管理者领导行为（外在环境）与教师组织公民行为之间的关系，把教师心理资本作为领导行为和教师组织公民行为之间的中介变量，建立领导行为对教师组织公民行为的影响机制模型，得出学校管理者的领导行为不仅直接影响教师组织公民行为，而且通过教师心理资本的中介作用间接影响教师组织公民行为，由此探究教师组织公民行为的"前因"。

张冉、叶超（2020）对教师组织公民行为的"前因"研究具有新意和实用性。随着家长对教育越来越重视，家长对教师的态度和行为也可能成为影响教师组织公民行为的重要因素，因此研究选取了家长苛待这一"前因"变量。研究者通过对 230 名小学教师进行调查，探究家长苛待对教师组织公民行为的影响机制，结果表明，家长苛待会使教师产生负面情绪和心理困扰，进而降低教师组织公民行为水平。通过研究可以充分了解家长态度和行为对教师的影响，对增强教师积极心理，使其以更好的心态对待工作以获得工作绩效的提高具有启示意义。

谢建、屈普、赵勇（2022）探究了教师内部身份认知与组织公民行为的关系及影响路径。其基于个体心理认知层面，对 235 名中学教师进行问卷调查，发现内部人身份认知对组织公民行为具有显著的正向影响，这一影响需要借助公共服务动机这一中介变量来完成，而外向性对内部人身份认知与公共服务动机的关系具有调节作用。研究揭示了内部人身份认知对组织公民行为的作用机制，对学校管理具有一定的理论和现实意义。

李保强、王佳佳（2022）的研究同样认同教师组织公民行为的有利作用，认为教师组织公民行为是有益于学校的但并未被正式薪酬系统认定的行为，这种行为具有自主自愿性、公益性、无偿性、榜样性等特征。研究以自编的中小学教师组织公民行为问卷作为研究工具，对我国 10 个省市的中小学教师进行调研，获取 1 840 份随机样本数据和 24 份教师访谈资料，发现我国中小学教师组织公民行为总体处于中等水平，各维度之间存在较大差异。中小学教师组织公民行为没有呈现"学校利益高于一切"的理想状态，而是符合人的常规思维，以由个体到集体、由学生到领导、由校内到校外的逻辑顺序依次展开，教师的发展从实现大我开始，再产生服务学生、协同家长、帮助同事、主动建言和忠于组织等行为。研究结果虽然表明目前我国中小学教师组织公民行为并不理想，但教师已经存在这种意识，研究对教师组织公民行为是认可的。教师已有产生组织公民行为的思想基础，当外在条件满足时，教师就有可能做出组织公民行为。此研究充分考虑了人性的现实性，更具有实践意义，也为管理实践提供了理论基础。

卢冬君（2022）基于对 2 325 名农村小学教师的问卷调查，分析和探讨了农村小学教师工作满意度对组织公民行为的影响，以探寻农村教师工作满意度和组织公民行为现状、工作满意度和组织公民行为之间的内在关系。结果表明：农村小学教师工作满意度对组织公民行为的影响处于中等偏上水平；农村小学教师工作满意度和组织公平感、工作意义、组织公民行为之间显著正相关，并对组织公民行为有积极影响；工作意义在农村小学教师工作满意度和组织公民行为之间起中介作用；农村小学教师组织公平感在工作满意度和工作意义两个变量之间起调节作用，能影响组织公民行为。基于此，研究探讨增加农村小学教师组织公民行为的策略，以促进农村教师的职业发展，增强教学效能，从而提高农村基础教育水平。

王光强（2024）研究认为：教师组织公民行为是学校激发办学活力的关键，也是学校平稳运行的重要保障。研究基于授权理论和社会认同理论，探究赋能学校科层制与中小学教师组织公民行为之间的关系。其以 658 名中小学教师作为被试进行问卷调查，研究得出：赋能学校科层制对中小学教师组织公民行为具有显著正向预测作用；工作自主性和组织认同两个变量不仅在赋能学校科层制与中小学教师组织公民行为之间起单独中介作用，而且具有链式中介作用。由此得出，为增加中小学教师组织公民行为，应完善学校管理制度，建立健全赋能学校科层制，给予教师工作自主权，在学校中建设信任和合作的组织文化，以增强教师的组织认同感，激发教师的工作积极性和工作动机。

近十多年来，我国对教师组织公民行为的研究已经有所积累，但大多集中于对教师组织公民行为的"前因"进行探究，前提假设都是教师组织公民行为是有益的、对学校有好处的行为，对教师组织公民行为的"后果"缺乏深入探讨。国外研究已经表明：组织公民行为具有多面性，是一把"双刃剑"，因此我国今后教师组织公民行为研究的方向应更多元化，以更科学地激发教师做出组织公民行为的动机，使其为组织所用。

第三节　河南省中小学教师组织公民行为现状及影响因素分析

组织公民行为是组织成员超出角色内工作要求的行为，能增加组织利益。此种行为不包括在工作正式要求之内，但无疑会增强组织的有效性，因此对组织公民行为的研究是组织行为学界和管理学界经久不衰的热门话题。

企业管理者意识到团队协作的重要性，于是将管理视线转移到怎样才能充分增加员工的组织公民行为从而提高组织整体绩效上。对乡镇小学教师管理来说更是如此，乡镇中小学教师组织规模较大，人员管理较复杂，如果学校中的教师、行政人员都能表现出组织公民行为，不仅能增强教学效能，提升教学品质，或许还能解决目前乡镇小学难以解决的人力资源管理问题。以下内容为组织公民行为人口学及组织学特征变量的差异分析。

一、研究目的

探讨不同人口学、组织学变量如性别、年龄、受教育程度、工作职位和所教学科等在组织公民行为各维度上是否存在显著差异。

二、研究方法

（一）研究被试

调查范围为河南省，根据调查问卷分层抽样原则，在相对集中的时间内通过微信发放"问卷星"问卷。共发放工作态度调查问卷3 207份，回收有效问卷2 325份，有效率约为72.5%。被试的人口统计学信息如表7–1所示。

表7–1　被试人口统计学信息

变量	类别	人数	有效百分比 / %
性别	男	679	29.2
	女	1 646	70.8
年龄	20 岁以下	7	0.3
	20～29 岁	447	19.2
	30～39 岁	581	25.0
	40～49 岁	1 004	43.2
	50～59 岁	286	12.3
婚姻状况	单身	275	11.8
	已婚	1 976	85.0
	离异	65	2.8
	丧偶	9	0.4

（续上表）

变量	类别	人数	有效百分比 / %
受教育程度	高中	11	0.5
	中专	45	1.9
	大专	811	34.9
	本科及以上	1 458	62.7
工龄	小于 1 年	124	5.3
	1～5 年	359	15.4
	6～10 年	170	7.3
	11～15 年	61	2.6
	16～20 年	266	11.4
	20 年以上	1 345	57.8
职称	中小学三级	123	5.3
	中小学二级	856	36.8
	中小学一级	1 004	43.2
	中小学高级及以上	342	14.7
职位	专职教师	2 250	96.8
	有行政级别的教师	38	1.6
	行政管理人员	37	1.6
所教学科	语文	994	42.8
	数学	767	33.0
	英语	264	11.4
	体育、音乐、美术	78	3.4
	其他	222	9.5

注：有效百分比数值为约数。

（二）研究工具

采用 1990 年 Podsakoff 等人所编制的组织公民行为量表，从 5 个维度描述河南省中小学教师组织公民行为，即利他主义、个体主动性、运动员精神、公民道德和谦虚，以了解河南省中小学教师组织公民行为现状。该量表采用李克特 7 点计分，1～7 表示"非常不同意"至"非常同意"。经检验，研究中各维度的克隆巴赫系数在 0.68～0.785 之间，总克隆巴赫系数为 0.897。

该量表设计有性别、年龄、受教育程度、工作职位和所教学科等人口学及组织学变量。因此，通过对调查数据进行统计分析，可以找出人口学变量、组织学变量与河南省中小学教师组织公民行为之间的关系，从而发现人口学、组织学变量对组织公民行为的影响。

（三）研究程序

调查问卷在相对集中的时间内完成。根据调查问卷分层抽样原则，在相对集中的时间内通过微信发放问卷，采用 SPSS 17.0 统计软件进行数据管理和分析。主要统计方法包括独立样本 t 检验、单因素方差分析（ANOVA）和多重比较等。

三、研究结果

（一）河南省中小学教师组织公民行为现状研究

1. 不同性别教师比较

对河南省中小学不同性别教师在组织公民行为整体及各维度上的平均数进行独立样本 t 检验。研究结果显示，不同性别教师在组织公民行为的利他主义（$t=-2.46$，$P<0.05$）、个体主动性（$t=-2.67$，$P<0.01$）、谦虚（$t=-2.89$，$P<0.01$）维度及组织公民行为整体（$t=-2.61$，$P<0.01$）上存在显著个体差异，具体表现为——在利他主义、个体主动性、谦虚维度及组织公民行为整体上，女性得分显著高于男性，而在其他两个维度上不存在显著差异。独立样本 t 检验结果如表 7–2 所示。

表 7–2　不同性别教师组织公民行为及各维度差异分析（n=2 325）

变量	组别	n	均方差	标准差	t
利他主义	男	679	25.53	5.24	-2.46^{*}
	女	1 646	26.88	4.52	
个体主动性	男	679	25.37	5.08	-2.67^{**}
	女	1 646	26.80	4.47	
运动员精神	男	679	24.31	6.02	-0.74
	女	1 646	24.82	6.21	
谦虚	男	679	26.26	4.84	-2.89^{**}
	女	1 646	27.75	4.36	

（续上表）

变量	组别	n	均方差	标准差	t
公民道德	男	679	20.08	4.44	−1.04
	女	1 646	20.57	3.85	
总和	男	679	121.55	19.03	−2.61**
	女	1 646	126.81	16.94	

注：*P<0.05，**P<0.01；下同。

2. 不同年龄教师比较

为探讨河南省中小学教师年龄与组织公民行为的关系，将教师年龄分为5个年龄段，即20岁以下、20～29岁、30～39岁、40～49岁、50～59岁，分别赋值为1～5。研究采用单因素方差分析方法，探讨不同年龄段教师在组织公民行为上的差异。从表7-3中可以发现，方差分析结果显示，无论是在组织公民行为整体还是各维度上，河南省中小学教师都不存在显著性差异。

表7-3　不同年龄段河南省中小学教师组织公民行为及各维度差异分析（n=2 325）

变量	变异来源	均方差	F值	显著性
利他主义	组间	36.53	1.56	0.171
	组内	23.41		
	总体			
个体主动性	组间	34.73	1.54	0.176
	组内	22.51		
	总体			
运动员精神	组间	21.88	0.58	0.714
	组内	37.59		
	总体			
谦虚	组间	28.79	1.36	0.239
	组内	21.15		
	总体			
公民道德	组间	16.83	1.01	0.414
	组内	16.71		
	总体			

（续上表）

变量	变异来源	均方差	*F* 值	显著性
	组间	546.32	1.71	0.131
总和	组内	319.01		
	总体			

3. 不同婚姻状况教师比较

为探讨河南省中小学教师婚姻状况与组织公民行为的关系，将教师婚姻状况分为 4 种情况，即单身、已婚、离异、丧偶，分别赋值为 1～4。研究采用单因素方差分析方法，探讨不同婚姻状况教师在组织公民行为上的差异。从表 7-4 中可以发现，方差分析结果显示，无论是在组织公民行为整体还是各维度上，河南省中小学教师都不存在显著性差异。

表 7-4 不同婚姻状况河南省中小学教师组织公民行为及各维度差异分析（*n*=2 325）

变量	变异来源	均方差	*F* 值	显著性
	组间	38.057	1.624	0.168
利他主义	组内	23.429		
	总体			
	组间	36.974	1.642	0.163
个体主动性	组内	22.522		
	总体			
	组间	8.262	0.219	0.928
运动员精神	组内	37.714		
	总体			
	组间	34.262	1.623	0.168
谦虚	组内	21.106		
	总体			
	组间	17.892	1.071	0.371
公民道德	组内	16.699		
	总体			
	组间	468.746	1.462	0.214
总和	组内	320.685		
	总体			

4. 不同受教育程度教师比较

为探讨河南省中小学教师受教育程度与组织公民行为的关系，将教师受教育程度分为4种情况，即高中、中专、大专、本科及以上，分别赋值为1～4。研究采用单因素方差分析方法，探讨不同受教育程度教师在组织公民行为上的差异。从表7-5中可以发现，方差分析结果显示，无论是在组织公民行为整体还是各维度上，河南省中小学教师都不存在显著性差异。

表7-5　不同受教育程度河南省中小学教师组织公民行为及各维度差异分析（$n=2\,325$）

变量	变异来源	均方差	F 值	显著性
利他主义	组间	3.064	0.128	0.972
	组内	23.867		
	总体			
个体主动性	组间	15.490	0.680	0.606
	组内	22.790		
	总体			
运动员精神	组间	44.401	1.192	0.314
	组内	37.262		
	总体			
谦虚	组间	9.699	0.453	0.770
	组内	21.413		
	总体			
公民道德	组间	23.713	1.426	0.225
	组内	16.626		
	总体			
总和	组间	194.768	0.601	0.662
	组内	324.110		
	总体			

5. 不同教龄教师比较

为探讨河南省中小学教师教龄与组织公民行为的关系，将教师教龄状况分为6种情况，即小于1年、1～5年、6～10年、11～15年、16～20年、20年以上，分别赋值为1～6。研究采用单因素方差分析方法，探讨不同教龄状况教师在组织公民行为上的差异。从表7-6中可以发现，方差分析结果显示，除了在运动员精神和谦虚维度上差异不显著外，河南省中小学教师在其余维度及量表总分上都存在显著差异。进一步多重比较发现，在利他主义维度上，教龄小于1年、11～15年、1～5年、6～10年的教师得分依次降低；在个体主动性维度上，工龄小于1年、20年以上、1～5年、11～15年、6～10年的教师得分依次降低；在公民道德维度与组织公民行为总分上，工龄小于1年、1～5年、11～15年、6～10年的教师得分依次降低。

表7-6 不同教龄河南省中小学教师组织公民行为及各维度差异分析（n=2 325）

变量	变异来源	均方差	F 值	显著性
利他主义	组间	47.917	2.06*	0.050
	组内	23.229		
	总体			
个体主动性	组间	72.497	3.31**	0.006
	组内	21.919		
	总体			
运动员精神	组间	34.908	0.93	0.459
	组内	37.389		
	总体			
谦虚	组间	16.215	0.76	0.580
	组内	21.348		
	总体			
公民道德	组间	25.354	1.53*	0.030
	组内	16.578		
	总体			
总和	组间	754.991	2.39*	0.038
	组内	315.734		
	总体			

6. 不同职称教师比较

为探讨河南省中小学教师职称与组织公民行为的关系，将教师职称状况分为4种情况，即中小学三级、中小学二级、中小学一级、中小学高级及以上，分别赋值为1～4。研究采用单因素方差分析方法，探讨不同职称教师在组织公民行为上的差异。从表7-7中可以发现，方差分析结果显示，河南省中小学教师只在利他主义及个体主动性维度上存在差异。进一步多重比较发现，中小学高级及以上职称教师与中小学一级职称教师之间差异大，中小学高级及以上职称教师在两个维度上的得分均大于中小学一级职称教师。

表7-7　不同职称河南省中小学教师组织公民行为及各维度差异分析（n=2 325）

变量	变异来源	均方差	F值	显著性
利他主义	组间	64.804	2.78*	0.041
	组内	23.275		
	总体			
个体主动性	组间	35.760	1.58*	0.04
	组内	22.644		
	总体			
运动员精神	组间	37.048	0.989	0.398
	组内	37.470		
	总体			
谦虚	组间	3.109	0.145	0.933
	组内	21.503		
	总体			
公民道德	组间	19.049	1.149	0.329
	组内	16.574		
	总体			
总和	组间	434.599	1.348	0.259
	组内	322.404		
	总体			

7. 不同职务教师比较

为探讨河南省中小学教师职务与组织公民行为的关系，将教师职务状况分为3种情况，即专职教师、有行政职务的教师、行政管理的教师，分别赋值为1～3。研究采用单因素方差分析方法，探讨不同职务教师在组织公民行为上的差异。从表7-8中可以发现，方差分析结果显示，河南省中小学教师职务情况对组织公民行为及各维度并不造成影响。

表7-8　不同职务河南省中小学教师组织公民行为及各维度差异分析（n=2 325）

变量	变异来源	均方差	F值	显著性
利他主义	组间	0.813	0.034	0.992
	组内	23.823		
	总体			
个体主动性	组间	21.974	0.968	0.408
	组内	22.707		
	总体			
运动员精神	组间	66.620	1.797	0.148
	组内	37.077		
	总体			
谦虚	组间	13.935	0.653	0.582
	组内	21.337		
	总体			
公民道德	组间	28.453	1.714	0.164
	组内	16.604		
	总体			
总和	组间	11.129	0.034	0.992
	组内	325.423		
	总体			

8. 不同学科教师比较

为探讨河南省中小学教师所教学科与组织公民行为的关系，将教师所教学科状况分为5种情况，即语文、数学、英语、"体音美"、其他，分别赋值为1～5。研究采用单因素方差分析方法，探讨不同学科教师在组织公民行为上的差异。从表7-9中可以发现，方差分析结果显示，河南省中小学教师学科情况对组织公民行为及各维度并不造成影响。

表7-9　不同学科河南省中小学教师组织公民行为及各维度差异分析（n=2 325）

变量	变异来源	均方差	F值	显著性
利他主义	组间	15.251	0.642	0.668
	组内	23.741		
	总体			

（续上表）

变量	变异来源	均方差	F 值	显著性
个体主动性	组间	8.863	0.387	0.858
	组内	22.917		
	总体			
运动员精神	组间	27.796	0.741	0.593
	组内	37.500		
	总体			
谦虚	组间	6.369	0.296	0.915
	组内	21.502		
	总体			
公民道德	组间	17.490	1.047	0.390
	组内	16.701		
	总体			
总和	组间	125.141	0.384	0.859
	组内	325.607		
	总体			

9. 不同人口学及组织学变量河南省中小学教师差异分析汇总

对不同人口学及组织学变量的河南省中小学教师在组织公民行为整体及各维度上的差异进行分析，具体如表 7-10 所示。

表 7-10 不同人口学及组织学变量与河南省中小学教师组织公民行为的关系

变量	性别	工龄	职称
利他主义	2>1	1>4>2>3	3>2
个体主动性	2>1	1>6>2>4>3	3>2
运动员精神			
谦虚	2>1		
公民道德		1>2>4>3	
总和	2>1	1>2>4>3	

10. 讨论与分析

通过对不同人口统计特征、不同组织背景河南省中小学教师组织公民行为差异的研究，可以看出，在所探讨的人口学变量和组织学变量中，河南省中小学教师在性别、教龄及职称方面存在显著差异。

具体来讲，在性别方面，河南省中小学教师在组织公民行为的利他主义、个体主动性、谦虚维度及组织公民行为整体上存在显著差异，表现为女性的得分高于男性。研究表明：男性在工作中更重视自己的权威，而女性更侧重于良好的人际关系。利他主义有助于更好地和同事保持良好的人际关系，给工作场所带来和平；个体主动性和谦虚可以使人更多得到别人的认可。这些原因使男女在组织公民行为上显示出了显著差异。

在教龄方面，河南省中小学教师在利他主义、个体主动性、公民道德及组织公民行为整体上均存在显著差异。其中6～10年教龄的河南省中小学教师在以上几个维度和总体分数上显著低于其他教龄段老师。分析其原因，相对于刚工作不久的新教师，6～10年教龄的教师不再是摸着石头过河，已适应了工作环境和周围的人际关系，也已熟悉工作中的各种规则，减少了刚工作时希望自己被同事认同和融入工作环境的渴望。工作10～15年的教师随着年龄增加，为人处世会更有责任感，对自己的工作会有更深的感情，表现出更强的奉献精神。此外，该教龄段的河南省中小学教师也更有经验和能力去做更多利他行为，因此在利他主义、个体主动性和公民道德上的得分比6～10年教龄的教师高。

在职称方面，河南省中小学教师在利他主义、个体主动性维度上存在显著差异，这正好对应教龄上的差异。一般来说，教龄为6～10年的大多数是中小学一级职称，而工作20年及以上的教师大多是中小学高级职称。教龄上的差异分析显示，11～15年教龄的教师在利他主义、个体主动性、公民道德及组织公民行为整体上的得分均显著高于6～10年教龄的教师。考虑到很多中小学教师直到退休还是中小学一级职称，因此排除此因素的影响，在利他主义和个体主动性方面，中小学高级职称教师的得分显著高于中小学一级职称教师。

由于性别、教龄和职称上的差异，河南省中小学教师表现出了不同程度的组织公民行为。了解现状之后，在河南省中小学教师管理中就可以针对不同教师结构进行灵活多变的管理。只有这样才能起到有效激励作用，真正促使河南省中小学教师做出更多有益于组织的行为。

11. 小结

通过独立样本 t 检验、方差分析及多重比较分析，有以下几点发现。

第一，不同性别教师在利他主义、个体主动性、谦虚维度及组织公民行为整体上存在显著差异，在运动员精神及公民道德维度上差异不显著。

第二，不同教龄河南省中小学教师在利他主义、个体主动性、公民道德及组织公民行为整体上均存在显著差异，而在运动员精神、谦虚维度上未发现显著差异。

第三，不同职称河南省中小学教师在利他主义、个体主动性维度上存在显著差异，在运动员精神、谦虚、公民道德维度和组织公民行为整体上不存在显著差异。

（二）河南省中小学教师工作满意度与组织公民行为关系研究

工作满意度是员工对自己工作的总体态度。以往研究已证实，工作满意度与组织公民行为之间存在着一定的联系，且工作满意度会影响组织公民行为。Organ 于 1988 年提出工作满意度与组织公民行为相关，认为工作满意度与上级评定的组织公民行为之间的相关系数为 0.41，工作满意度与组织公民行为中利他行为的相关系数为 0.33。Organ 和 Ryan 于 1995 年对 55 项工作态度能够有效预测组织公民行为的研究进行元分析，研究结果表明：工作满意度、公平感与组织公民行为的相关性均达到显著水平。张爱卿、吕昆鹏、钱振波（2010）研究得出，员工工作满意度与组织公民行为之间存在显著正相关关系，工作本身和工作关系对组织公民行为有正向预测作用。

作为一种动机，公平感也可以有效预测人们的组织公民行为，直接影响组织成员的工作满意度、组织承诺、工作投入、信任、组织公民行为等，进而影响组织绩效和竞争力。从 20 世纪 70 年代中期开始，研究者开始关注公平感与员工感受和行为之间的关系，发现组织公平感与这些变量之间均有显著关系。大量研究表明，在影响组织公民行为的众多因素中，组织公平感是关键因素。比如，Organ 等人研究发现，员工的组织公平感可能会更为直接地影响其组织公民行为的水平；Dittrich 和 Carroll 于 1979 年在研究企业组织公平感与组织公民行为之间的关系时，发现程序公平感和报酬公平感与角色外行为显著相关；Farh 和 Earley Shu-ChiLin 于 1997 年的研究也证实了组织公平和组织公民行为高度相关；国内有学者研究发现，教师组织公平感会影响其组织公民行为。虽然之前做了大量相关研究，但针对河南省中小学教师的研究少之又少。本书针对河南省中小学教师这一社会群体，尝试提出：工作满意度和组织公民行为之间除了存在直接作用外，还可能存在一些间接效应，如中介效应或调节效应等。

本书对河南省中小学教师组织公民行为现状进行分析，并研究河南省中小学教师组织公民行为与工作满意度之间的关系，在此基础上研究公平感是否在组织公民行为与工作满意度之间起中介作用。

1. 研究目的

运用逐步多元回归分析方法研究工作满意度各维度对组织公民行为这一观测变量的影响。研究框架如图 7-1 所示。

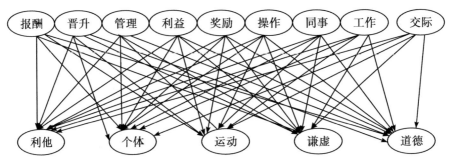

图 7-1　工作满意度各维度对组织公民行为的影响

2. 研究被试

调查范围为河南省，根据调查问卷分层抽样原则，在相对集中的时间内通过微信发放问卷，共发放工作态度调查问卷 3 207 份，回收有效问卷 2 325 份，有效率约为 72.5%。

3. 研究工具

（1）工作满意度量表。

采用 Spector 等编制的工作满意度量表，该量表包括报酬、晋升、管理者、利益、奖励、操作程序、同事、工作本身和交际 9 个维度，每个维度均有 4 个项目，共有 36 个项目。量表采用李克特 6 点计分，1～6 表示"非常不同意"至"非常同意"。该量表在我国人事测评中广泛应用，具有良好的信度和效度，各项指标符合心理测量学的要求。本书研究中该量表总的克隆巴赫系数为 0.894，各维度的克隆巴赫系数为 0.548～0.718。

（2）组织公民行为量表。

采用 1990 年 Podsakoff 等人所编制的组织公民行为量表，从 5 个维度描述河南省中小学教师组织公民行为，即利他主义、个体主动性、运动员精神、公民道德和谦虚，以了解河南省中小学教师组织公民行为现状。该量表采用李克特 7 点计分，1～7 表示"非常不同意"至"非常同意"。经检验，本书研究中各维度的克隆巴赫系数为 0.686～0.785，总的克隆巴赫系数为 0.897。

4. 研究程序

调查问卷在相对集中的时间内完成。一部分为笔者现场调查，对个别问题进行现场解释；另一部分为邮寄委托施测，在委托施测前，对被委托人进行简单培训，介绍调查的意义、操作过程和注意事项等。采用 SPSS 17.0 统计软件进行数据管理和分析。

5．研究结果

（1）研究变量描述统计。

表 7–11 是各研究变量的平均值、标准差和相关系数矩阵。可以发现，工作满意度量表总分与组织公民行为量表的总分及五个维度完全正相关。工作满意度量表中的管理者满意度、同事满意度、工作本身满意度三个维度与组织公民行为量表的五个维度完全正相关。工作满意度量表中报酬满意度及晋升满意度两个维度与组织公民行为量表中利他主义、个体主动性及公民道德三个维度完全正相关。组织公民行为量表中公民道德维度与工作满意度量表中奖励满意度正相关。工作满意度量表中交际满意度与组织公民行为量表中运动员精神及公民道德维度分别正相关。工作满意度量表中晋升满意度及利益满意度与组织公民行为量表中运动员精神维度负相关。组织公民行为量表总分与工作满意度量表中管理者满意度、奖励满意度、同事满意度、工作本身满意度及交际满意度正相关。

（2）工作满意度对组织公民行为的影响。

①工作满意度对利他主义的影响。

以管理者满意度、同事满意度、工作本身满意度、报酬满意度及晋升满意度为自变量，以组织公民行为的利他主义为因变量，采用逐步多元回归分析方法进行探讨，分析结果见表 7–12。

研究结果显示，人口学、组织学变量中性别对利他主义具有预测作用。在控制人口学变量的影响效应后，工作满意度对利他主义具有显著的正向预测作用。所建回归方程通过了显著性检验（F=18.316，P<0.001），同事满意度（β=0.256，P<0.001）和工作本身满意度（β=0.173，P<0.05）维度进入回归方程，其中同事满意度、工作本身满意度对利他主义具有显著的正向预测作用。二者共同解释利他主义得分差异的 14.7%。

表 7-11　各研究变量的平均值、标准差及相关系数矩阵（n=2 325）

序号	1	2	3	4	5	6	7	8	9	10	11	12	13	14	15	16
1	1.000															
2	0.433**	1.000														
3	0.191**	0.165**	1.000													
4	0.559**	0.399**	0.193**	1.000												
5	0.454**	0.326**	0.366**	0.418**	1.000											
6	0.250**	0.178**	0.090*	0.314*	0.307**	1.000										
7	0.006	-0.037	0.368**	-0.030	0.171**	0.021	1.000									
8	0.256**	0.201**	0.275**	0.205	0.197**	0.112**	0.295**	1.000								
9	0.331**	0.261**	0.358**	0.335**	0.430**	0.342**	0.191**	0.231**	1.000							
10	0.564**	0.446**	0.465**	0.531**	0.610**	0.388**	0.270**	0.427**	0.576**	1.000						
11	0.093*	0.089*	0.202**	0.038	0.052	-0.025	0.221**	0.206**	0.046	0.136**	1.000					
12	0.105**	0.100*	0.171**	0.026	0.032	-0.015	0.202**	0.246**	0.052	0.137**	0.505**	1.000				
13	-0.010	-0.119**	0.200**	-0.082*	0.073	0.060	0.315**	0.192**	0.120**	0.116**	0.159**	0.198**	1.000			
14	0.022	0.034	0.155**	-0.062	0.025	-0.043	0.273**	0.151**	0.017	0.096**	0.429**	0.466**	0.205**	1.000		
15	0.095*	0.132**	0.204**	0.048	0.118**	0.022	0.244**	0.199**	0.082*	0.170**	0.486**	0.517**	0.199**	0.400*	1.000	
16	0.074	0.044	0.246**	-0.021	0.081*	0.008	0.346**	0.258**	0.088**	0.174**	0.615**	0.648**	0.439**	0.585**	0.616**	1.000
M	12.47	13.04	16.91	12.73	13.79	12.48	18.72	16.70	14.14	131.00	26.27	26.16	24.46	27.06	20.31	124.26
SD	3.87	3.64	3.27	3.91	3.67	3.20	3.38	3.93	3.56	22.14	4.85	4.76	6.14	4.61	4.06	17.97

注：1. * 代表 $P < 0.05$，** 代表 $P < 0.01$，*** 代表 $P < 0.001$；下同。

2. 1=报酬满意度，2=晋升满意度，3=管理者满意度，4=利益满意度，5=奖励满意度，6=操作程序满意度，7=同事满意度，8=工作本身满意度，9=交际满意度，10=量表一总和，11=利他主义，12=个体主动性，13=运动员精神，14=谦虚，15=公民道德，16=量表三总和。

表 7-12 工作满意度对利他主义的多元回归分析（n=2 325）

变量		利他主义			
		第一步		第二步	
		Beta	t	Beta	t
第一步控制变量	性别	0.124	2.236*	0.131	2.521*
	年龄	0.078	1.410	0.099	1.912
	婚姻状况	−0.036	−0.641	0.002	0.032
	受教育程度	−0.021	−0.384	−0.025	−0.479
	教龄	0.094	1.685	0.085	1.640
	职位	0.083	1.488	0.037	0.698
	职称	0.007	0.122	0.075	1.436
	所教学科	0.055	0.983	0.079	1.516
第二步自变量	管理者满意度			0.081	1.501
	同事满意度			0.256	4.510***
	工作本身满意度			0.173	3.041**
	报酬满意度			0.075	1.302
	晋升满意度			0.099	1.784
	R^2	0.015		0.147	
	ΔR^2	0.012		0.139	
	F	4.998*		18.316***	

②工作满意度对个体主动性的影响。

以管理者满意度、同事满意度、工作本身满意度、报酬满意度及晋升满意度为自变量，以组织公民行为的个体主动性为因变量，采用逐步多元回归分析方法进行探讨，分析结果见表 7-13。

研究结果显示，人口学、组织学变量中性别、年龄和职位对个体主动性具有预测作用。在控制人口学变量的影响效应之后，工作本身满意度对个体主动性具有显著正向预测作用。所建回归方程通过了显著性检验（$F=14.893$，$P<0.001$），同事满意度（$\beta=0.186$，$P<0.001$）和工作本身满意度（$\beta=0.293$，$P<0.001$）维度进入回归方程，其中同事满意度、工作本身满意度对个体主动性具有显著正向预测作用。二者共同解释个体主动性得分差异的 19.0%。

表 7-13　工作满意度对个体主动性的多元回归分析（n=2 325）

变量		个体主动性			
		第一步		第二步	
		Beta	t	Beta	t
第一步控制变量	性别	0.115	2.072*	0.131	2.598**
	年龄	0.095	1.723	0.126	2.506**
	婚姻状况	0.020	0.359	0.003	0.061
	受教育程度	−0.059	−1.059	−0.039	−0.744
	教龄	0.095	1.706	0.014	0.180
	职位	0.060	1.074	0.095	1.864*
	职称	0.099	0.788	0.019	0.291
	所教学科	0.068	1.221	0.098	1.900
第二步自变量	管理者满意度			0.037	0.620
	同事满意度			0.238	4.151***
	工作本身满意度			0.287	4.819***
	报酬满意度			0.024	0.422
	晋升满意度			0.054	0.987
	R^2	0.013		0.190	
	ΔR^2	0.010		0.177	
	F	4.294*		14.893***	

③工作满意度对运动员精神的影响。

以管理者满意度、同事满意度、工作本身满意度、报酬满意度及晋升满意度为自变量，以组织公民行为的运动员精神为因变量，采用逐步多元回归分析方法进行探讨，分析结果见表 7-14。

研究结果显示，人口学、组织学变量对运动员精神不具有预测作用。在控制人口学变量之后，工作本身满意度对运动员精神具有显著正向预测作用。所建回归方程通过了显著性检验（F=78.344，P<0.001），同事满意度（β=0.370，P<0.001）和工作本身满意度（β=0.171，P<0.01）及晋升满意度（β=−0.181，P<0.001）维度进入回归方程，其中同事满意度、工作本身满意度及晋升满意度对运动员精神具有显著正向预测作用。三者共同解释运动员精神得分差异的23.2%。

表 7-14　工作满意度对运动员精神的多元回归分析（n=2 325）

变量		运动员精神			
		第一步		第二步	
		Beta	t	Beta	t
第一步控制变量	性别	0.036	0.612	0.041	0.841
	年龄	−0.003	−0.035	0.049	0.996
	婚姻状况	−0.059	−0.947	0.005	0.097
	受教育程度	0.019	0.307	0.008	0.169
	教龄	0.063	0.671	0.027	0.539
	职位	−0.042	−0.716	−0.023	−0.467
	职称	−0.006	−0.078	0.023	0.459
	所教学科	−0.050	−0.851	−0.026	−0.532
第二步自变量	管理者满意度			0.091	1.516
	同事满意度			0.370	6.774[***]
	工作本身满意度			0.171	2.949[**]
	交际满意度			0.086	1.479
	晋升满意度			−0.181	−3.419[***]
	利益满意度			−0.082	−1.279
	R^2	0.012		0.232	
	ΔR^2	−0.013		0.225	
	F	0.469		32.147[***]	

④工作满意度对谦虚的影响。

以管理者满意度、同事满意度、工作本身满意度为自变量，以组织公民行为的谦虚为因变量，采用逐步多元回归分析方法进行探讨，分析结果见表7-15。

研究结果显示，人口学、组织学变量中性别对谦虚具有预测作用。在控制人口学变量的影响效应之后，工作本身满意度对谦虚具有显著正向预测作用。所建回归方程通过了显著性检验（$F=33.255$，$P<0.001$），同事满意度（$\beta=0.398$，$P<0.001$）维度进入回归方程，其中同事满意度对谦虚具有显著正向预测作用，其解释谦虚得分差异的17.2%。

表 7-15　工作满意度对谦虚的多元回归分析（n=2 325）

变量		谦虚			
		第一步		第二步	
		Beta	t	Beta	t
第一步 控制变量	性别	0.118	2.127*	0.132	2.602**
	年龄	−0.005	−0.089	0.015	0.299
	婚姻状况	−0.055	−0.966	−0.011	−0.205
	受教育程度	−0.021	−0.376	−0.015	−0.298
	教龄	0.019	0.336	0.012	0.232
	职位	−0.051	−0.910	−0.031	−0.601
	职称	0.026	0.466	0.033	0.652
	所教学科	−0.001	−0.025	0.034	0.674
第二步 自变量	管理者满意度			0.013	0.226
	同事满意度			0.398	7.819***
	工作本身满意度			0.049	0.877
	R^2	0.014		0.172	
	ΔR^2	0.011		0.167	
	F	4.522*		33.255***	

⑤工作满意度对公民道德的影响。

以管理者满意度、同事满意度、工作本身满意度、奖励满意度及交际满意度为自变量，以组织公民行为的公民道德为因变量，采用逐步多元回归分析方法进行探讨，分析结果见表 7-16。

研究结果显示，人口学、组织学变量中职位对公民道德具有预测作用。在控制人口学变量的影响效应之后，同事满意度、工作本身满意度对公民道德具有显著正向预测作用。所建回归方程通过了显著性检验（$F=17.043$，$P<0.001$），同事满意度（$\beta=0.247$，$P<0.001$）和工作本身满意度（$\beta=0.175$，$P<0.001$）维度进入回归方程，其中同事满意度和工作本身满意度对公民道德具有显著正向预测作用，其解释谦虚得分差异的 17.0%。

表 7-16　工作满意度对公民道德的多元回归分析（*n*=2 325）

变量		公民道德			
		第一步		第二步	
		Beta	*t*	Beta	*t*
第一步 控制变量	性别	0.088	1.519	0.063	1.224
	年龄	0.018	0.205	0.054	1.052
	婚姻状况	−0.083	−1.332	0.007	0.128
	教育	−0.08	−1.341	−0.063	−1.224
	教龄	0.006	0.061	0.046	0.897
	职位	−0.051	−0.910	0.117	2.286*
	职称	0.078	0.979	0.048	0.936
	所教学科	0.084	1.466	0.099	1.928
第二步 自变量	管理者			0.036	0.570
	报酬			0.048	0.719
	晋升			0.225	4.396**
	奖励			0.005	0.073
	同事			0.321	6.255**
	工作本身			0.095	1.572
	交际			−0.055	−0.915
	R^2	0.037		0.163	
	ΔR^2	0.013		0.156	
	F	1.512		20.772**	

⑥工作满意度对组织公民行为影响小结。

工作满意度对组织公民行为的影响见表 7-17。

表 7-17　河南省中小学教师工作满意度影响后果变量对组织公民行为的回归系数
（*n*=2 325）

变量	利他主义	个体主动性	运动员精神	谦虚	公民道德
报酬满意度	/	/	/	/	/
晋升满意度	/	/	−0.181	/	0.225
管理者满意度	/	/	/	/	/

（续上表）

变量	利他主义	个体主动性	运动员精神	谦虚	公民道德
利益满意度	/	/	/	/	/
奖励满意度	/	/	/	/	/
操作程序满意度	/	/	/	/	/
同事满意度	0.256	0.186	0.370	0.398	0.321
工作本身满意度	0.173	0.293	0.171		
交际满意度	/	/	/	/	/

注："/"表示影响系数不显著。

6. 结果分析

可以看出，河南省中小学教师工作各维度满意度对组织公民行为部分因素具有不同程度的影响，研究假设得到部分验证。总体而言，河南省中小学教师工作满意度能够显著预测组织公民行为。研究结果与国外相关研究既存在相同之处，也在一定程度上有所差异。具体结论如下。

（1）晋升满意度对结果变量的影响作用。

晋升满意度对运动员精神有显著的负向影响，对公民道德有显著的正向影响。

（2）同事满意度对结果变量的影响作用。

同事满意度对组织公民行为的五个维度即利他主义、个体主动性、运动员精神、谦虚、公民道德都具有显著的正向影响。

（3）工作本身满意度对结果变量的影响作用。

工作本身满意度对利他主义、个体主动性、运动员精神、公民道德具有显著的正向影响。

7. 改进策略

针对以上研究成果，可以尝试提出提高河南省中小学教师工作满意度、增加其组织公民行为的方法和对策。

首先，薪酬福利是影响河南省中小学教师工作满意度最重要的因素，而这种影响是通过对薪酬福利公平感的感知来实现的，对薪酬公平感的感知又取决于参照对象的选择。参照对象可以是他人、自己或系统。他人又可以分为本校其他教师、外校同等级别的教师和与自己关系密切的朋友或亲人。为了避免外部不公平感的产生，学校领导者应该进行广泛调研，了解同区域及相似区域内和本校同级别的中小学教师和行政、事业单位员工的工资和福利，以此为基础制定一套合理的薪酬体系，这样教师的不公平感就会淡化，不仅可以避免其离职和跳槽，而且能提高其满意度和忠诚度。为避免内部不公平，要针对本校教师制定一套有系统性和规则性的薪酬体系，根据职称和行政级别来划分工资等级，并严格执行薪酬体系，再结合多劳多得的绩效管理制度，这样可以使教师的不公平感减弱。

其次，作为知识密集型组织，学校有特殊性。河南省中小学教师都是有着相对高学历的专业技术人才，而专业人员与非专业人员有一些典型的差异，前者在专业技术领域有着强烈、持久的承诺，其忠诚更多是对自己专业的忠诚，而不是对雇主的忠诚。为始终跟上领域的发展，教师须不断更新自己的知识，那么学校领导者应该根据这一特点，给教师提供出去进修和学习的机会。在提供机会时要结合公平原则，每位教师都应该有机会获得进修培训机会，那么如何提供这种机会就是一个须深入思考的问题。学校必须建立起规范的培训制度，要合理分配培训名额。对于培训名额的分配，学校管理者应遵循公开透明的原则，做到公开、公平、公正，面对全体教师，从教师工作表现入手，将培训机会提供给最需要的教师。可以将这种分配培训名额的工作与学校整体激励机制联系起来，以科学合理的方式方法展开。

最后，在领导管理方面，管理者要尊重教师并及时与其沟通。河南省中小学教师属于高学历群体，工作成效一定程度上取决于其积极性和主动性，而这种担负责任、自觉自愿的工作又是由教师的工作态度所决定的。麦格雷戈曾提出关于人性的假设，即 X 理论和 Y 理论。X 理论认为人是消极的，不喜欢工作，只要有机会就会逃避工作，逃避责任。Y 理论则恰恰相反，认为员工可以自我指导，甚至会主动寻求工作责任，把工作看作一项自然而然的活动。有证据表明，对于河南省中小学教师这一特殊的职业而言，其只有在感到自己的努力被尊重、自己能对组织的管理发表意见时才能全身心投入工作。塞基欧万尼·托马斯和伦西斯·利克特等人在有关学校管理的研究中表明，Y 理论的人性观假设更适合教师的管理。这样的学校管理者应尊重教师，信任教师，并通过学校的规章制度、措施、领导作风、人际关系等各个方面体现出来，让教师对自己的工作负起责任，更有自主权，从而也更充分调动教师的工作积极性。因此在管理过程中，学校领导可以让教师参与决策，在设置工作任务和目标时要有一定的难度，让教师在工作中有决策权，让教师在完成工作的过程中可以得到及时的反馈。在人际关系上，学校领导者要尊重和信任教师，不能有高高在上的工作姿态，要以平等的心态对待每位教师。在信息沟通上，学校领导要扮演好信息接受者、传播者和发言人的角色。在信息交流上，学校领导者要以平等的方式进行，多听取教师的意见和呼声，并及时给予反馈。

以上管理方法在一定程度上可以提高河南省中小学教师的工作满意度，再加上河南省中小学教师对公平感的感知，就可以使其做出更多组织公民行为。学校管理者最重要的任务就是培养教师有利于组织利益的行为，而组织公民行为就是最直接的体现。

（三）工作满意度、组织公民行为、工作意义与组织公平感变量关系研究

1. 研究背景及目的

教师组织公民行为是教师自觉自愿做出的、超出其工作要求范畴的利他行为。这种行为说明教师愿意承担额外工作职责和教学任务，更能维护学校利益，发展校内和谐人际关系，促进教师自我发展。廖春华等（2016）采用结构方程模型方法得出高校教师的组织公民行为对工作绩效有显著影响；徐长江、石伟（2016）的研究同样表明组织公民行为有助于教师职责的履行与学校效能的增强。可见，教师组织公民行为不仅有利于教师更好扮演职业角色，增强教师的认同感和归属感，也能形成良好的学校组织文化，进而对教学产生深远影响。

一直以来，研究者就工作态度和工作行为之间的关系进行了深入研究。工作态度是个体在工作中对人、事、物的评价性陈述，反映了个体对某一对象的内在感受，而组织公民行为是由个体自我认知和内在心理因素所激发的，越来越多研究已经在不同程度上证实了工作满意度、组织公平感和工作意义等工作态度对组织公民行为有一定影响。工作满意度代表员工对工作的总体态度，即对工作本身和与工作有关的事件、人物、环境等的内在感受及满足感。员工的工作满意度与组织公民行为显著正相关，并对组织公民行为有积极影响，表现出更多组织公民行为的员工其工作满意度和工作绩效也处于较高水平。在工作态度中，组织公平感这一重要态度变量对组织公民行为的水平有直接影响。

在学校组织情境下，组织公平感是教师对学校及其领导者在资源分配、决策制定过程中所产生的公平性问题的主观认知，组织公平感会影响员工的组织公民行为，其中工作满意度对组织公民行为的影响更大。在工作情境中，工作意义同样对工作满意度有积极影响。工作意义是个体对工作价值的一种主观体验和评价，是激发员工工作动机的重要内在因素，并影响工作绩效，会对员工工作角色外的绩效产生积极效应。当员工认为工作重要、喜欢工作并觉得工作有意义时，就会愿意投入更多精力和热情，自觉自愿地做更多组织要求以外的行为。因此，研究农村教师的工作态度和工作行为，对促进基础教育发展有深远影响。

本书对我国农村中小学教师这一特定群体进行调查，以探寻农村教师工作满意度和组织公民行为现状、工作满意度和组织公民行为之间的内在关系。基于此，本书分析组织公平感和工作意义两个变量在工作满意度和组织公民行为之间的作用，以探讨增加农村中小学教师组织公民行为的策略，促进我国农村教师职业发展和教学效能增强，从而提高我国农村地区基础教育水平。

2. 研究被试

调查范围为河南省，根据调查问卷分层抽样原则，在相对集中的时间内通过微信发放问卷。调查发放工作态度调查问卷 3 207 份，回收有效问卷 2 325 份，有效率约为 72.5%。

3. 研究工具

（1）工作满意度。

采用 Spector 等人于 1985 年编制的工作满意度分量表和 Cammann 等人于 1983 年编制的工作满意度总量表，量表采用李克特 6 点计分。工作满意度分量表包括报酬满意度、管理者满意度、工作本身满意度、交际满意度、奖励满意度、操作程序满意度、晋升满意度、利益满意度和同事满意度 9 个维度。研究测得工作满意度的克隆巴赫系数为 0.938，总体工作满意度的克隆巴赫系数为 0.766。

（2）组织公平感。

组织公平感量表采用 Niehoffhe 和 Moorman 于 1993 年编制的量表，采用李克特 7 点计分，该量表包含分配公平、程序公平和相互作用下的公平 3 个维度。研究测得组织公平感的克隆巴赫系数为 0.959。

（3）组织公民行为。

采用 Podsakoff 和 Mackenzie 于 1990 年所编制的组织公民行为量表，采用李克特 7 点计分，该量表包括利他主义、个体主动性、运动员精神、公民道德和谦虚 5 个维度。研究测得组织公民行为的克隆巴赫系数为 0.886。

（4）工作意义。

采用 Steger 和 Duffy 于 2012 年编制的工作意义量表，采用李克特 5 点计分，该量表包括积极意义、工作创造意义和更好的动机 3 个维度。研究测得工作意义的克隆巴赫系数为 0.906。

4. 研究结果与分析

（1）变量相关分析。

工作满意度、组织公平感、工作意义和组织公民行为等各变量的平均值、标准差、相关系数参见表 7-18。与假设一致，工作满意度与组织公平感、工作意义和组织公民行为显著正相关。

表7-18　描述统计和相关分析

变量	M	SD	工作满意度	组织公平感	工作意义	组织公民行为
工作满意度	4.821	1.039	1			
组织公平感	5.004	1.199	0.624**	1		
工作意义	4.363	0.597	0.568**	0.409**	1	
组织公民行为	5.827	0.711	0.530**	0.403**	0.657**	1

（2）中介效应分析。

根据 Baron、Kenny 和 Hayes 提出的中介效应检验步骤（参见表 7-19），以工作满意度为自变量，以组织公民行为为因变量，建立回归方程，结果表明工作满意度对组织公民行为具有显著正向预测作用；以工作满意度为自变量，以工作意义和组织公民行为为因变量，建立回归方程，结果表明工作满意度对工作意义和组织公民行为也具有显著正向预测作用。表7-20 呈现了工作满意度影响组织公民行为的两条路径及其差异检验。工作意义产生的总间接效应的 Bootstrap 95% 置信区间为［0.27，0.33］，这说明工作意义在工作满意度和组织公民行为之间存在显著的中介效应。

表 7-19　中介模型回归分析（标准化）

变量	因变量：组织公民行为		因变量：工作意义		因变量：组织公民行为	
	β	t	β	t	β	t
工作满意度	0.530	30.097***	0.568	33.238***	0.231	12.577***
工作意义					0.526	28.576***
R^2	0.281		0.322		0.468	
$F_{(df)}$	$905.842_{(1,2323)}$***		$1\,104.748_{(1,2323)}$***		$1\,020.240_{(2,2322)}$***	

表 7-20　中介效应的 Bootstrap 结果

效应类型	效应值	Boot SE	Bootstrap 95%CI		相对效应占比／%
			上限	下限	
总效应	0.530	0.018	0.495	0.564	100.00
直接效应	0.231	0.018	0.195	0.267	43.67
间接效应	0.298	0.016	0.269	0.329	56.33

注：Boot 标准误、Boot CI 下限和 Boot CI 上限分别指通过偏差矫正的百分位 Bootstrap 法估计的间接效应的标准误差、95% 置信区间的下限和上限。

（3）相关影响分析。

为了检验组织公平感对工作意义这一中介变量的调节作用，根据Preacher 和 Hayes 的 PROCESS 宏程序对组织公平行为调节作用的检验步骤（参见表 7-21），分别以中介变量（工作意义）为因变量，以工作满意度、组织公平感及其交互项为自变量建立方程，分析调节效应是否显著。结果表明：工作满意度、组织公平感对工作意义具有显著的预测作用（β =0.32，t =23.90，P <0.01；β =0.05，t =4.18，P <0.01），工作满意度与组织公平感的交互作用对工作意义具有显著的预测作用（β =0.04，t =4.42，P <0.01），工作满意度和工作意义对组织公民行为具有显著的预测作用（β =0.23，t =12.58，P <0.01；β =0.88，t =28.58，P <0.01）。

表 7-21　有调节的中介效应

变量	因变量：工作意义		因变量：组织公民行为	
	β	t	β	t
工作满意度	0.322	23.898***	0.231	12.577***
组织公平感	0.054	4.182***		
工作意义			0.879	28.576***
工作满意度 × 组织公平感	0.038	4.418***		
R^2	0.333		0.468	
$F_{(df)}$	386.076$_{(3, 2321)}$***		1 020.240$_{(2, 2322)}$***	

本书关注组织公平感如何调节工作满意度对工作意义的影响，分别取组织公平感均数上下一个标准差进行简单斜率分析（参见图 7-2），结果表明：当组织公平感得分较低（低于平均数一个标准差）时，随着工作满意度提高，工作意义表现出显著的上升趋势（β =0.28，t =20.40，P <0.01）；当组织公平感得分较高（高于平均数一个标准差）时，随着工作满意度提高，工作意义仍表现出显著的上升趋势（β =0.36，t =20.17，P <0.01），相对于组织公平感较低时，增加幅度较大。

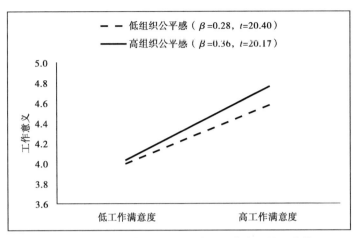

图7-2　组织公平感对工作满意度和工作意义的调节作用

5. 结论与讨论

（1）农村中小学教师工作满意度和组织公民行为的影响。

通过大样本调查河南省农村中小学教师工作态度变量，结果表明，工作满意度、组织公平感和组织公民行为得分都处于中等偏上水平，工作意义得分处于偏高水平。近几年国家加大了对农村基础教育的扶持力度，师范生公费教育政策、中小学教师国家级培训计划、"送教下乡"等各项利好政策都对农村教师给予倾斜，这样的政府举措对农村中小学教师的管理起到了积极作用。在调查中发现管理者满意度、同事满意度、交际满意度和工作本身满意度都已达到较高水平，这些结果充分展现出国家政策扶持的成效已经初步显现。但报酬满意度、晋升满意度和奖励满意度得分处于中等水平，说明对农村教师的福利待遇和职称评定方面还需政府制定针对性政策，使农村中小学教师更容易获得职称晋升，进而提高工资待遇，以实现农村中小学教师"下得去，干得好"的目的。

（2）农村中小学教师工作满意度、组织公平感、工作意义与组织公民行为之间的关系。

①工作满意度、组织公平感、工作意义与组织公民行为之间显著正相关。

农村中小学教师工作满意度、组织公平感和工作意义得分越高，组织公民行为就越多。这说明农村中小学教师的工作态度和工作行为之间有紧密联系，教师对工作和学校越满意，就越会自觉自愿地做更多有利于组织的额外工作。近几年我国政府对农村基础教育的扶持使农村教师在工作、生活和社会地位方面的待遇都有显著改善，这使农村教师的工作满意度、组织公平感和工作意义等工作态度更加积极，教师体验到工作带来的责任、进步和成长。根据赫伯格的激励－保健理论：外在因素与工作不满意有关，内部因素与工作动机有关。因此，农村中小学教师内在因素和外在因素的共同满足提高了其工作满意度，激发了其工作动机并使其产生组织公民行为。

②工作满意度对工作意义和组织公民行为具有显著正向预测作用。

通过回归分析得出：工作意义在工作满意度和组织公民行为之间存在显著的中介效应，即农村中小学教师工作满意度和组织公民行为是通过工作意义这一变量的作用而产生关联的。如今我国农村留守儿童状况较为普遍，监护人的文化水平普遍不高，因此相比城镇教师，农村中小学教师承担的教书育人责任更重大，农村中小学教师对工作重要性和工作意义的感知也更强烈。工作意义对个体的影响大于工作中诸如报酬、奖励和晋升等外在因素的影响，能从根本上提高教师组织承诺、工作满意度和工作绩效。因为教师对任务重要性的感知是影响工作意义的重要因素，特别是当教师意识到自己的工作可以为他人造福时。感受到工作的意义和价值就能直接影响个体的工作投入，使其自愿为工作付出努力，并以此为乐。研究对工作意义的关注更加符合人本管理视角，能让教师感受到工作责任、重要性和使命感等更高层次工作特征所蕴含的内容。政府对农村教师各方面的利好政策和农村中小学教师强烈的责任感和使命感，提高了教师对工作的认可度，增强了教师的工作动机，其把努力工作、关爱学生、协同配合看成一种自然而然的事情，愿意并主动承担更多额外工作，做出更多有利于学校和学生的组织公民行为。因此，农村中小学教师对工作意义的感知增强了工作满意度和组织公民行为之间的联系。

③工作满意度、组织公平感对工作意义具有显著预测作用。

工作满意度与组织公民行为的关系主要以对公平感的认知为中介。研究结果表明，工作满意度与组织公平感的交互作用对工作意义具有显著的预测作用，工作满意度和工作意义对组织公民行为具有显著的预测作用，当组织公平感越高时，农村中小学教师工作满意度和工作意义之间的关系越紧密。本书研究的样本是农村中小学教师，这些默默在农村为教育事业辛苦耕耘的中小学教师容易被人们所忽视，须通过薪酬的公平性比较体现自己的社会价值。农村中小学教师会把自己的薪酬与所在区域其他公务人员的相比，也会与河南省中小学教师的整体收入做对比，通过自己付出和收获的对比、自己付出和收获与他人付出和收获的对比，来判定是否公平。如果农村中小学教师感到工作程序和薪酬政策不公平，则会严重影响工作满意度和工作意义感。反之，如果教师感到工作过程和结果是公平的，则会对学校建立信任。

当教师信任学校和领导时，工作满意度就会提升，会认为工作富有意义，更愿意去做额外工作，即产生更多组织公民行为。因此，农村中小学教师工作满意度和组织公平感的交互作用影响工作意义，进而影响组织公民行为。

6. 对策分析

通过以上研究和分析可以得出：第一，农村中小学教师的工作满意度和组织公民行为处于中等偏上水平；第二，农村中小学教师工作满意度、组织公平感、工作意义与组织公民行为显著正相关，且对组织公民行为有积极影响；第三，工作意义在农村中小学教师工作满意度和组织公民行为之间起中介作用；第四，农村中小学教师组织公平感在工作满意度和工作意义两变量之间起调节作用，进而影响组织公民行为。农村中小学教师组织公民行为的增加或优化还需政策谋划，对此，拟从薪酬与职称评定支持、重构沟通体系、提升工作意义、职业发展等角度谋求路径。

（1）外部政策层：薪酬与职称评定的一致。

公平的薪酬体系会使农村教师感受到自身工作的价值和外界的重视，进而更加认同自己的工作、热爱工作。对此，须寻求政府、学校、教师等多方面的合力。政府部门要结合当地经济状况进一步提高农村中小学教师的待遇水平，确保农村中小学教师的收入和福利待遇不低于当地公务员水平，要根据教师工作条件和所在地区边远程度实行差别化补助，进而体现农村中小学教师的奉献和价值。鼓励有条件的县（市、区）实施农村教师生活补助政策，省级、市级财政给予专项奖补。同时为保障农村教师待遇，大力推行农村教师保障性住房和周转宿舍措施，保障农村教师的生活需求。在职称评定方面，政策也适度向农村教师倾斜。

本书调查发现，教龄超过 20 年的教师占比约为 57.8%，因此教龄长的中老年教师更是需要特殊激励的群体。政府要针对长期服务于基层农村的教师出台更多鼓励性政策，职称评定可以不受岗位结构、比例限制，只要符合申报条件，就可以直接评聘中小学一级教师。这样不仅能满足教师的晋升需求，也能进一步提高农村教师的薪酬水平，从而确保农村小学教师"下得去，留得住"，使农村基础教育得到切实保障。

（2）中间机制层：提升工作意义与工作满意度。

Baily 和 Madden 于 2016 年从团队和组织层面剖析工作意义的影响因素，提出了建构一个能促使员工感知到工作意义的生态系统的建议。为给农村中小学教师更多发声与表达诉求的机会，政府管理者要与农村中小学教师建立通畅的信息沟通体系，确保在工资待遇、工作环境、工作满意度等方面合理采纳农村基层教师的意见，建立公平、畅通的信息反馈系统。尤其是涉及一线教师切身利益的政策与法规，应增加农村中小学教师参与决策的机会，广采言谏，循理而为。概言之，信息沟通的公平与畅通既能让农村基层教育工作者体现工作的价值和神圣，也能体现管理者对教师工作的关注和认可。农村中小学教师组织公平感的增强更有利于其增强满意感，感知工作意义，可以在一定程度上促进农村基础教育的均衡发展。

诚然，农村基础教育条件较为艰苦、基础设施较差、位置较偏远、学生多为留守儿童等情况有其特殊性，但应该基于事件系统理论去提升教师的工作意义。在对农村中小学教师的管理中会发生很多事件，事件产生的结果和对教师产生的影响是多种因素共同作用的，对教师工作意义的影响应放在团队和学校层面上考虑。因此，可以从提高农村教师的工资待遇、增加晋升机会、改善教学和生活条件、营造信任的风气和建设组织文化等方面寻求解决路径。

（3）内部动力层：促进教师自身专业发展。

教师专业发展是教师成长的必由之路，相关教育行政部门及学校层面应为农村中小学教师专业发展搭建良好的平台。比如完善职前培训体系，加强教师的职后教育，提高农村中小学教师的教学水平、工作满意度，增强其工作动机，从而形成良性循环；通过城镇优质小学和农村小学一对一精准帮扶培训、城镇优质小学和农村小学结对，让城镇优质小学教师到农村小学诊断梳理问题、组建团队实施跟岗和送教示范过程指导，促进农村小学教师快速成长；定期组织农村小学教师跟岗观摩、校本实践等活动，提高农村小学教师教学水平，促进教师自我发展。

综上所述，农村中小学教师工作满意度对组织公民行为的影响处于中等偏上水平，其工作满意度、组织公平感、工作意义与组织公民行为显著正相关，且对组织公民行为有积极影响。农村中小学教师工作满意度不仅可以直接影响组织公民行为，还可以通过增强和提高农村小学教师的组织公平感和工作意义来增加组织公民行为。研究结果为探讨农村教师工作满意度与专业发展提供了相对客观的研究基础。但也应认识到，本书研究仅把河南省部分地区的农村中小学教师作为被试，虽然人数超过了2000人，但研究范围还是相对较窄，后续研究应扩大目标总体，以提高研究结论的普适性和策略建议的针对性。

第八章　河南省中小学教师人力资本培养路径研究

第一节　河南省新时代基础教育强师计划实施探究

一、总体要求

（一）指导思想

以习近平新时代中国特色社会主义思想为指导，全面贯彻党的教育方针，落实立德树人根本任务，以高素质教师人才培养为引领，以高水平教师教育体系建设为支撑，筑基提质，补短扶弱，做优建强，全面提高教师教育人才培养质量。

（二）基本原则

坚持师德为先。把师范生思想政治和师德师风建设放在首要位置，围绕落实立德树人根本任务，全面加强师范生思想政治教育，提高师范生的政治意识、政治能力，严格落实师德师风第一标准，突出全方位全过程师德养成。

坚持质量为重。服务教育高质量发展要求，强化师范教育在学校人才培养中的主体地位，推进职前培养和职后培训一体化，创新师范生教育实践和教师专业发展机制模式，提升师范生培养质量。

坚持突出重点。按照乡村振兴重大战略部署和振兴教师教育有关要求，立足人才紧缺需求，适应区域、学段、学科等发展需要，增加紧缺薄弱领域师资供给。

（三）发展目标

建成省内一流师范教育基地，形成可复制可推广的师范教育模式，培养一批优秀中小学（幼儿园）教师，稳步提高师范生生源质量，师范教育实现专业化、标准化。

适应教育现代化和建成教育强国要求，构建开放、协同、联动的高水平师范教育体系，形成乡村卓越教师人才培养的新模式。

二、重点任务

师范教育是培养教育者的教育，是建设高质量教育体系的重要基础。为进一步落实新时代基础教育强师计划，在师范生培养过程中要加强师范生思想政治教育，改进师范生师德养成教育，优化师范专业课程体系，完善师范专业实践教学体系，强化师范生教学技能训练，健全多元化、开放式、协同共驱的一体化人才培养模式。在基础教育师资职后培训过程中，要整合职前、职后教师教育资源，共建教育实践基地，形成教师培养、培训、研究和服务一体化的合作共同体。

（一）加强师范生思想政治教育

要从全面贯彻党和国家教育战略方针的高度，牢牢把握为党育人、为国育才的社会主义办学方向。要引导师范生用习近平新时代中国特色社会主义思想武装头脑，增强理论认同、政治认同和情感认同，将个人发展与国家命运相结合，夯实师范生理想信念根基。促进思想政治教育和专业教育的有机融合，切实增强课程思政的感召力和渗透力，让学生在潜移默化中接受思政教育，让思政教育如春风化雨般润物无声。进一步加强理想信念教育，建设乡村教育社会实践基地，开展返乡社会实践活动，帮助师范生坚定从教初心，坚定为党育人、为国育才信念，做振兴乡村教育的"大先生"。

（二）改进师范生师德养成教育

系统开展师范生职业理想教育、关爱学生教育、道德品行教育。着力培养"学高为师、身正为范"的未来教师。引导师范生增强对教师职业特性和社会角色的认同，切实培养师范生的职业认同和社会责任感，涵养其教育情怀，使其做到知行合一，力求实现师范生思想素质、道德水平的持续提升。

坚持"三全育人"和"五育并举"。学校各部门应高度重视师范生养成教育，充分发挥学校各部门在师范生养成教育过程中的作用。建立"十大育人"体系，即课程育人、科研育人、实践育人、文化育人、网络育人、心理育人、管理育人、服务育人、资助育人、组织育人，形成全员、全过程、全方位之"三全育人"格局，着力培养德智体美劳全面发展的未来人民教师。

建立科学合理、易于操作的评价激励机制。完善相关制度规范，把学生日常表现作为评奖评优、推优入党、预备党员转正等的重要依据，注重发现、培养、确定师范生养成教育典型。

（三）优化师范专业课程体系

创新课程设置目标和理念，坚持"学生中心、产出导向、持续改进"，聚焦社会需求，以师范生能力养成为核心目标，打造教师教育课程、学科专业课程、实习实践课程三大课程体系。

提高课程设置质量，遵循和把握师范生身心发展规律和认知特点，坚持"三学"（学术、学科、学习）导向，将学术作为课程的品质和境界，将学科作为课程的内涵和特色，将学习作为课程的表现和落实，理顺师范类专业课程的外在逻辑、内在结构和本质追求，整体打造高水平、高质量课程体系。优化课程设置评价方法，聚焦核心能力养成，关注师范生学习成长，健全课程达成度评价机制，科学、规范、精准评价学生课程学习效果，全方位保障师范人才培养目标的高度达成，将人文素养与科学素养纳入师范生课程培养体系。在师范专业人才培养方案中设置人文社会与科学素养课程模块，包括人文社会科学类、自然科学技术类、艺术与审美类、体育与健康类与信息技术类等课程，培养师范生的人文底蕴和科学精神，使师范生既掌握扎实的专业知识和教学技能，又具有家国情怀、人文精神、奉献于教育事业的志向。加强培养师范生科学研究能力和信息技术应用能力课程建设，帮助师范生掌握科研方法，具备应对教师职业新要求、新挑战、新任务的科研能力。通过创建智能化教学环境，增强师范生对智能技术与教育深度融合的体验。培养师范生将云计算、大数据、人工智能等信息技术运用于教育教学实践的能力。

（四）完善师范专业实践教学体系

各师范专业要结合自身特点，遵循认知规律和教育教学规律，围绕师范专业人才培养目标定位，持续更新实践教学内容，创新实践教学方法和手段，科学设置与规范实践教学环节，积极推进师范教育与基础教育深度合作，加强校外实践教学基地建设，合理设置专职实践教学队伍的规模及岗位，完善实践教学管理机制，把实践教学环节贯穿于学生培养的全过程，构建循序渐进、层次分明、特点突出、开放运行的实践教学体系。

（五）强化师范生教学技能训练

依托师范生技能训练中心，建设师范生技能训练考核平台，建设师范生教学能力考核与技能测试标准体系，开展师范生教学能力考评与技能测试，强化师范生"三笔一画"、教学设计、说课评课等教学基本功实操实练，通过开展丰富多彩的第二课堂活动等，引导师范生增强自我训练的积极性和主动性。

依托师范生专业实践教学基地，做好师范生见习、实习与研习"三习"贯通工作，持续提升师范生的实践能力和创新能力。通过见习环节，促进师范生深入认识教师职业，巩固专业思想，培养教育情怀。通过实习环节，让师范生在教育教学技能和师德师风教育上有所收获，熟悉教学方法，掌握教育规律，激发献身教育事业的热情。通过研习环节，引导师范生对实习过程进行反思与研究，实现教学能力和研究能力的同步提高，进而提升自身的教育创新能力。

（六）健全多元化、开放式、协同共驱的一体化人才培养模式

进一步健全学校与地方政府、中小学、教师发展机构"四位一体"多元化、开放式、协同共驱的师范生培养机制，强化培养供需对接，整合职前职后教师教育资源，共建教育实践基地，形成教师培养、培训、研究和服务一体化的合作共同体。持续推进"2110"教师教育人才培养模式改革，构建教师职前培养、入职教育与职后培训"一体化"体系；依托中小学校长研修院建立协作共同体，打造中小学教师和校长专业成长"校地协同"支持体系；探索完善名校长、卓越教师的培养机制，搭建学习研究与人才成长共同体高端平台；实施乡村教师能力全面提升计划，促进豫东地区乃至全省乡村教师专业成长。探索跨校跨界合作，成立培养联盟，推动优质资源、实践基地共享共建。

（七）创新"省培计划""国培计划"培训项目运行模式

创新"省培计划""国培计划"培训项目运行模式，全面提高师范生人才培养质量。构建"学历教育＋在职培训"的教师队伍建设新机制，优化在职教师培训体制，完善教师发展学科体系，健全教师培训内容体系，建立教师智能研修体系，协同创新教师培训模式，推动教师终身学习，服务豫东与豫鲁苏皖接合区教师队伍学历提升、能力培养和素质发展。

三、保障措施

（一）组织保障

学校成立以主管教学的副校长担任组长的新时代基础教育强师计划工作领导小组，统筹推进强师计划工作。各开设师范专业的学院要制定具体可行的实施方案，并积极贯彻落实。学校各相关部门要通力配合，协同推进重要任务落实。

（二）经费保障

学校加大对强师计划重点任务的支持力度，加大对师范类专业的资金投入，使师范生人均教育实践经费支出高于学校平均水平。严格落实经费监管制度，规范经费使用，提高资金使用效益。

（三）目标考核

突出对师范生培养、服务基础教育发展等方面的考核。各部门要把推进强师计划与教育部师范教育协同提质计划、学校发展规划结合起来，建立教师教育项目实施情况跟踪督导机制，并把实施情况纳入相关工作考核指标体系。

河南省 S 高校通过以上具体方案的实施，落实新时代基础教育强师计划，提高河南省基础教育人力资本质量，助力河南省基础教育发展。

第二节　河南省地方师范院校卓越教师培养路径研究与实践

为进一步深化教师教育改革，提高教师教育专业人才质量，培养适应基础教育改革需要的高素质教师，突出 S 高校教师教育特色和优势，根据《教育部关于大力推进教师教育课程改革的意见》和 S 高校发展规划纲要、本科生教育综合改革方案精神，制定 S 高校教师教育改革方案——卓越教师培养工程。

一、指导思想

遵循高等教育规律，适应基础教育改革需要，坚持以专业知识能力为核心，以教师职业能力为特色，以提高学生整体素质为重点，优化课程体系，调整充实教学内容，改进教学方法和教学手段，建立科学的教学质量标准，形成新的教师教育教学管理体制，促进基础教育改革与发展，培养高质量教师。

二、工作思路

认真贯彻《教育部关于大力推进教师教育课程改革的意见》《教育部关于印发〈幼儿园教师专业标准（试行）〉〈小学教师专业标准（试行）〉和〈中学教师专业标准（试行）〉的通知》（以下简称《通知》）精神，积极实施《教师教育课程标准（试行）》《中学教师专业标准（试行）》，成立教师教育教学研究中心，建立教师职业技能训练中心，完善教学技能训练平台。全面深化教师教育课程改革，编写体现本校教师教育特色的人文素养和科学素养教材，夯实教师教育基本功。进一步强化实践教学环节，构建四年不断线的教师技能训练模式，着力培养卓越教师，突出本校教师教育特色和优势。

三、建设内容

（一）修订完善教师教育专业人才培养方案

认真学习贯彻《教育部关于大力推进教师教育课程改革的意见》和《通知》精神，根据教育部颁布的教师教育课程标准和教师专业标准，科学设定教师教育专业培养目标和培养规格。围绕培养目标和培养规格，理顺课程关系，调整课程结构，科学配置课程资源，构建符合新形势下教师教育改革需要的课程体系。

（二）构建完善卓越教师培养体系

制定卓越教师培养方案，体现"脚踏实地、追求卓越"的精神，按照"夯实基础、培养能力、提高素质、突出特色"的要求，从人才培养实际需要出发，调整课程结构，突出能力培养，科学处理知识与能力、人文与科学、课内与课外、理论与实践的关系，着力构建"一中心（教师教育教学研究中心）、一体系（教师教育课程体系）、一平台（教师教育实训平台）"的教师教育培养模式，使学生掌握比较扎实的教育学科与学科教学基础理论知识和基本技能，具有高尚的师德、较高的人文与科学素养及健康的心理和健全的人格，成为热爱教师职业、适应基础教育改革与发展、具备教学及研究能力的实践者和具有反思能力与社会责任感的优秀教师。

（三）深化教学内容、方法和手段改革

1. 调整优化教学内容

教学内容要紧紧围绕经济社会发展和基础教育需求，按照《中小学和幼儿园教师资格考试标准（试行）》进行调整和充实。基础教育改革需要教师教育改革，教师教育应体现教师职业的专业化，体现学科专业和教育专业的双专业性质，这种性质决定了教师教育课程的结构和内容。在教师教育教学改革中要树立新的教育理念，紧紧围绕基础教育改革需要，根据不同学科专业的培养目标和培养规格，制定人才培养方案，并按照培养方案中对各门课程学分、学时、考核方式等的要求，确定课程教学大纲，调整和充实教学内容，实现教学内容精简和优化，增强教学内容的科学性、先进性和针对性。

教学大纲是课程教学的根本依据，是指导和规范课程教学的重要文件。教师教育课程教学大纲在明确课程目标、课程性质、课程内容、时间安排及教学方法、考核方式的同时，应特别注意体现基础教育改革的要求，注重教师职业需要的知识、素质、能力的培养。

教师教育课程内容要处理好基础与前沿、经典与现代、理论与实际、学科与专业的关系。学校组织各学科骨干教师研究与基础教育有关的教材内容，使学科课程教学的内容最大限度地按照基础教育教学内容改革与发展实践的需要予以取舍，而不是以学科研究与发展为导向进行设计。要坚持学科理论知识在教师教育教学中的核心地位，紧密结合基础教育的"新课程标准"，增加基础教育教学中应用学科理论和教育理论知识内容，增加教师教育课程中实践教学环节的比重，提升教师教育专业学生的基本教学技能和专业素养。

2. 深化教学方法改革

教学方法改革与教学内容、教学手段改革相辅相成，密切相关。教学方法改革应贯彻"以学生为主体，以教师为主导"的指导思想，以激发学习兴趣、提高学习效率、强化学习效果为目标，坚持传授知识与发展智力相统一，注重教法与学法的结合及其相互转化，强调智力因素与非智力因素的协调发展，有效使用启发式、讨论式、案例式等教学方法，进一步强化微格教学，探索模拟课堂、情境教学、现场教学等多种教学形式。在教师教育课程教学过程中，要更大限度地采用实践锻炼的方法，边讲边练，在练习中指导，让学生学会编写教案等教学文件，学会制作多媒体课件，并能利用这些文件和课件比较熟练地开展模拟讲课或实际讲课活动。要充分利用教育实习基地，采用见习和实习、顶岗工作与定期研讨相结合的教学方法，使学生在实际教学工作中得到锻炼，并结合教学实践撰写教育教学研究论文，切实提

高学生的综合素质和实践能力，使其适应基础教育改革的需要。

3. 加大教学手段改革力度

教学手段改革是教师教育改革的一项重要内容，是提高教学效率和教学效果的重要途径。学校通过增加多媒体教室、组织教师自制多媒体课件等措施，提高多媒体辅助教学效果。启动网上课程资源库建设工程，充分利用国家精品视频公开课资源，打造教师教育专业精品课程网上学习平台。推动现代教育技术手段的广泛应用，增加和扩大学生自主学习的时间和空间，搭建学生与教师互动交流平台，实现优质课程资源共享，进一步提高教育教学的质量。

（四）建立新的课程教学质量标准和考核评价体系

根据《中小学和幼儿园教师资格考试标准（试行）》和相关课程考试大纲的要求，建立新的教师教育课程教学质量标准和考核评价体系。改革课程考核办法，更多采用学生自行编制的教学文件和自行设计的教学课件、对网上课程资源的点击率、参与课堂教学的程度、模拟讲课的效果及实习学校指导教师和学生对实习学生讲课的评价等，将其作为教师教育课程教学和实践效果与质量及成绩考核的评价标准，以推动教学内容、教学方法和教学手段改革的不断深化。

四、保障措施

（一）加强课程与教材建设

加强课程与教材建设是推进教师教育教学改革的重要措施。根据《中小学和幼儿园教师资格考试标准（试行）》和相关课程考试大纲的要求，建立新的教师教育课程体系，并在课程建设的基础上开展教师教育课程教材编写工作。在教师教育课程建设中，学校鼓励教师与中小学教师联合，根据中小学学科教学需要建设有特色的学科课程，根据基础教育改革需要打造有特色的教育理论课程、教育技能课程和教育实践课程，鼓励高水平骨干教师编写教师教育特色教材，促进教师教育课程与教材建设的快速发展。

（二）加强教学实践条件建设

实验与实习条件建设是开展教学实践的基本保证。学校要继续加强学科实验室建设，同时重点加强教师教学技能训练平台和实习基地建设。为每个教师教育专业建设一个微格教室，配备现代化教育技术设备，为开展模拟课堂、案例教学、微格教学、情境教学、现场教学等提供有利条件。学校要对现有教育实习基地给予更多经费支持，保证教育实习顺利、有效进行。

（三）加强师资队伍建设

建设一支素质过硬、水平较高、能力较强的师资队伍，是开展教师教育改革的重要保证。学校要在继续引进教师教育急需的高层次人才的同时，让现有教师开展有计划的在岗自学进修和外出脱产学习活动，提高教师学科教育水平和教师教育能力。学校要鼓励学院聘请省市教育研究室的高级研究人员来校进行基础教育改革专题讲课，聘请中小学、幼儿园特级教师来校开设教法教材专题课程。鼓励教师加强与中小学、幼儿园教师的联系，到中小学、幼儿园听课观摩，更好地了解和把握基础教育教学改革，提高教师教育教学的针对性和教学效果。

（四）加强教师教育教学改革研究

教学研究是教学改革的前提，教学改革是教学发展的动力。为确保教师教育改革顺利开展并取得成效，学校鼓励教师加强教育理论和中外教育改革经验的学习，结合在教育实践中发现的问题，深入中小学、幼儿园等教学一线，与中小学、幼儿园教师共同开展教学研究工作，召开教学改革研讨会，提出教学改革方案，撰写教学改革论文，联合申报教学改革项目，从而促进教师教育教学改革的蓬勃发展，推动区域基础教育改革迈上新的台阶。

第三节　河南省高等师范院校"双导师制"实施探究

为充分利用河南省各地市高校资源，实现地方高等师范院校高效服务地方教育的目的，河南省高等师范院校为河南省中小学教师人力资本培养推出"双导师制"培养模式，并制定管理办法和具体实施方案，以助力河南省基础教育发展。本节将以河南省 S 高校为例，进行路径探究。

一、河南省高等师范院校教师教育类课程"双导师制"管理办法

为深入贯彻落实《关于河南省高等学校教育类课程试行"双导师制"的意见》和《河南省教育厅关于印发〈河南省高等学校教育类课程"双导师制"管理办法〉（试行）的通知》等文件精神，进一步促进 S 高校"双导师

制"工作管理规范化和常态化，切实保障"双导师制"工作有效开展，特制定管理办法。

（一）指导思想

以党和国家的教育方针政策为指导，以深化教师教育课程改革为动力，以提高教师教育质量为根本，以建设高素质专业化教师队伍为目标，以豫东地区基础教育"卓越教师"实验区项目为龙头，通过"双导师制"的实行，创设有利于教师教育人才培养和培训的制度与环境，扎实推进教师专业化进程，进一步促进 S 高校与基础教育深度融合，有效促进 S 高校教育类课程教师与中小学、幼儿园教师的双向流动，科学构建 S 高校职前培养与职后培训一体化的教师教育新格局，不断提升 S 高校教师队伍整体素质和水平。

（二）组织管理

S 高校与当地教育局、市中小学（幼儿园）三方联合成立"双导师制"工作委员会，全面负责"双导师制"工作。工作委员会下设管理办公室、监督与考核小组，具体负责导师的选聘、管理、督导与考核工作等。

（三）聘任程序

S 高校为"双导师制"指导教师聘任主体，S 高校指导教师在各相关院系内部公开选拔；中小学、幼儿园指导教师由当地教育局直接推荐或市中小学协商推荐。"双导师制"工作委员会对人员进行资格审查、公示、聘任，原则上实行一年一聘。

（四）聘任条件

1. S 高校指导教师聘任条件

（1）具有良好的思想政治素质、职业道德素质、科学文化素质和身体心理素质。

（2）专业基础理论、教育理论扎实，专业基本技能和教育教学技能娴熟，知识结构合理，教学经验丰富。

（3）了解基础教育，熟悉新课程改革，熟知国家教师教育政策，为学科教学论、教育实习指导等学科带头人或优秀骨干教师。

（4）具有较强的教研能力和较丰富的教研经验，教研成果突出。

（5）热爱教师教育事业，能够深入基础教育，乐意参与基础教育教学改革。

（6）原则上应具有副教授及以上职称，或为硕士及以上学位优秀讲师。

2. 市中小学、幼儿园指导教师聘任条件

（1）具有良好的思想政治素质、职业道德素质、科学文化素质和身体心理素质。

（2）掌握专业基础理论和基本技能，有较好的教育理论素养。

（3）教育教学基本功扎实，教育教学经验丰富，教学成绩突出，承担过高校师范生教育实习工作，为学校学科带头人或教学名师。

（4）具有较强的学科教研能力，有一定的教育教学研究成果。

（5）热爱任教学科，熟悉新课程改革，乐于参与对师范生的培养。

（6）原则上应具有中教一级或小（幼）教高级职称，或为本科及以上学历优秀骨干教师。

（五）导师职责与任务

1. S 高校指导教师职责与任务

（1）积极更新教育教学理念，努力把握学科前沿动态，主动适应我国新课程改革与发展。

（2）深入基础教育，了解基础教育，研究基础教育，并完成基础教育调研报告 1 份。

（3）主动发挥联结高等教育与基础教育的桥梁和纽带作用，积极投身教师教育职前培养和职后培训一体化实践。

（4）引导师范生树立正确的价值观和人生观，教育师范生形成良好的职业意识，帮助师范生掌握扎实的教育教学理论和技能，指导基地校实习生完成各项实习任务。

（5）积极投身基础教育教学改革，参与基础教育教师培训，引导基础教育教师专业发展。

（6）深入中小学、幼儿园课堂教学，主动参与听课、说课、作课和评课活动，努力提高课堂教学质量。

（7）与当地中小学、幼儿园教师积极开展教育教学研究，努力促进教研成果推广和应用。

（8）每学年在实习基地学校工作累计不少于 5 周。

2. 中小学、幼儿园指导教师职责与任务

（1）积极更新教育教学理念，努力把握高等学校教师教育改革动态，主动适应教师教育新课程改革与发展。

（2）不断学习，努力提高自身的职业道德修养、专业理论素养和教育教学技能。

（3）主动发挥联结基础教育与高等教育的桥梁和纽带作用，积极投身教师教育职前培养和职后培训一体化实践。

（4）引导师范生树立正确的价值观和人生观，教育师范生形成良好的职业意识，帮助师范生掌握扎实的教育教学技能，指导师范生完成各项教学技能训练任务。

（5）指导师范生备课、进行教学设计，积极参与听课和评课活动，帮助实习生完成实习和研习任务，带领实习生参与班级管理，努力提高师范生的课堂教学技能和管理水平。

（6）指导师范生学习应用现代教育技术，进行课件设计与制作，帮助师范生开展教学案例、课程资源开发活动。

（7）每学年为师范生上1次以上示范课，积极参与教学项目研究，指导实习生进行基础教育教学调研。

（8）每学年在S高校进行教师教育实习指导工作不少于5周。

（六）导师合作

S高校指导教师和当地中小学、幼儿园指导教师共同构成"双导师制"下的合作共同体，共同组成指导教师团队。团队教师要精诚团结，密切配合，相互沟通，协调一致，共同完成教师教育培养和培训任务。

（七）培训

S高校在聘任指导教师后，适时组织岗前培训，以明确指导教师的各项权利与义务。S高校有计划地组织全体指导教师进行集中培训或考察学习，开展交流研讨会活动，提升指导教师队伍整体素质。

（八）监督

监督与考核小组具体负责"双导师制"实施过程的检查和督导工作，做好相关记录。检查中若发现问题，要及时上报S高校"双导师制"工作委员会，以进行整改。

（九）考核

"双导师制"工作委员会制定具体考核标准，监督与考核小组依据考核标准对指导教师各项任务的完成情况进行考核。监督与考核小组广泛听取各用人单位领导、同事和学生的评价、意见，并结合平时检查情况，给出考核结果。

（十）奖励

"双导师制"工作委员会依据考核结果对指导教师进行奖励。为考核结果为合格以上的指导教师发放足额课时补贴和各项补助；对于考核结果为优秀的指导教师，给予一定奖励并颁发优秀指导教师证书，并在下一年度的导师聘任中优先聘用。

（十一）经费保障

经费保障是"双导师制"工作良好运行的重要条件。河南省教育厅每期下拨专项补助经费，S高校按照适当比例进行经费补贴，经费专款专用。补贴经费用于指导教师的食宿、交通补助和课时补贴等各项支出，任何单位和个人不得截留、挪用。

（十二）附则

管理办法自公布之日起开始执行，解释权归S高校"双导师制"工作委员会。

二、河南省S高校"双导师制"实施方案

为贯彻落实《关于河南省高等学校教育类课程试行"双导师制"的意见》文件精神，结合S校教师教育专业"卓越教师"教育改革创新实验区项目实施，积极推进S高校教师教育职前培养与职后培训一体化，创新教师教育人才培养新体系，提高教师教育人才培养质量，经与当地教育局协商，特制定实施方案。

（一）"双导师制"的内涵与意义

"双导师制"指高校教师与中小学、幼儿园教师共同指导和培养师范生的一种机制，也指大学教师与中小学、幼儿园教师共同指导和培养中小学学生和幼儿的机制。"双导师制"蕴含3种"双导师"制度：对于高等院校在校师范专业大学生，授课教师既有大学教师，也有来自基层的中小学教师；对于进行教育实习的高年级师范生，既有来自高校的跟踪指导教师，也有来自实习中小学的辅导教师；对于中小学生，既有来自本校的专任教师，也有来自高等院校教育类课程的教师。高校教师与中小学教师合作开展教研教改活动。"双导师制"的实行将有力推进教师教育职前培养与职后培训一体化建设。

（二）实施"双导师制"的学科、实习学校的确定与实习生推荐

1. 实施"双导师制"的学科

中学的语文、数学、英语、物理、化学、历史、体育、政治、生物、地理等 10 个学科和小学的语文、英语两个学科。每个学科双方各选择 1 名教师，共 24 名。

2. 实习学校的确定与实习生推荐

师范生实习学校由各学院从各教学单位在当地的师范专业实习基地中选定，并从每学科应届师范专业毕业生中推荐 10 名优秀毕业生到实习学校实习。

（三）导师选聘原则

1. S 高校指导教师选聘原则

（1）教务处负责确定实施"双导师制"的学科和指导教师的审核。

（2）各相关学院负责推荐指导教师，推荐的指导教师应是学科教学论教师团队教师或教师教育方面的专家或学科带头人，应承担教师教育类课程教学任务，具有丰富的教育实习指导经验。

2. 当地中小学指导教师选聘原则

（1）各中小学的教导处（室）负责相关学科指导教师推荐工作的组织及对推荐教师进行审核。

（2）各学科组负责推荐各学科指导教师，推荐的指导教师应是本学科教师教育方面的专家或学科带头人，并承担过高校教育实习指导任务，具有丰富的指导经验。

（四）导师职责与任务

1. S 高校指导教师职责任务

（1）负责对 S 高校教师教育专业实习学生的思想道德修养、专业基础知识、教学理论与教学技能、教育实践进行指导。

（2）实习期间负责对当地实习学校教师的教育教学研究进行帮助、指导。

（3）实习期间负责中小学教师的在职培训，开展至少 2 次教学研究专题讲座。

（4）与实习学校指导教师一起评定实习生教育实习成绩并写出实习评语。

（5）开展中小学实施新课标情况的调研工作，撰写 1 篇调研报告。

2. 当地中小学指导教师职责与任务

（1）到 S 高校相关学院指导低年级师范生进行教学技能培训，为低年级师范生进行中学案例教学方面的专题讲解。

（2）负责引导实习生积极参与课堂教学评议，帮助实习生掌握评课的一般技能。指导教学设计，帮助实习生明确教学设计的一般流程及注意事项。在实习生上课之前，要对其教案进行审核。

（3）要经常听实习生上课，课后主持评议，及时提出改进意见。指导实习生批改作业，进行课外辅导。

（4）为实习生参与班级管理工作创造条件，指导实习生制订班级工作计划，指导班级活动组织，召开主题班会，进行班级日常管理，对学生进行个别教育。

（5）与实习学校指导教师一起评定实习生教育实习成绩。

（五）"双导师制"组织机构与督导管理

（1）成立"双导师制"工作委员会，负责"双导师制"实施工作。S 高校与当地教育局共同建立"双导师制"工作委员会，工作委员会由双方领导及工作人员组成。

（2）成立导师考核与督导工作组，负责导师的考核与督导工作。

（六）"双导师制"实施时间安排

（1）开展调研，制定具体学年的"双导师制"实施方案。

（2）确定 S 高校实习指导教师 12 名和实习学生若干名，由各相关学院负责。

（3）确定 S 市中小学指导教师 12 名，由当地教育局师训科负责协调相关中小学确定。

（4）协调筹备"双导师制"试行工作启动仪式，开展"双导师"集中培训等工作。

（5）开展教育实习活动，实习时间共 5 周。

（6）实习结束后召开"双导师制"工作及教育实习总结会议。

（七）经费保障

（1）对指导教师在实习期间的交通、专题讲座给予适当经费补贴。

（2）参加"双导师制"的实习生在当地各中小学实习期间的实习费由

教务处统一支付，发放到各相关实习学校。

通过河南省 S 高校制定的详细而具体的管理办法和实施方案，可以看出河南省充分利用当地高校资源助力当地中小学人力资本培养已从设想转变为行动，从 2012 年至 2024 年已经实施了 12 年，并取得了丰硕的成果，获得了宝贵的经验，探索出了一条基础教育人力资本发展之路。

第四节　河南省豫东片区教师教育联动发展共同体建设探究

河南省豫东片区教师教育联动发展共同体建设以 S 高校为例，设计了详尽的智库建设方案和具体的实施细则，为整合各方优质资源、积累高质量基础教育人力资本提供了可借鉴的实施方案。本节从河南省豫东片区教师教育联动发展共同体建设方案、智库人员遴选和"互联网＋"师范生成长工作坊实施方案三方面进行论述。

一、河南省豫东片区教师教育联动发展共同体建设方案

为做好河南省豫东片区教师教育联动发展共同体建设工作，根据《河南省教育厅关于启动河南省教师教育联动发展共同体建设计划的通知》精神，结合豫东地区教师教育发展现状和 S 高校师范生培养实际制定方案。

（一）建设目标

以党的十九大精神为指导，围绕豫东地区教师教育一体化和现代化建设，以立德树人为核心，聚焦改革发展，聚焦教师与学生，聚焦问题与瓶颈，通过各主体的联动发展与深度合作，建立学科示范引领、资源共建共享、项目协同融通、区域联合联动的发展机制，探索建立区域教师教育联动发展模式，开创河南省教师教育改革发展新局面。

（二）建设任务

建立一支联合联动发展队伍。S 高校与合作县市教育局及相关学校联合组建豫东片区教师教育发展智库。充分发挥智库的作用，深入基层一线进行调查研究，围绕共同体内的教师教育改革发展顶层设计、师范生培养、在职教师培训、体制机制创新、教师培养等涉及教师队伍建设的重大问题、重要事项等，汇聚一批科研人员，以科研课题的形式解决相关问题，并推荐优秀课题，将其纳入河南省教师教育课程改革项目统一管理。

产出一批联合联动发展成果。提高 S 高校师范教育研究和服务基础教育的深度和广度，围绕基础教育改革发展需求，打造一批教师教育学科团队发展、师范生培养和在职教师培训等方面的精品项目和特色项目。与联动发展市（县）合作，建立一批教师教育实践研究基地，持续加强"双导师制"教师队伍建设，推动教师培养培训模式互通有无。努力通过线上线下相结合、职前职后一体化的教师教育培训项目实施，探索针对性、实效性较强且可实现、易复制的教师教育培训项目。

打造一个联合联动发展模式。S 高校与当地教育行政部门联合，在辖域县市教师培训机构挂牌成立 1～2 所继续教育学院分院，通过实质性的项目合作，打造区域教师教育改革发展命运共同体，建立 S 高校与合作市县教育行政部门、县级教师发展中心和优质中小学及幼儿园联合立项、分工协作、协同推进、共同发展的联动发展工作机制，形成联动发展制度。针对 S 高校在校师范生教育教学技能薄弱、合作县市基础教育教师培训队伍不足的现实，依托教师教育网络平台，在片区内遴选教育教学理论专家、一线名师和优秀教研员，以其为坊主，建立"三人行"两级教师教育工作坊，采取"集中学习＋网络研修"的混合培育模式，智库专家引领坊主的专业成长，将骨干教师打造为培训师；建立一线名师培养在校师范生教育教学技能并将其培养成合格教师的两级联动培训机制。探索"互联网＋教师教育"背景下联合联动教师教育培养新模式，建立区域联合联动的常态化和长效化机制。

形成一个联合联动发展格局。依托"互联网＋教师教育"平台，建立并充分利用"个人空间—教师工作坊—网络研修社区"一体化研修体系，尝试构建"集中培训—网络研修—问题反馈—集中培训—网络研修—成果展示—总结提升"联动发展模式，积极打造教师专业发展支持服务体系，不断健全基础教育教师梯队攀升体系，完善教师专业发展常态化研修机制，努力形成区域内先进带后进、城区带乡村的手拉手、肩并肩发展格局。

（三）年度计划

与合作县市教育行政部门联合，在片区内遴选 6～10 名专家、教授、中原名师或特级教师，组建豫东片区教师教育联动发展共同体智库；围绕师范生技能培养和联动县市教师教育发展现状，积极开展课题研究，完成系列调研报告；推出项目实施具体方案和培养计划；遴选试点县市导师 30 名左右；筹备教师教育实践研究基地建设工作；做好联动发展共同体建设工作。

春季学期，以试点县为基础，以小学教育专业为试点，努力构建线上线下相结合、职前职后一体化的教师教育联动发展模式，并发掘典型经验，总结先进做法，提升指导能力；秋季学期，增加 1～2 个在校师范生培养专业，扩大 1～2 个合作县市在职教师培训范围。进一步增加智库成员，充实双导师队伍，增建实习基地；筹备与辖域县市教师培训机构合作工作，挂牌成立 S 高校继续教育学院分院；根据实施情况，围绕教师教育学科团队发展、师范生培养和在职教师培训，打造 1～2 个精品项目和特色项目；针对推进过程中出现的新情况和新问题，与联动县市教师合作，联合申报河南省教师教育课程改革研究等相关课题，积极开展调查研究，并及时进行成果总结和推广展示。

在上述工作取得成果的基础上，S 高校与合作县市联合，在全校师范专业学生培养和联动县市教师教育培训中全面推广此模式，以进一步弥补不足，总结经验，并进行理论提升和模式完善。

在前期具体实践的基础上，总结经验教训，依托"互联网＋教师教育"平台，完善线上线下相结合、职前职后一体化的教师教育联动发展共同体建设模式，并最终形成一批理论成果，全面完成建设目标。

（四）最终成果

围绕一个平台、一个智库、一支队伍、一组报告、一套方案、一种机制、一批项目、一组成果、一个品牌的"九个一"建设目标，建立一个 S 高校与联动县市协同创新、融合发展的豫东片区教师教育联动发展共同体平台；在充分整合各方力量的基础上，组建一个豫东片区教师教育联动发展共同体建设智库；建立一支数量充足、学科齐全、结构合理、体系完备的"双导师制"教师队伍；在对豫东片区教师教育发展现状进行全面调研的基础上，完成一组调研报告；基于共商、共建、共享、共赢的建设目标，制定一套既适合在校师范生培养又能够提升中小学教师素质的培养方案；通过"平台＋名师"的工作坊形式，构建一种线下线上相结合、职前职后一体化的教师教育联动发展共同体建设机制；完成一批可复制、易操作的教师教育联动发展共同体建设项目；立足于具体实践，形成一组教师教育联动发展共同体建设的研究成果；最终将豫东片区教师教育联动发展共同体打造为一个具有地方特色的知名品牌。

（五）组织管理

成立河南省豫东片区教师教育联动发展共同体领导组，从宏观上把握项目实施，给予政策和制度上的支持与保障。领导组下设办公室、专家组、项目组，各职能组室具体职责如下。

1. 办公室工作职责

（1）负责联动发展共同体的整体规划与相关工作的组织与实施，协调有关部门，上传下达，保证项目顺利实施。

（2）负责项目经费的使用和管理及预结算工作。

（3）负责项目实施工作的督促、督导、检查、考核、评估及资料整理和归档工作。

（4）及时完成领导组交办的其他任务。

2. 专家组工作职责

（1）负责智库的遴选和组建工作。

（2）制定河南省豫东片区教师教育联动发展共同体实施方案，对职前和职后教师教育人才培养方案设计、课程资源建设、教学技能培训、实践基地建设、网络资源开发利用、教育资源融合、课程范式和教学模式改革、校地联合联动等问题进行整体规划。

（3）以项目管理运行方式开展专题、专案、专项研究，为片区内师范生职前培养、教师职后培训等提供智力保障。

（4）及时完成领导组交办的其他任务。

3. 项目组工作职责

（1）根据项目实施方案，负责各学科的教育见习、实习、实践活动，并做好与实习学校和名师工作室的联络工作。

（2）与地方教育行政部门共同做好职后教师的考核评价和在校师范生的职业技能培训工作。

（3）做好成果总结、评价与宣传推广等工作。

（4）及时完成领导组交办的其他任务。

二、S高校遴选河南省豫东片区教师教育联动发展共同体首批智库专家的实施方案

为做好河南省豫东片区教师教育联动发展共同体智库建设工作，应遴选具有较高学术水平、较强管理能力和丰富教学实践经验的教师、专家和管理人员，组成共同体智库专家库，参与共同体建设工作。

（一）遴选范围及遴选条件

1. 遴选范围

S高校、当地教科研机构和教师培训机构及教育行政部门的专家、学

者，中原名师、市级及以上名师、名校长、特级教师或成绩特别突出、具有丰富经验的高级教师、教科研骨干。

2. 遴选条件

（1）热爱教育事业，愿意参与豫东片区教师教育联动发展共同体建设工作。

（2）教书育人成绩突出，享有较好声誉。

（3）熟悉中小学或幼儿园教育教学实际，了解国内外教育改革发展趋势，对素质教育和课程改革有深入研究并取得一定成果。

（4）为人师表，身体健康，能够认真、负责、高质量地完成培训教学和指导任务。

（5）具有奉献精神，乐意积极参加教育志愿服务活动。

（二）遴选程序及名额分配

智库专家遴选采取自愿报名、公开遴选的方式进行。报名结束后，河南省豫东片区教师教育联动发展共同体领导组组织专家对报名人员进行公开遴选，按照公平、公正、公开原则，遴选智库专家 5～8 人，由当地教育局和 S 高校联合公布结果。

三、S 高校"互联网 +"师范生成长工作坊实施方案

为推动 S 高校师范生培养工作改革与发展，按照《教育部办公厅关于实施师范教育协同提质计划的通知》文件精神，根据《河南省教育厅关于启动河南省教师教育联动发展共同体建设计划的通知》，结合 S 高校师范生人才培养工作实际，制定实施方案。

（一）指导思想

以习近平新时代中国特色社会主义思想为指导，落实立德树人根本任务，聚焦师范生成长的瓶颈、问题，建立"互联网 +"师范生成长工作坊。工作坊遵循师范生成长发展规律，以一线名师培养未来教师，采取"集中学习 + 网络研修 + 跟岗实践 + 以赛促练"的混合培养模式，以提升师德师风水平和教育教学能力为重点，筑基提质，补短扶弱，做优建强，全面提高师范生培养质量。

（二）培养目标

整合资源，依托"互联网 +"师范生成长工作坊，以线上线下相结合的

方式，由基础教育一线名师"手把手"对师范生师德养成、课堂教学技能、班级管理能力、专业发展等各方面进行指导，培养党和人民满意的高素质、专业化、创新型教师队伍，为党和人民培养有理想信念、有道德情操、有扎实学识、有仁爱之心的"四有"好教师。

（三）培养对象

培养对象为 S 高校师范专业学生。

（四）实施方式

采取线上线下相结合的方式。

（五）实施阶段及内容设计

（1）工作坊实施方案研制。由智库专家设计师范生培养需求调研问卷，组织实施调研工作并撰写调研分析报告，研制工作坊年度实施方案。

（2）组建工作坊。协同市基础教育发展中心，在市区中小学、幼儿园名师工作室中分学科、分学段遴选基础教育一线名师，与 1 名学院负责人和 1 名校内学科教学专家组建工作坊，由基础教育一线名师和校内学科教学专家担任工作坊坊主。每个工作坊由 10 名左右坊员组成。

（3）工作坊负责人培训。

内容	责任主体
★坊主工作职责与工作实务专题讲座 ★工作坊年度实施方案专题研讨活动	教务处、师范生职业技能训练中心

（4）工作坊开班仪式内容。

内容	责任主体
★开班仪式：宣读工作坊年度指导教师名单，颁发聘书；宣读工作坊年度实施方案，颁发微型课大赛获奖证书	教务处、师范生职业技能训练中心
★分坊确定、安排工作坊目标和任务	工作坊负责人

（5）秋季学期"影子教师"跟岗实践。

内容	责任主体
★师德体验、班级管理、教学设计等(留存师范生图片、视频、教案、跟岗实践心得体会等) ★师德体验（2 周见习、4 周实习、2 周研习，25%）	坊主

（续上表）

	内容	责任主体
★线上 （10%）	2周见习期间：围绕教师职业道德规范、教师职业情怀主题，举办讲座或观看师德影视材料和相关案例视频，坊员撰写1篇心得总结，坊主对坊员进行点评（5%） 2周研习期间：在线演讲，坊员结合自身见习、实习经历，谈谈如何做一名师德高尚的教师，坊主予以点评（5%）	坊主
★线下 （15%）	2周见习环节：观察教育教学过程，撰写师德观察体悟报告1份（5%） 4周实习环节：根据师德活动记录，撰写师德活动总结报告1份（5%） 2周研习环节：小组研讨至少2次，撰写个人师德养成情况总结报告；双导师填写师德养成评价表1份（5%）	各工作坊负责人、坊主
★班级管理（2周见习、4周实习、2周研习，15%）		
★线下 （15%）	2周见习环节：完成班级活动观察记录1份（2%） 4周实习环节：坊员撰写不少于4周的班主任工作纪要（5%），完成班级主题活动方案1份、少先队或团员活动方案1份、家访记录1份、学生典型个案分析1篇（5%） 2周研习环节：完成班级问题案例分析报告或班级管理小论文1篇，重点谈如何进行班级管理、开展班级综合实践活动（3%）	坊主和工作坊负责人填写师范生班级管理技能评价表
★教学设计（2周见习、4周实习、2周研习，20%）		
★线上 （15%）	★举办微型课专题讲座，带领坊员在线学习教师专业标准、课程标准（5%），坊员就本专业课程开发、教学方法使用方面的问题撰写一篇不少于2000字的文章，要求格式规范，言之有据（5%）	各工作坊负责人
	★在线观看微型课、示范课、优秀课例，坊主及时讲解，组织坊员讨论（5%）	坊主
★线上线下相结合（5%）	★坊主指导坊员撰写、完善微型课教学线下小结（留存教学设计过程性材料及定稿），坊主及时点评	坊主

（6）春季学期"影子教师"跟岗实践。

内容	责任主体
★微型课教案设计、课堂教学、素养提升、教研活动等（留存图片、视频、教案、跟岗实践心得体会等）	坊主

（续上表）

内容		责任主体
★微型课教学实践（25%）		坊主
★微型课教学实训环节	★指导坊员撰写微型课教案（留存至少3个教案的修改过程稿和定稿），坊员呈交本学科3个不同内容的教学设计稿及相应多媒体课件1套（5%） ★提升数字素养，坊主指导坊员设计微课（至少3个不同内容的课时），坊员制作12分钟左右的微课视频作品（5%） ★指导坊员进行微型课演练，至少留存4次图文资料等（10%），每个坊员参与组内微型课比赛1次（5%） ★各坊主分别推荐优秀坊员选手（留存推优过程的图文资料）	坊主
★坊内微型课比赛环节	★组织坊员开展微型课比赛，选拔优秀坊员参加学校微型课大赛（留存图文、视频资料）	工作坊负责人
★校级微型课大赛环节	★举行学校微型课大赛（留存图文资料、大赛全程视频等）	教务处、师范生职业技能训练中心
★坊员跟岗实践总结	坊员提交跟岗见习、实习、研习(包括教研活动)总结，共3篇（15%）	坊主和工作坊负责人

（7）成果汇报与总结提升。

内容	责任主体
★组织工作坊研讨活动 ★以坊为单位汇报工作坊成果 ★成果归档：包括师德体验、班级管理、教学设计、微型课稿、跟岗实践、视频实录等方面内容	教务处、师范生职业技能训练中心

（六）考核办法

包括对线上活动和线下活动的考核，其中线上活动考核占比为30%，线下活动考核占比为70%。

1. 线上活动（30%）

（1）在线学习（10%）。

坊主带领坊员在线学习教师专业标准、课程标准（5%），坊员就本专业课程开发、教学方法使用方面问题撰写一篇不少于2000字的文章，要求格式规范，言之有据（5%）。

（2）指导教学设计（10%）。

在线观看示范课、优秀课例（5%），撰写一篇教学设计（5%）。坊主根据教学设计标准在线进行评价和指导。

（3）师德养成体验（10%）。

通过观看师德相关视频，坊员撰写两篇总结，分别就教师职业道德规范、教师职业情怀两个方面进行阐述，坊主对坊员进行表现性评价（5%）。坊员结合自身实际，进行在线演讲，谈一谈如何做一名师德高尚的教师，坊主予以点评（5%）。

2. 线下活动（70%）

（1）坊员跟岗实践（30%）。

①师德体验（15%）。

2周见习环节：观察教育教学过程，撰写师德观察体悟报告1份（5%）。

4周实习环节：根据师德活动记录，撰写师德活动总结报告1份（5%）。

2周教育研习环节：小组研讨至少2次，撰写个人师德养成情况总结报告1份；导师填写师德养成评价表1份（5%）。

②班级管理技能训练（15%）。

2周见习期间：坊主指导师范生进行班级活动观察，坊员撰写班级活动观察记录1份（2%）。

4周实习环节：坊员撰写不少于4周的班主任工作纪要（5%），上交班级主题活动方案1个、少先队或团员活动方案1份、家访记录1份、学生典型个案分析1篇（5%）。

2周教育研习环节：完成班级问题案例分析报告或班级管理小论文1篇，重点谈如何进行班级管理、开展班级综合实践（3%）；坊主和工作坊负责人填写师范生班级管理技能评价表。

（2）微型课教学实践（25%）。

通过坊主的指导，完善教学设计，掌握微型课的技巧，强化教学综合素质训练。其中，坊员撰写微型课教案（留存至少3个教案的修改过程稿和定稿），呈交本学科3个不同内容的教学设计稿及相应多媒体课件1套（5%）；坊员制作微课，呈交12分钟左右的微课视频作品（5%）；坊员进行微型课演练（至少4次，留存图文资料等，10%），每个坊员参与组内微型课比赛一次（5%）。

（3）跟岗实践总结与素质提升（15%）。

通过跟岗实践，坊员撰写跟岗见习、实习、研习（包括教研活动）总结，共3篇。

（七）组织与管理

1. 教务处、师范生职业技能训练中心

（1）负责项目的统筹规划、设计与实施督导工作。

（2）负责坊员的学分认定工作。

（3）负责各类校级活动的组织与实施工作。

2. 智库专家组

（1）负责工作坊实施方案的研制工作。

（2）负责工作坊负责人的遴选与培训工作。

（3）负责项目实施各环节的技术指导工作。

3. 工作坊负责人

（1）负责项目的组织与实施工作。

（2）负责选派校内指导教师。

（3）负责坊员日常管理工作。

（4）负责坊员的成绩及学分评定工作。

（5）负责优秀坊员、比赛选手的选拔工作。

4. 坊主

（1）为坊员提供教育教学实践基地。

（2）为坊员提供跟岗实践学习条件。

（3）负责项目各环节的组织、实施、指导与评价工作。

（4）按时提交坊主工作总结和支撑材料。

5. 校内指导教师

（1）负责线上和线下活动的组织、协调与管理。

（2）负责督促坊员如期完成各项任务。

（3）负责工作坊活动简报的制作。

（4）负责各类成果的收集、整理、归档工作。

6. 坊员

（1）在教师指导下参与工作坊活动，包括线上线下学习研讨、教学设计、小组课堂教学试讲、班级工作培训和微型课比赛等活动。其中，"影子教师"跟岗实践不得少于4个月，每月至少3次。

（2）完成各环节的学习，参加实践、研讨、比赛等活动，撰写活动心得，填写工作坊实践手册。

（3）纪律要求：师范生坊员不得无故退坊；坊员须珍惜实践机会，全程参与工作坊活动，不得无故迟到、缺席、早退，否则按校纪处理。

参 考 文 献

[1] 舒尔茨. 论人力资本投资 [M]. 吴珠华，等译. 北京：北京经济学院出版社，1990.

[2] 索洛. 经济增长理论：一种解说 [M]. 胡汝银，译. 上海：上海三联书店，1989.

[3] 速水佑次郎，神门善久. 发展经济学：从贫困到富裕 [M]. 李周，译. 3 版. 北京：社会科学文献出版社，2009.

[4] 托达罗，史密斯. 发展经济学 [M]. 余向华，陈雪娟，译. 北京：机械工业出版社，2009.

[5] 吴易风. 经济增长理论：从马克思的增长模型到现代西方经济学家的增长模型 [J]. 当代经济研究，2000（8）：1–4，71.

[6] 鲁品越. 深层生成论：自然科学的新哲学境界 [M]. 北京：人民出版社，2011.

[7] 刘易斯. 经济增长理论 [M]. 周师铭，沈丙杰，沈伯根，译. 北京：商务印书馆，1983.

[8] 马克思. 资本论：第 1 卷 [M]. 中共中央马克思恩格斯列宁斯大林著作编译局，译. 北京：人民出版社，2004.

[9] 马克思. 资本论：第 3 卷 [M]. 中共中央马克思恩格斯列宁斯大林著作编译局，译. 北京：人民出版社，2004.

[10] 多马. 经济增长理论 [M]. 郭家麟，译. 北京：商务印书馆，1983.

[11] 费孝通. 乡土中国 [M]. 北京：生活・读书・新知三联书店，1985.

[12] 马克思，恩格斯. 马克思恩格斯文集：第 1 卷 [M]. 中共中央马克思恩格斯列宁斯大林著作编译局，译. 北京：人民出版社，2009.

[13] 马克思，恩格斯. 马克思恩格斯文集：第 2 卷 [M]. 中共中央马克思

恩格斯列宁斯大林著作编译局，译. 北京：人民出版社，2009.

[14] 马克思，恩格斯. 马克思恩格斯文集：第 8 卷 [M]. 中共中央马克思恩格斯列宁斯大林著作编译局，译. 北京：人民出版社，2009.

[15] 马克思，恩格斯. 马克思恩格斯文集：第 9 卷 [M]. 中共中央马克思恩格斯列宁斯大林著作编译局，译. 北京：人民出版社，2009.

[16] 马克思，恩格斯. 马克思恩格斯选集：第 1 卷 [M]. 中共中央马克思恩格斯列宁斯大林著作编译局，译. 北京：人民出版社，1995.

[17] 马克思，恩格斯. 马克思恩格斯选集：第 2 卷 [M]. 中共中央马克思恩格斯列宁斯大林著作编译局，译. 北京：人民出版社，1995.

[18] 马克思，恩格斯. 马克思恩格斯选集：第 3 卷 [M]. 中共中央马克思恩格斯列宁斯大林著作编译局，译. 北京：人民出版社，1995.

[19] 马克思，恩格斯. 马克思恩格斯选集：第 4 卷 [M]. 中共中央马克思恩格斯列宁斯大林著作编译局，译. 北京：人民出版社，1995.

[20] 鲁品越. 资本逻辑与当代现实：经济发展观的哲学沉思 [M]. 上海：上海财经大学出版社，2006.

[21] 萨缪尔森，诺德豪斯. 经济学：第 16 版 [M]. 萧琛，等译. 北京：华夏出版社，1999.

[22] 维塞尔. 自然价值 [M]. 陈国庆，译. 北京：商务印书馆，1982.

[23] 马克思，恩格斯. 马克思恩格斯全集：第 2 卷 [M]. 中共中央马克思恩格斯列宁斯大林著作编译局，译. 北京：人民出版社，1974.

[24] 马克思，恩格斯. 马克思恩格斯全集：第 4 卷 [M]. 中共中央马克思恩格斯列宁斯大林著作编译局，译. 北京：人民出版社，1974.

[25] 雅斯贝尔斯. 时代的精神状况 [M]. 梁锡江，钟皓楠，译. 长沙：湖南文艺出版社，2024.

[26] 张汝伦. 思考与批判 [M]. 上海：上海三联书店，1999.

[27] 丰子义. 马克思现代性思想的当代解读 [J]. 中国社会科学，2005（4）：53–62，206.

[28] 密尔. 论自由 [M]. 程崇华，译. 北京：商务印书馆，1959.

[29] 谢弗勒. 人类的潜能：一项教育哲学的研究 [M]. 石中英，涂元玲，译. 上海：华东师范大学出版社，2006.

[30] 塞尔. 心、脑与科学 [M]. 杨音莱，译. 上海：上海译文出版社，2006.

[31] 柏拉图. 斐多 [M]. 杨绛，译. 沈阳：辽宁人民出版社，2000.

[32] 布朗. 生与死的对抗 [M]. 冯川，伍厚恺，译. 贵阳：贵州人民出版

社，1994.

[33] 海尔. 当代心灵哲学导论 [M]. 高新民，殷筱，徐弢，译. 北京：中国人民大学出版社，2006.

[34] 斯宾诺莎. 笛卡儿哲学原理 [M]. 王荫庭，洪汉鼎，译. 北京：商务印书馆，1980.

[35] 梅洛 – 庞蒂. 知觉现象学 [M]. 姜志辉，译. 北京：商务印书馆，2001.

[36]Deleuze G..Nietzsche and Philosophy[M]. Translated by Hugh Tomlinson. London：The Athlone Press，1983.

[37] 胡塞尔. 生活世界现象学 [M]. 倪梁康，张廷国，译. 上海：上海译文出版社，2005.

[38] 德勒兹. 弗兰西斯·培根：感觉的逻辑 [M]. 董强，译. 桂林：广西师范大学出版社，2007.

[39] 德勒兹. 德勒兹论福柯 [M]. 杨凯麟，译. 南京：江苏教育出版社，2006.

[40] 阿克曼. 感觉的自然史 [M]. 路旦俊，译. 广州：花城出版社，2007.

[41] 杜威. 哲学的改造 [M]. 许崇清，译. 北京：商务印书馆，1958.

[42] 奇凯岑特米哈伊. 创造性：发现和发明的心理学 [M]. 夏镇平，译. 上海：上海译文出版社，2001.

[43] 阿多尔诺. 否定的辩证法 [M]. 张峰，译. 重庆：重庆出版社，1993.

[44] 葛红兵，宋耕. 身体政治 [M]. 上海：上海三联书店，2005.

[45]Gelder T..What Might Cognition Be，If Not Computation[J]. Journal of Philosophy，1992（7）.

[46] 杜威. 艺术即经验 [M]. 高建平，译. 北京：商务印书馆，2010.

[47] 杜威. 民治主义与现代社会：杜威在华讲演集 [M]. 北京：北京大学出版社，2004.

[48]Schultz T. W..The Value of the Ability to Deal With Disequilibria[J]. Journal of Economic Literature，1975（13）.

[49] 贝克尔. 人力资本 [M]. 梁小民，译. 北京：北京大学出版社，1987.

[50] 扈中平. 教育目的论 [M]. 武汉：湖北教育出版社，2004.

[51] 张华. 经验课程论 [M]. 上海：上海教育出版社，2000.

[52] 库姆斯. 世界教育危机：八十年代的观点 [M]. 赵宝恒，李环，等译. 北京：人民教育出版社，1990.

[53] 辛鸣. 制度论：关于制度哲学的理论建构 [M]. 北京：人民出版社，2005.

[54] 张焕庭主编. 西方资产阶级教育论著选 [M]. 北京：人民教育出版社，1979.

[55] 邹进. 现代德国文化教育学 [M]. 太原：山西教育出版社，1992.

[56] 雅斯贝尔斯. 什么是教育 [M]. 童可依，译. 北京：生活·读书·新知三联书店，2020.

[57] 叶澜主编. "新基础教育"发展性研究报告集 [M]. 北京：中国轻工业出版社，2004.

[58] 康德. 论教育学（附学系之争）[M]. 赵鹏，何兆武，译. 上海：上海人民出版社，2005.

[59] 叶澜. 教育创新呼唤"具体个人"意识 [J]. 素质教育大参考，2003（4）：6-7.

[60] 托夫勒. 未来的冲击 [M]. 孟广均，吴宣豪，黄炎林，等译. 北京：新华出版社，1996.

[61] 斯密. 国民财富的性质和原因的研究 [M]. 郭大力，王亚南，译. 北京：商务印书馆，1974.

[62] 马歇尔. 经济学原理：上卷 [M]. 朱志泰，译. 北京：商务印书馆，1964.

[63] 弗拉纳根. 最伟大的教育家：从苏格拉底到杜威 [M]. 卢立涛，安传达，译. 上海：华东师范大学出版社，2009.

[64] 董志文，曹毅，侯玉波，等. 社会比较与中小学教师的心理健康：职业压力与心理弹性的作用 [J]. 中国健康心理学杂志，2023（6）：876-881.

[65] 陈维政，李金平，吴继红. 组织气候对员工工作投入及组织承诺的影响作用研究 [J]. 管理科学，2006（6）：18-23.

[66] 刘雯清. 工作投入影响因素分析 [J]. 商场现代化，2007（32）：313-314.

[67] 李锐，凌文辁. 工作投入研究的现状 [J]. 心理科学进展，2007（32）：366-372.

[68] 徐艳，朱永新. 中国员工工作投入的现状研究 [J]. 商场现代化，2007（2）：67-68.

[69] 朱钗. 工作投入与信息时代图书馆人力资源管理 [J]. 情报探索，2008（5）：80-82.

[70] 俞位增，朱芝洲. 从"在场"导向"入场"：工作投入是根本——基于员工工作投入视角的研究 [J]. 企业经济，2009（3）：64-66.

[71] 安晓镜，罗小兰，李洪玉. "工作投入"研究之综述 [J]. 职业，2009（3）：16-18.

[72] 张轶文，甘怡群. 中文版 Utrecht 工作投入量表（UWES）的信效度检验 [J]. 中国临床心理学杂志，2005（3）：268-270，281.

[73] 盛建森. 教师工作投入：结构与影响因素的研究 [J]. 心理发展与教育，2006（2）：108-112.

[74] 王彦峰，秦金亮. 幼儿教师工作投入问卷的编制 [J]. 心理发展与教育，2010（5）：534-542.

[75] 韦官玲. 中小学教师工作投入及影响因素的研究 [D]. 广州：广州大学，2010.

[76] 王峥. 初中教师心理资本、工作生活质量和工作投入三者的关系研究 [D]. 天津：天津师范大学，2018.

[77] 蔡永红，龚婧，曲韵. 北京市中小学教师工资水平的差异及其与工作投入的关系 [J]. 教育科学研究，2019（8）：39-46.

[78] 王培培. 幼儿教师主观幸福感与工作投入的相关研究 [D]. 荆州：长江大学，2014.

[79] 罗小兰. 中学教师心理健康、胜任力与工作投入关系的实证研究 [J]. 教育理论与实践，2015（25）：43-46.

[80] 李敏. 中学教师工作投入感的现状及成因研究：基于我国 13 省市调查数据的实证分析 [J]. 教师教育研究，2019（5）：94-99.

[81] 李伟，梅继霞. 内在动机与员工绩效：基于工作投入的中介效应 [J]. 管理评论，2013（8）：160-167.

[82] 陈秋珠，许宽. 幼儿教师社会支持对工作投入的影响：自我效能感的中介效应 [J]. 海南师范大学学报（社会科学版），2020（3）：58-65.

[83] 冯源春. 幼儿教师工作满意度与工作投入的关系研究：职业延迟满足的中介作用 [D]. 郑州：河南大学，2022.

[84] 李新翠. 中小学教师工作投入与工作量状况调查 [J]. 中国特殊教育，2016（5）：83-90.

[85] 李明军，王振宏，刘亚. 中小学教师工作家庭冲突与职业倦怠的关系：自我决定动机的中介作用 [J]. 心理发展与教育，2015（3）：368-376.

[86] 齐亚静，伍新春，王晓丽. 中小学教师工作重塑与工作投入的交叉滞后分析 [J]. 中国临床心理学杂志，2016（5）：935-938.

[87] 葛玉瑶. 教师职业道德失范的制度分析 [D]. 上海：华东师范大学，2008.

[88] 孟凡蓉，吴建南. 公共服务动机视角下绩效工资公平感对工作投入的影响 [J]. 西安交通大学学报（社会科学版），2014（1）：61-69.

[89] 梁斌，李绍军，何睿立，等. 农村中小学校长工作价值观、组织承诺对其工作投入的影响 [J]. 四川师范大学学报（社会科学版），2016（6）：56-65.

[90] 王彦峰，秦金亮. 工作投入对幼儿园教师工作态度和心理健康的影响 [J]. 学前教育研究，2015（2）：56-63.

[91] 李敏. 中学教师工作投入感研究 [D]. 上海：华东师范大学，2015.

[92] 杨新国，范会勇. 工作投入的概念、测量与理论模型 [J]. 南方论刊，2008（5）：55，77.

[93] 袁刚，袁明荣. 员工敬业度及其培养 [J]. 企业研究，2005（8）：61-62.

[94] 宋晓梅，李倩，李红勋. 基于个人—工作契合度对员工敬业度的研究 [J]. 科学管理研究，2009（6）：100-104.

[95] 张凡迪，刘东莉. 组织管理状况的指示器——工作满意度的研究 [J]. 理论界，2003（6）：152-153.

[96] 樊景立，钟晨波，D. W. Organ，等. 中国的组织公民行为研究 [J]. 中国社会心理学评论，2006（2）：102-124.

[97] 曹科岩，龙君伟. 教师组织公民行为：结构与影响因素的研究 [J]. 心理发展与教育，2007（1）：87-92.

[98] 苏红. 中小学教师的组织公民行为：内涵与结构 [J]. 教育科学，2007（5）：38-42.

[99] 谢凌凌，龚怡祖，张琼. 关于农村教师流失问题的职业心理考察：基于教师自尊、职业承诺与组织公民行为间关系的分析 [J]. 中国农村观察，2011（1）：60-72.

[100] 韦雪艳，耿庆岭，姜杰. 中学教师组织公民行为的实证研究 [J]. 教学与管理，2015（12）：20-23.

[101] 陈艳. 校长领导行为与教师组织公民行为的关系：心理资本的中介作用 [J]. 教育科学研究，2017（12）：50-54.

[102] 张冉，叶超. 家长苛待对教师组织公民行为的影响机理研究：负性

反刍的调节作用 [J]. 教师发展研究，2020（2）：96–107.

[103] 谢建，屈普，赵勇. 内部人身份认知对中学教师组织公民行为的影响 [J]. 淮南师范学院学报，2022（5）：11–16.

[104] 李保强，王佳佳. 中小学教师的组织公民行为：现实困境与管理方略 [J]. 齐鲁学刊，2022（6）：82–92.

[105] 卢冬君. 农村小学教师工作满意度对组织个人行为的影响研究 [J]. 教育研究与实验，2022（3）：101–106.

[106] 王光强. 赋能学校科层制对中小学教师组织公民行为的影响：工作自主性和组织认同的链式中介作用 [J]. 教师教育研究，2024（1）：49–55.

[107] 张爱卿，吕昆鹏，钱振波. 企业社会责任形象与员工工作满意度及组织公民行为的关系 [J]. 经济管理，2010（8）：86–92.

[108] 廖春华，李永强，何熙琼. 高校教师组织公民行为对工作绩效的影响研究：基于结构方程的实证分析 [J]. 教育发展研究，2016（19）：15–23.

[109] 徐长江，石伟. 教师组织公民行为：学校道德领导下的"好教师"行为 [J]. 浙江师范大学学报（社会科学版），2016（1）：112–118.

附　录

附录一　师范生成长工作坊师德养成评价表

姓名		所属工作坊				
学号		坊主		负责人		
考核项目		考核指标			分值	评分
师德规范	理想信念	学习贯彻习近平新时代中国特色社会主义思想，深入学习习近平总书记关于教育的重要论述，以及党史、改革开放史和社会主义发展史内容，形成对中国特色社会主义的思想认同、政治认同、理论认同和情感认同，能够在教书育人实践中自觉践行社会主义核心价值观			5	
		树立职业理想，立志成为有理想信念、有道德情操、有扎实学识、有仁爱之心的好教师			5	
	立德树人	理解立德树人的内涵，形成立德树人的理念，掌握立德树人的途径与方法，能够在教育实践中实施素质教育，依据德智体美劳全面发展的教育方针开展教育教学，培育发展学生的核心素养			10	
	师德准则	具有依法执教意识，遵守宪法、民法典、教育法、教师法、未成年人保护法等法律法规，能在教育实践中履行应尽义务，自觉维护学生与自身的合法权益			10	
		理解教师职业道德规范内涵与要求，在教育实践中遵守新时代中小学教师职业行为十项准则，能分析、解决教育教学实践中的相关道德规范问题			10	

（续上表）

教育情怀	职业认同	具有家国情怀，乐于从教，热爱教育事业。认同教师工作的价值在于传播知识、传播思想、传播真理、塑造灵魂、塑造生命、塑造新人；了解中学教师的职业特征，理解教师是学生学习的促进者与学生成长的引路人，创造条件帮助学生自主发展	10	
		领会中学教育对学生发展的价值和意义，认同促进学生全面发展的理念	10	
	关爱学生	做学生锤炼品格、学习知识、创新思维、奉献祖国的引路人，公正平等地对待每一名学生，关注学生成长，保护学生安全，促进学生身心健康发展	5	
		尊重学生的人格和学习发展的权利，增强学生的学习自主性、独立性和选择性，关注个体差异，相信每名学生都有发展的潜力，乐于为学生创造发展的条件和机会	10	
	用心从教	形成爱岗敬业精神，在教育实践中能够认真履行教育教学职责与班主任工作职责，积极钻研，富有爱心、责任心，工作细心、耐心	10	
	自身修养	具有健全的人格和积极向上的精神，有较强的情绪调节与自控能力，能积极应变，能比较合理地处理问题	5	
		掌握一定的自然和人文社会科学知识，传承中华优秀传统文化，具有人文底蕴、科学精神和审美能力	5	
		仪表整洁，语言规范，举止文明礼貌，符合教师礼仪要求和教育教学场景要求	5	
得分				
等级				

附录二　师范生成长工作坊班级管理技能评价表

姓名		所属工作坊				
学号		坊主		负责人		
考核项目		考核指标			分值	评分
工作准备	熟悉情况	能较快熟悉和掌握全班同学情况、班干部姓名和班级特点			10	
	制订计划	坚持政治与思想正确性、教育性，根据学校和班级实际，制订切实可行的班主任实习计划			10	
工作内容和要求	方法与态度	以身作则，积极配合原班主任开展工作，工作主动、认真，对学生既爱又严，态度诚恳			10	
	日常工作	参加班级的全部工作，妥善处理日常事务，善做学生的思想工作，关心学生生活，效果好			10	
	集体活动	组织和指导主题班会、班级活动、兴趣小组活动，内容丰富，适合学生特点，效果好			10	
	个别观察、指导与教育	有针对性地了解个别学生的实际情况，做出个别指导与教育。善于处理偶发事件，效果好			10	
	家校联系	善于运用家访、家长会或其他形式进行家校联系，与家长密切配合，对学生开展教育，效果好			10	
工作表现及效果	工作能力	能独立开展工作，组织管理能力强			10	
	行为表率	工作责任心强，为人师表，热爱学生，深受学生尊敬			10	
	工作小结	能运用心理学、教育学的基本原理对自己的工作进行分析小结，在吸取经验教训的基础上提出创造性见解			10	
得分						
等级						

附录三　师范生成长工作坊教育研习评价表

姓名		所属工作坊				
学号		坊主		负责人		
考核项目	考核指标				分值	评分
师德提升	通过视频观摩、案例研读、讨论交流等进行师德研习，充分理解师德要求，具有较强的师德意识，坚守教育情怀，能够反思和改进师德习惯				20	
研习准备	与指导教师讨论，确定研习方案				10	
	准备教学叙事、课后反思、教学后记、案例材料、实习体会等研习材料				10	
研习过程	在研习中积极发言，主动参与讨论				10	
	从材料中发现问题，提炼观点				10	
	思路清晰，观点表达充分，语言流畅				10	
研习结果	研习报告格式规范，层次清晰				10	
	研习报告内容充实，实践反思效果明显				20	
得分						
等级						

附录四　师范生成长工作坊微型课评价表

姓名		所属工作坊				
学号		坊主		负责人		
项目	评分内容				分值	评分
课前备课	有较强的资源意识，能根据教材和新课标分析学情，设计教学任务，安排教学流程（教案）				5	
课程导入	有较强的课程导入意识，能充分运用教育心理学原理激发学生学习兴趣，吸引学生注意力				5	
课程组织	注重面向全体和分类施教相统一，全面要求和因材施教相统一				5	
理念与目标	1.教学理念新，体现新课改精神； 2.教学目标明确、具体、全面，科学性、操作性强，能促进学生核心素养的综合提升； 3.教学有特色				15	
内容与过程	1.教学内容正确，知识层次结构合理； 2.科学选取教学片段，知识点连贯，各环节衔接自然，教学过程相对完整； 3.教学思路清晰，结构严谨，重点明确，难点突出； 4.教学过程体现新课改理念，有利于培养学生的创造意识和实践、动手能力，联系学生和生活实际； 5.自然融入思想政治教育内容，注重培养学生正确的世界观、人生观、价值观； 6.教学反思客观且富有逻辑性，改进措施明确、有效				30	
方法与手段	1.教学方法运用灵活多样、具有启发性； 2.教学手段运用符合教学需要，设计合理； 3.教学方式能促进学生有效学习； 4.能熟练运用数字化智慧教学手段，熟悉在线资源的临时调用方法				20	
基本素养	教态、仪表得体；语言规范、准确、恰当				10	
粉笔字	书写格式标准、规范，字迹清楚、优美				10	
得分						
等级						